税收系列

《税收筹划》（第七版）学习指导书

SHUISHOU CHOUHUA (DI-QI BAN) XUEXI ZHIDAOSHU

主编　计金标

中国人民大学出版社
·北京·

图书在版编目（CIP）数据

《税收筹划》（第七版）学习指导书/计金标主编．--北京：中国人民大学出版社，2019.10
经济管理类课程教材．税收系列
ISBN 978-7-300-27452-2

Ⅰ.①税… Ⅱ.①计… Ⅲ.①税收筹划－高等学校－教学参考资料 Ⅳ.①F810.423

中国版本图书馆 CIP 数据核字（2019）第 214147 号

经济管理类课程教材·税收系列
《税收筹划》（第七版）学习指导书
主编 计金标
Shuishou Chouhua（Di-qi Ban）Xuexi Zhidaoshu

出版发行	中国人民大学出版社		
社　　址	北京中关村大街 31 号	**邮政编码**	100080
电　　话	010－62511242（总编室）		010－62511770（质管部）
	010－82501766（邮购部）		010－62514148（门市部）
	010－62515195（发行公司）		010－62515275（盗版举报）
网　　址	http：//www.crup.com.cn		
经　　销	新华书店		
印　　刷	北京溢漾印刷有限公司		
规　　格	185mm×260mm 16 开本	**版　　次**	2019 年 10 月第 1 版
印　　张	14.75	**印　　次**	2021 年 1 月第 2 次印刷
字　　数	335 000	**定　　价**	35.00 元

总　序

为了促进我国经济管理类学科建设，提高教学质量，规范教学内容，编写出一套高水平、高质量、上台阶，融理论与实务、知识性与启发性于一体，适合我国经济管理类各专业教学需要的真正的"21世纪课程教材"，在教育部高教司的直接领导下，我们组织国家税务总局、中国社会科学院、中国人民大学、中央财经大学、中南财经政法大学、东北财经大学、厦门大学、会计师事务所等"政产学"界的专家教授积极开展调查研究，征求各方意见，讨论教材编写大纲和知识点。教材初稿完成后，分别审查了各门教材的初稿，并进行了认真修改和完善，最后定稿。这套教材是教育部重点项目"财税课程主要教学内容改革研究与实践"的重要成果之一。它倾注了专家教授的智慧，是集体智慧的结晶。这套教材与同类教材、出版物相比，具有很高的权威性、准确性、实用性和针对性。我们希望全国各高等院校经济管理专业的广大教师继续关心和支持这项工作，同时将使用这套教材过程中遇到的问题和改进意见向各位主编反映，以供修订时参考。

教学指导委员会

前 言

税收筹划是在对税收制度和税收政策充分研究的基础上，通过对公司组织结构、筹资形式、投资方向及财务会计制度的设计等途径，或通过对个人纳税人具体情况的分析，为纳税人提供合理的纳税建议，以合法减轻纳税负担的一门实践性很强的课程。

随着我国教育改革的不断深入，对管理类人才的要求将特别强调其实践能力和操作能力。管理类学科门类中的有些专业如财务管理、工商管理、会计等的学生不仅要掌握一定的经济管理理论，还要具备与之相匹配的实务操作能力。从我国主要财经院校及部分综合性院校相关专业的课程设置来看，大多已经设置了“税收筹划”这门课；随着我国企业国际化程度的加快，迫切需要跨国企业经营管理人才，因此某些管理类专业学生必须掌握有关跨国税收筹划的理论和方法，熟悉各国税制的差异，才有可能成为适合全球经济一体化环境要求的高级管理人才；另外，从学生目前的就业渠道来看，经济管理类学生大多分布在企业及各种中介服务机构，而每个企业甚至个人均涉及税收的有关问题，这就更加需要学生掌握这方面的知识，为以后的就业打下坚实的基础。因此，“税收筹划”教材在财务管理等专业人才的培养过程中必将起到越来越重要的作用。本人和我的几位同事是国内较早从事税收筹划教学和研究的教师，2004 年出版了第一版《税收筹划》教材，至今已经是第七版。该教材被列入国家“九五”“十五”“十一五”“十二五”规划教材，被大量高校相关专业选用为指定教学用书。

为满足相关专业学生学习及教师教学需要，也为有志于学习该门课程知识的读者提供更方便的学习材料，我们曾经为教材配套推出了电子版教学材料。针对新出的第七版教材，本次重新修订了教学指导材料并正式出版。本指导书以章为单位，每章列出了该章的教学大纲，对教材中的习题提供了参考答案，增加了附加习题并提供参考答案，特别是在教材中已经有大量案例的基础上新增了一些案例并提供了分析思路。

本书各章的编写者如下：第 1 章，计金标教授（中央财经大学教授、博士生导师，北京第二外国语学院教授）；第 2 章，计金标、应涛（北京第二外国语学院和首都经贸大学联合培养博士后）；第 3、4 章，梁俊娇（中央财经大学财政税务学院教授、经济学博士）；第 5 章，杨志清（中央财经大学财政税务学院教授）；第 6 章，高萍（中央财经大学财政税务学院教授）、王卉乔（中央财经大学财政税务学院在读博士研究生）；第 7、8 章，杨志清。在本书的写作过程中，中央财经大学财政税务学院在读硕士研究生黄灵宽、周云慧、武红强、刘同新、张灿、李千惠、崔龙宇、樊颖鹏、王亮、刘莉，北京第二外国语学院在读硕士研究生隋馨仪、李晓宁等同学参与了部分章节的资料收集和案例写作等工作。全书由计金标教授负责修改并定稿。

中国人民大学出版社崔惠玲等策划编辑和责任编辑周华娟对本书的出版过程投入了艰苦细致的工作，在此对她们表示衷心感谢。在本书的写作过程中我们参考了国内外专家已经出版的不少相关著作，尤其是在案例的编写或选用方面有些直接参考了已经出版的一些著作或论文，能够列明的尽量列明。本书作为教材的辅助用书，目的是帮助学生掌握相关的基础知识，我们希望能够尽量汲取理论界和实务界已经取得的成果，对由于时间仓促或资料查找等原因暂时没有列出来源的，在此对相关作者一并表示谢意及歉意。

不可回避的问题是，由于税收筹划的研究在我国还处于起步阶段，很多问题甚至是理论问题还有待进一步研究。有些习题或案例的设计也不尽完美，需要在实践中进一步提炼。因此本书不尽如人意之处一定存在，甚至有不当或错误之处，恳请各位读者批评指正，使我们能够在再版时继续进行修订。

计金标

目　录

第1章 税收筹划的基本理论

一、本章教学大纲

1.1 税收筹划的概念与特点

1.1.1 税收筹划的概念

荷兰国际财政文献局（IBFD）的《国际税收辞汇》、N.J. 雅萨斯威的《个人投资和税收筹划》、W.B. 梅格斯博士的《会计学》对税收筹划的概念做了界定。

本书也对税收筹划的概念做了界定。

1.1.2 税收筹划的发展

1. 国际视野

（1）从节税到税收筹划的历史变迁。

（2）税收筹划的历史发展。

2. 国内发展

（1）我国税收筹划的现状及存在的主要问题：①税收筹划意识发展迅速，但仍有很大提升空间。②税务代理等税务服务水平还有待提高。③我国税收制度不够完善。④税法存在一定的模糊性和宣传滞后。⑤征管水平仍有待提高。

（2）近年来国内税收筹划发展取得的可喜成就。

1.1.3 税收筹划的特点

1. 合法性

合法性是税收筹划最本质的特点，也是税收筹划区别于逃避税收行为的基本标志。

2. 筹划性

3. 风险性

税收筹划的风险主要表现在以下几个方面：(1) 筹划条件风险。(2) 筹划时效性风险。(3) 征纳双方认定差异的风险。

4. 多样性

5. 综合性

6. 专业性

1.1.4 税收筹划与偷税、逃税、抗税、骗税、避税的区别

税收筹划的基本特点之一是合法性，而偷税、逃税、抗税、骗税等则是违反税法的。

1.1.4.1 税收筹划与偷税

偷税是在纳税人的纳税义务已经发生且能够确定的情况下，采取不正当或不合法的手段以逃脱其纳税义务的行为。

1.1.4.2 税收筹划与逃税

逃税是指纳税人欠缴应纳税款，采取转移或者隐匿财产的手段，妨碍税务机关追缴欠缴的税款的行为。

1.1.4.3 税收筹划与抗税

抗税是指纳税人以暴力、威胁方法拒不缴纳税款的行为。

1.1.4.4 税收筹划与骗税

骗税是采取弄虚作假和欺骗手段，从国库中骗取了退税款的违法行为。

1.1.4.5 税收筹划与避税

避税是指纳税人利用税法漏洞或者缺陷，通过对经营及财务活动的精心安排，以期

达到纳税负担最小的经济行为。从某种意义上说，只要存在税收，就会有避税。

1.2 税收筹划的分类

1.2.1 按税收筹划需求主体的不同分类

1. 法人税收筹划
2. 自然人税收筹划

1.2.2 按税收筹划所涉及的区域分类

1. 国内（境内）税收筹划
2. 国际（境外）税收筹划

1.2.3 按税收筹划供给主体的不同分类

1. 自行税收筹划
2. 委托税收筹划

1.2.4 按税收筹划所适用的企业生产经营的不同阶段分类

1. 企业投资决策中的税收筹划
2. 企业生产经营中的税收筹划
3. 企业成本核算中的税收筹划
4. 企业成果分配中的税收筹划

1.2.5 按税收筹划所涉及的不同税种分类

1. 货物劳务税的税收筹划
2. 所得税的税收筹划
3. 财产税的税收筹划
4. 资源税的税收筹划
5. 行为目的税的税收筹划

由于货物劳务税和所得税是我国目前税制结构中最主要的两大税种，因而也是纳税人税收筹划需求最大的两个税种。

1.2.6 按税收筹划所采用的减轻纳税人税负的手段分类

1. 政策派税收筹划

政策派税收筹划实质上是通过节税手段来减少纳税人的总纳税义务。

2. 漏洞派税收筹划

漏洞派税收筹划实质上是通过节税和避税两种手段来减少纳税人的总纳税义务。

1.3 税收筹划的目标

1.3.1 科学发展观与企业目标

(1) 早期现代企业理论认为追求利润最大化是企业的合理目标。

(2) 按照科学发展观的要求，当今企业价值最大化目标理论应运而生。

其一，作为价值评估基础的现金流量的确定。其二，价值最大化是从企业的整体角度考虑企业的利益取向。其三，更看重企业未来的和潜在的获利能力。

因此，从科学发展观来看，企业价值最大化目标更强调企业的持续发展能力。

1.3.2 以科学发展观定位企业税收筹划目标

理想的税收筹划是节税、税后利润最大化和价值最大化三者的统一。在我国税收筹划发展过程中，应大力倡导在科学发展观指导下的税收筹划活动。

1.4 税收筹划的原则

1.4.1 系统性原则

企业税收筹划必须自觉纳入企业管理大系统，渗透在企业生产经营活动的各个方面，与其他各项管理活动紧密结合，才能取得成效。

1.4.2 预见性原则

税收筹划的实质是运用税法的指导通过生产经营活动来安排纳税义务的发生。

1.4.3 合法性原则

1. 以依法纳税为前提

2. 以合法节税为方式
3. 以贯彻立法精神为宗旨

1.4.4 时效性原则

纳税人或税收筹划的策划者关注税法的变动，及时调整税收筹划的方案。

1.4.5 保护性原则

保护性原则也称账证完整原则，即保持各种凭证与记录的完整性。

1.5 税收筹划产生的原因与实施条件

1.5.1 税收筹划产生的基本前提

1. 市场经济体制
2. 税收制度的非中性和真空地带的存在
3. 完善的税收监管体系

1.5.2 税收筹划是纳税人应有的权利

（1）现代企业一般有四大基本权利，即生存权、发展权、自主权和自保权。
①税收筹划是纳税人的一项基本权利，税收筹划所取得的收益应属合法权益。
②税收筹划是纳税人对其资产、收益的正当维护，属于纳税人应有的经济权利。
③税收筹划是纳税人对社会赋予其权利的具体运用，属于纳税人应有的社会权利。
（2）企业税收筹划的权利也有其界限，在纳税上企业权利与义务的相互转换条件是：
①税法中存在的缺陷是否已被纠正，不明确的地方是否已被明确。
②税法或条例中的某项（些）条款或内容是否已被重新解释并明确其适用范围。
③税法或条例中的某项（些）特定内容是否已被取消。
④企业的税收筹划权利的行使是以不伤害、不妨碍他人权利为前提的。

1.5.3 税收筹划产生的客观原因

1.5.3.1 国内税收筹划产生的客观原因

1. 税种的税负弹性
2. 纳税人定义上的可变通性

一是该纳税人确实转变了经营内容，过去是某税的纳税人，现在成为另一种税的纳税人；二是内容与形式脱离，纳税人通过某种非法手段使其在形式上不属于某税的纳税义务人，而实际上并非如此；三是该纳税人通过合法手段转变了内容和形式，使纳税人无须缴纳该种税。

3. 课税对象金额上的可调整性

税额的计算主要取决于两个因素：一是课税对象金额，二是适用税率。

（1）纳税人在既定税率的前提下，由课税对象金额派生的计税依据越小，税额也就越小。

（2）不同的课税对象负担着不等的纳税义务，可以互相转换。

4. 税率上的差异性

“一税一率”和“一目一率”上的差异性为税收筹划提供了机会。例如，所得税中的累进税率对税收筹划具有非常大的激励作用。

5. 税收优惠

税制中的减免税优惠对人们进行税收筹划既是条件又是激励。它的形式包括税额减免、税基扣除、税率降低、起征点、免征额、加速折旧等，这些都对税收筹划具有诱导作用。

1.5.3.2 国际税收筹划产生的客观原因

1. 国家间税收管辖权的差异

税收管辖权是指一国政府在征税方面所实行的管理权力，有三种：居民管辖权、公民管辖权和地域管辖权。大多数国家以一种税收管辖权为主，以另一种税收管辖权为补充。国与国之间的差异，在国家之间的衔接上为税收策划留下了可能性：

（1）两个国家实行不同税收管辖权所造成的跨国税收筹划。

（2）两个国家同时实行所得来源管辖权所造成的跨国税收筹划。

（3）两国同时行使居民管辖权所造成的跨国税收筹划。

2. 税收执法效果的差别

3. 税制因素

一是税种的差异，二是税基的差异和税种类型的差异，三是税率的差异，四是征税对象的差异，五是纳税人的差异，六是税收征收管理方式的差异，七是税收优惠内容与形式的差异，等等。

4. 其他因素

（1）各国对避税的认可程度及反避税方法上的差异。

（2）关境与国境的差异。

（3）技术进步。

（4）资本流动。

（5）外汇管制与住所的影响。

（6）通货膨胀。

1.5.3.3 税收筹划产生的主观原因

税收筹划是企业对其资产、收益的正当维护，属于企业应有的经济权利。纳税人对经济利益的追求可以说是一种本能，是最大限度地维护自己的利益的行为，具有明显的排他性和利己性的特征。

1.5.3.4 税收筹划的实施条件

纳税人成功地实施税收筹划，需要具备以下特定的条件：

1. 具备必要的法律知识
2. 具备相当的收入规模
3. 具备税收筹划意识

1.6 影响税收筹划的因素

1.6.1 纳税人的风险类型

纳税人的风险类型是指纳税人是风险偏好的还是风险厌恶的。

1.6.2 纳税人自身状况

纳税人自身状况主要包括纳税人的经营规模、业务范围、组织机构、经营方式等。

1.6.3 企业行为决策程序

企业行为决策程序的简化有利于进行税收筹划，一般情况下税收筹划决策涉及的部门或人员的审核层次越多，最后税收筹划方案的落实就会越困难。

1.6.4 税制因素

税制的弹性大小和优惠政策的多少，决定了纳税人税收筹划的可能性和可操作空间。

1.6.5 企业税收筹划需要多方合力

企业税收筹划需要企业会计部门、企业领导和中介机构三者的全力配合。

1.7 税收筹划的实施流程

税收筹划的实施流程一般可以分为以下几个阶段：主体选择，收集信息与目标确定，方案列示、分析与选择，实施与反馈。

1.7.1 主体选择

企业既可以由企业内部人员自行制定税收筹划策略，也可以外包给专业机构，在设计主体决策之前，需要对两种设计方式进行比较。

1.7.2 收集信息与目标确定

收集信息是税收筹划的基础，只有充分掌握了信息，才能进一步确定目标并制定税收筹划策略。

1.7.2.1 外部信息

1. 税收环境信息

(1) 企业涉及的税种及各税种的具体规定，特别是税收优惠规定；(2) 各税种之间的相关性；(3) 税收征纳程序和税务行政制度；(4) 税收环境的变化趋势、内容。

2. 政府涉税行为信息

(1) 政府对税收筹划的态度；(2) 政府的主要反避税法规和措施；(3) 政府反避税的运作规程。

1.7.2.2 内部信息

1. 实施主体信息

(1) 企业理财目标；(2) 企业经营状况；(3) 企业财务状况；(4) 企业对风险的态度。

2. 反馈信息

税收筹划方案的实施结果需要被及时反馈给相应部门，以便对税收筹划方案进行调整和完善，此为反馈信息。

1.7.2.3 目标的确定

(1) 选择低税负点，包括税基最小化、适用税率最低化、减税最大化等具体内容。

(2) 选择零税负点，包括纳税义务的免除和避免成为纳税人。

(3) 选择递延纳税。递延纳税存在机会成本的选择问题。

1.7.3 方案列示、分析与选择

1. 合法性分析

对设计的方案首先要进行合法性分析，控制法律风险。

2. 可行性分析

包括实施时间的选择、人员素质以及未来的趋势预测。

3. 目标分析

对方案进行目标符合性分析，评价税收策略的合理性。

1.7.4 实施与反馈

1. 实施阶段

按照选定的税收筹划方案，对自己的纳税人身份、组织形式、注册地点、所从事的产业、经济活动以及会计处理等做出相应的处理或改变，同时记录筹划方案的收益。

2. 反馈阶段

在实施过程中，可能会因为执行偏差、环境改变或者由于原有方案的设计存在缺陷，从而与预期结果产生差异，并对方案进行修正或者重新设计。

1.8 税收筹划的积极作用

1.8.1 税收筹划有助于提高纳税人的纳税意识，抑制偷、逃税等违法行为

税收筹划与纳税意识的增强一般具有客观一致性的关系，税收筹划是企业纳税意识提高到一定程度的体现。

1.8.2 税收筹划有助于税收法律法规的完善

税收筹划是对税收优惠政策进行研究和运用，但是现行税收政策也有某些缺陷、不足和漏洞。因而进行税收筹划可以及时了解税收法规和税收征管中的不尽合理和不完善之处，为国家进一步完善税收政策、法律法规提供依据，起到对税收法规的验证作用，能够有效贯彻税收法定主义原则，推动依法治税的进程。

1.8.3 税收筹划有助于实现纳税人利益最大化

企业在仔细研究税收法规的基础上，按照政府的税收政策安排自己的经营项目、经营规模等，最大限度地利用税收法规中对自己有利的条款，无疑可以使企业的利益达到

最大化。

1.8.4 税收筹划有助于企业经营管理水平和会计管理水平的提高

企业为进行税收筹划而起用高素质、高水平人才，必然为企业经营管理更上一层楼奠定良好基础。企业进行税收筹划离不开财务会计，这必然要求建立健全财务会计制度，规范财会管理，同时也要求财会人员具备相当水平的业务能力。这不仅能使企业经营管理水平不断跃上新台阶，而且有利于提高企业的会计管理水平。

1.8.5 税收筹划有助于优化产业结构和资源的合理配置

纳税人进行税收筹划，尽管在主观上是为了减轻纳税人的税收负担，使自己的利益最大化，但在客观上却是在国家税收杠杆的作用下进行产业结构的调整，优化资源的配置，这体现了国家的产业政策，是符合国家的发展方向的。

1.8.6 税收筹划有助于税务服务行业的健康发展

我国正处于法律、法规和政策发生大规模变动的时期，税收政策量多而繁杂，这使得税收筹划成为纳税人必需的选择。

1.8.7 从长远和整体来看，税收筹划有助于国家增加税收

税收筹划不仅不会减少国家的税收收入总量，甚至可能会增加国家的税收收入。

二、本章教学重点与难点

【教学重点】

1. 税收筹划的概念；
2. 企业税收筹划的目标；
3. 影响税收筹划的因素。

【教学难点】

1. 在对税收筹划概念的理解中如何区分税收筹划与偷税、逃税、抗税、骗税和避税；
2. 如何理解税收筹划是纳税人的一项权利。

三、本章关键术语

税收筹划——指在纳税行为发生之前，在不违反法律、法规（税法及其他相关法律、法规）的前提下，通过对纳税主体（法人或自然人）的经营活动或投资行为等涉税事项做出事先安排，以达到少缴税和递延缴纳税款目标的一系列谋划活动。

筹划性——指在纳税行为发生之前，运用税法的指导对生产经营活动进行事先规划与控制，以安排纳税义务的发生并达到降低税负的目的。

偷税——在纳税人的纳税义务已经发生且能够确定的情况下，采取不正当或不合法的手段以逃脱其纳税义务的行为。

逃税——指纳税人欠缴应纳税款，采取转移或者隐匿财产的手段，妨碍税务机关追缴欠缴的税款的行为。

抗税——指纳税人以暴力、威胁方法拒不缴纳税款的行为。

避税——指纳税人利用税法漏洞或者缺陷，通过对经营及财务活动的精心安排，以期达到纳税负担最小的经济行为。

合法性原则——税收筹划的合法性原则包括三个方面的内容：以依法纳税为前提；以合法节税方式对企业生产经营活动进行安排，作为税收筹划的基本实现形式；以贯彻立法精神为宗旨。

法人税收筹划——根据税收筹划需求主体的不同，税收筹划可分为法人税收筹划和自然人税收筹划两大类。法人税收筹划主要是对法人的组建、分支机构设立、筹资、投资、运营、核算、分配等活动进行税收筹划。

税收管辖权——指一国政府在征税方面所享有的管理权力。税收管辖权有三种，即居民管辖权、公民管辖权和地域管辖权。

税负弹性——指某一具体税种的税负伸缩性大小。一般而言，某一税种税负弹性的大小一方面取决于税源的大小，即税源大的税种，其税负弹性也大，另一方面取决于该税种的要素构成，这主要包括计税基数、扣除、税率。即税基越宽，税率越高，税负就越重；或者说税收扣除越大，则税负就越轻。

纳税人定义上的可变通性——指纳税人按照法律的规定是否为某一种税的纳税人不是固定不变的，会随着经营内容等的转变而发生改变。

税率上的差异性——指税制中不同税种有不同税率，同一税种中不同税项也有不同税率，即“一税一率”和“一目一率”上的差异性。

税收优惠——税收优惠是国家税制的一个组成部分，是政府为达到一定的政治、社会和经济目的而对纳税人实行的税收鼓励。税收鼓励反映了政府行为，它是通过政策导向影响人们的生产与消费偏好来实现的，所以也是国家调控经济的重要杠杆。

通货膨胀——在经济学上，通货膨胀意指整体物价水平持续性上升。实行累进所得税时，通货膨胀使得名义收入增加，会把纳税人适用的税率推向更高的档次，即所谓的“档次爬升”。

外部信息——包括税收环境信息和政府涉税行为信息两个方面。税收环境信息主要包括以下几项内容：（1）企业涉及的税种及各税种的具体规定，特别是税收优惠规定；（2）各税种之间的相关性；（3）税收征纳程序和税务行政制度；（4）税收环境的变化趋势、内容。政府涉税行为信息主要包括：（1）政府对税收筹划的态度；（2）政府的主要反避税法规和措施；（3）政府反避税的运作规程。

四、补充练习题

（一）名词解释

1. 税收筹划
2. 税收筹划风险
3. 税收筹划时效性风险
4. 税收筹划征纳双方认定差异风险
5. 偷税
6. 逃税
7. 税收优惠
8. 税收管辖权

（二）填空题

1. 依税收筹划需求主体的不同，税收筹划可分为________和自然人税收筹划两大类。

2. 在能对税收缴纳产生重要影响的会计方法中，主要有________和________。

3. 由于________税和________税是我国目前税制结构中最主要的两大税类，因而也是纳税人税收筹划需求最大的两个税类。

4. 以节税和税后利润最大化为目标的税收筹划是税收筹划发展的低级阶段，以________为目标的税收筹划才是税收筹划发展的高级阶段。

5. 税收筹划的保护性原则强调，保护账证完整是企业税收筹划最基本且最重要的原则，征税机关通过纳税检查确定税收筹划是否合法的依据就是企业__________和________。

6. 国家征税时应避免对经济主体根据市场机制独立进行经济决策的过程进行干扰，这一税制设计的一般原则称为________原则。

7. 对多数企业和个体纳税人而言，________与________是可以互相转换的，纳税人可以把属于自己的全部所得进行最佳分割，使自身承担的法人税与个人税之和最小。

8. 在减免税期间，企业通过税收筹划获得递延纳税，但是减少了本来能享受到的减免税利益，这说明递延纳税存在________的选择问题。

（三）单选题

1. 纳税人的下列行为中，属于合法行为的是（　　）。

A. 自然人税收筹划　　B. 企业法人逃避缴纳税款

C. 国际避税　　D. 非暴力抗税

2. 企业在进行税收筹划过程中，充分考虑税收时机和筹划时间跨度的选择推迟或提前、拉长或缩短等可能影响筹划效果甚至导致筹划失败的因素，这属于对（　　）的规避。

A. 筹划时效性风险　　B. 筹划条件风险

C. 征纳双方认定差异风险　　D. 流动性风险

3. 合理提前所得年度或合理推迟所得年度，从而起到减轻税负或延期纳税的作用，这种税务处理属于（　　）。

A. 企业投资决策中的税收筹划　　B. 企业生产经营中的税收筹划

C. 企业成本核算中的税收筹划　　D. 企业成果分配中的税收筹划

4. 下列哪一税种通常围绕收入实现、经营方式、成本核算、费用列支、折旧方法、捐赠、筹资方式、投资方向、设备购置、机构设置、税收政策等涉税项目进行税收筹划？（　　）

A. 货物劳务税　　B. 所得税

C. 财产与行为税　　D. 资源环境税

5. 下列关于跨国税收筹划的说法中，错误的是（　　）。

A. 当甲国实行地域税收管辖权、乙国实行居民税收管辖权时，甲国的居民从乙国获得的所得就可以躲避所有纳税义务

B. 当两个国家同时实行所得来源管辖权，但确定所得来源的标准不同时，如果两国认为这笔所得的支付者与获得者不属于本国自然人或法人，该笔所得就可以躲避纳税义务

C. 当两国同时行使居民管辖权，但对自然人和法人是否为本国居民有不同的确认标准时，跨国纳税人可以根据有关国家的标准设置总机构和登记注册，以达到国际避税之目的

D. 当甲国实行居民税收管辖权、乙国实行地域税收管辖权时，跨国纳税人若在两个国家均无住所，就可以同时躲避在两国的纳税义务

（四）多选题

1. 下列所列各项不属于税收筹划特点的有（　　）。

A. 合法性　　B. 风险性　　C. 收益性　　D. 中立性　　E. 综合性

2. 下列关于企业价值最大化理论及这一目标下税收筹划的说法中，正确的是（　　）。

A. 在企业目标定位于价值最大化的条件下，税收筹划的目标是追求税后利润最大化

B. 企业价值最大化是从企业的整体角度考虑企业的利益取向，使其更好地满足企业各利益相关者的利益

C. 由于在企业价值最大化目标下作为价值评估基础的现金流量的确定仍然是基于企业当期的盈利，因此，只有选择税负最轻的纳税方案的活动才可被称为税收筹划

D. 现金流量价值的评价标准，不仅要看企业目前的获利能力，更要看企业未来的和潜在的获利能力

E. 由单纯追求节税和税后利润最大化目标向追求企业价值最大化目标的转变，反映了纳税人现代理财观念不断更新和发展的过程

3. 按税收筹划供给主体的不同，税收筹划可分为（　　）。

A. 自行税收筹划　　B. 法人税收筹划　　C. 委托税收筹划

D. 自然人税收筹划　　E. 生产经营中的税收筹划

4. 下列关于税收筹划、偷税、逃税、抗税、骗税等的法律性质的说法中，正确的是（　　）。

A. 税收筹划的基本特点之一是合法性，而偷税、逃税、抗税、骗税等则是违反税法的

B. 偷税具有故意性、欺诈性，是一种违法行为，应该受到处罚

C. 逃税与偷税有共性，即都有欺诈性、隐蔽性，都是违反税法的行为

D. 抗税是指纳税人以暴力、威胁方法拒不缴纳税款的行为，与之不同的是，税收筹划采取的手段是非暴力性的

E. 骗税是指纳税人利用税法漏洞或者缺陷，通过对经营及财务活动的精心安排，以期达到纳税负担最小的经济行为

5. 税收筹划的原则包括（　　）。

A. 系统性原则　　B. 预见性原则　　C. 合法性原则

D. 时效性原则　　E. 保护性原则

（五）判断题

1. 企业税收筹划必须在纳税义务发生之后，通过对企业生产经营活动过程的规划与控制来进行。（　　）

2. 税收筹划是纳税人对其资产、收益的维护，属于纳税人应尽的一项基本义务。（　　）

3. 所得税中的累进税率对税收筹划具有很大的吸引力，这主要是由于所得税中的累进税率设计使得高、低边际税率相差巨大。（　　）

4. 各国税制中都有较多的减免税优惠，这对人们进行税收筹划既是条件又是激励。（　　）

5. 世界上的大多数国家都严格地同时行使居民税收管辖权、公民税收管辖权和地域税收管辖权。在这一前提下，当各国税法的具体规定不同时，就为税收筹划留下了可能性。（　　）

6. 一般而言，关境与国境范围相同，但是当国家在本国设置自由港、自由贸易区和海关保税仓库时，关境就大于国境。（　　）

7. 从长远和整体来看，纳税人税收筹划势必会减少国家的税收收入，但从政策来讲，国家正是通过这种税收利益让渡的方式来促进企业依法纳税水平的提高。（　　）

8. 税收筹划与纳税意识的增强一般具有客观一致性的关系，税收筹划是企业纳税意识提高到一定程度的体现。（　　）

（六）简答题

1. 请以存货计价方法为例简要说明企业成本核算中的税收筹划。

2. 为什么说单纯以节税为税收筹划的目标会导致税收筹划同企业整体理财目标的矛盾？

3. 简要说明如何从诸多被列示的税收筹划方案中做出最佳选择。

4. 简要阐明如何通过固定资产折旧的税收筹划获得所得税税收递延利益。

（七）材料分析题

1. 北京市 W 公司是一家大型商城。2019 年年初，W 公司委托该市 Y 税务师事务所进行企业税收筹划。根据 W 公司财务部提供的 2018 年度纳税信息，2018 年 W 公司销售各种型号的空调 1 000 台，取得安装调试服务收入 77 万元；销售热水器 2 850 台，取得安装调试服务收入 42 万元；销售成套厨房用品 627 套，取得安装服务收入 20 万元。W 公司 2018 年实际缴纳增值税 187 260.60 元。该企业认为增值税税负过重，期望 Y 税务师事务所能够给出有效的建议和筹划方案，以减轻增值税负担。如果你是 Y 税务师事务所的税收筹划专业人士，请结合增值税关于混合销售以及兼营的规定给出总体建议。

2. 根据《财政部　国家税务总局关于个人所得税法修改后有关优惠政策衔接问题的通知》（财税［2018］164 号）的规定，自 2019 年 1 月 1 日起至 2021 年 12 月 31 日，居民个人取得全年一次性奖金，不并入当年综合所得，以全年一次性奖金收入除以 12 个月得到的数额，依照按月换算后的综合所得税率表，确定适用税率和速算扣除数，单独计算纳税。计算公式为：应纳税额＝全年一次性奖金收入×适用税率－速算扣除数；居民个人取得全年一次性奖金，也可以选择并入当年综合所得计算纳税。自 2022 年 1 月 1 日起，居民个人取得全年一次性奖金，应并入当年综合所得计算缴纳个人所得税。请从税务筹划的理论角度，简要评价该通知所确定的相关规定。如果你是企业的财务主管人员，在发放年终奖的时间和方式安排上，从税务筹划的角度，为了尽量少地代扣代缴个人所得税，你会给人事部门什么样的建议？

（八）案例分析题

【案例 1-1】　大学英语教师李某利用业余时间为他人提供劳务并取得劳务报酬所得。2019 年 11 月，李老师参加了一个国际学术会议的同声翻译工作，取得 5 000 元的收入，此外还应邀为另一个高校做大学英语六级串讲，收入 2 000 元。

分析要求：李老师选择如何纳税比较有利？

【案例 1-2】　甲公司是一个外贸进出口企业，主要从事进口某国际知名品牌洗衣机的销售，年销售量为 10 000 台，每台国内的销售价格为 4 800 元，进口完税价格为 2 800 元，假定适用进口环节的关税税率为 20%，增值税税率为 16%。该企业管理层提出议案：在取得该品牌洗衣机厂商的同意和技术协作的情况下，进口该品牌洗衣机的电路板和发动机，进口完税价格为整机价格的 60%，假定适用进口环节的关税税率为 15%。其他配件委托国内技术先进的企业加工，并完成整机组装，所发生的成本费用为进口完税价格的 50%，购进配件及劳务的增值税税率为 16%。

分析要求：分析该管理层议案的经济可行性。

【案例 1-3】　A 集团公司为生产性企业，本月出口销售额为 500 万元，产品成本

（不考虑工资费用和固定资产折旧）为 200 万元，进项税额为 32 万元，征税率为 16%，退税率为 13%。该集团公司可以采用以下方案办理出口及退税。

方案 1： 该公司所属的生产出口产品的工厂采取非独立核算形式，集团公司自营出口产品，出口退税采用免抵退税办法。

方案 2： 该集团公司设有独立的进出口公司，所有商品由集团公司委托其进出口公司出口，集团公司采用免抵退税办法。

方案 3： 该集团公司设有独立的进出口公司，按出口销售价格卖给进出口公司，由进出口公司报关并申请退税。

方案 4： 该集团公司设有独立的进出口公司，所有出口商品由集团公司按成本价卖给进出口公司，由进出口公司报关并申请退税。

分析要求： 比较上述四种方案哪种税负最轻。

五、补充练习题答案

（一）名词解释

1. 税收筹划：在纳税行为发生之前，在不违反法律、法规（税法及其他相关法律、法规）的前提下，通过对纳税主体（法人或自然人）的经营活动或投资行为等涉税事项做出事先安排，以达到少缴税和递延缴纳税款目标的一系列谋划活动。

2. 税收筹划风险：是指纳税人在进行税收筹划时因各种因素的存在，无法取得预期的筹划结果，并且付出远大于收益的各种可能性。

3. 税收筹划时效性风险：纳税人的纳税方案在不能适应税法、税收政策变化时所面临的筹划方案失败的风险。

4. 税收筹划征纳双方认定差异风险：纳税人的纳税方案是否符合法律规定，最终是否成功并给纳税人带来经济上的利益，取决于税务机关对其违法性的最终裁定。如果征纳双方在课税要素的认定上存在差异，会使纳税人面临税收筹划方案失败甚至实质违法的风险。

5. 偷税：在纳税人的纳税义务已经发生且能够确定的情况下，采取不正当或不合法的手段逃脱纳税义务的故意性、欺诈性违法行为。

6. 逃税：纳税人欠缴应纳税款，采取转移或者隐匿财产的手段，妨碍税务机关追缴欠缴税款的行为。

7. 税收优惠：是国家税制的一个组成部分，是政府为达到一定的政治、社会和经济目的，而对纳税人实行的税收鼓励。

8. 税收管辖权：一国政府在征税方面所享有的管理权力，包括居民管辖权、公民管辖权和地域管辖权。

（二）填空题

1. 法人税收筹划

2. 固定资产折旧方法　存货计价方法

3. 货物劳务　所得

4. 企业价值最大化

5. 会计凭证　会计记录

6. 税收中性

7. 财产收益　经营利润

8. 机会成本

（三）单选题

1. A。合法性是税收筹划最本质的特点。无论企业法人还是自然人逃避缴纳税款，均是违法的。避税的合法性目前存在争议，代表性的观点为避税是非法、不合法、脱法行为等几种，但其绝对不是合法的。抗税是指纳税人以暴力、威胁方法拒不缴纳税款的非法行为。

2. B。企业税收筹划的时效性风险是指如果企业不能及时学习和了解最新的税法政策，及时合理地变更筹划方案，仍然照搬以前期间的方案，就会面临筹划方案失败的风险。税收筹划条件包括专业技术人员的素质、筹划技术手段、筹划时机的选择和筹划时间跨度的确定等。

3. D。企业成果分配中的税收筹划是指企业在对经营成果进行分配时充分考虑各种方案的税收影响，选择税负最轻的分配方案的行为。它主要通过合理归属所得年度来进行。合理归属所得年度是指利用合理手段将所得归属在税负最低的年度里。其途径是合理提前所得年度或合理推迟所得年度，从而起到减轻税负或延期纳税的作用。

4. B。货物劳务税税收筹划主要是围绕纳税人身份、销售方式、货款结算方式、销售额、适用税率、税收优惠等纳税相关项目进行。所得税税收筹划主要是围绕收入实现、经营方式、成本核算、费用列支、折旧方法、捐赠、筹资方式、投资方向、设备购置、机构设置、税收政策等涉税项目进行。

5. D。两国同时行使居民管辖权，且同时以住所标准确定自然人的居民身份时，跨国纳税人在两个国家均无住所，才可以同时躲避在两国的纳税义务。

（四）多选题

1. CD。税收筹划的特点包括合法性、筹划性、风险性、多样性、综合性和专业性。

2. BDE。在企业目标定位于利润最大化的条件下，税收筹划的目标必然是追求税后利润最大化。价值最大化目标是针对利润最大化目标的缺陷而提出来的，在此目标下，作为价值评估基础的现金流量的确定仍然是基于企业当期的盈利，但需要从企业的整体角度考虑企业的利益取向，使之更好地满足企业各利益相关者的利益。同时，现金流量价值的评价标准，不仅要看企业目前的获利能力，更要看企业未来的和潜在的获利能力。理想的税收筹划是节税、税后利润最大化和价值最大化三者的统一。由单纯追求节税和税后利润最大化目标向追求企业价值最大化目标的转变，反映了纳税人现代理财观念不断更新和发展的过程。

3. AC。按税收筹划供给主体的不同，税收筹划可分为自行税收筹划和委托税收筹划。

4. ABC。抗税是指纳税人以暴力、威胁方法拒不缴纳税款的行为。而税收筹划是采取不违法的手段。骗税是采取弄虚作假和欺骗手段，将本来没有发生的应税（应退税）行为虚构成发生了的应税行为，将小额的应税（应退税）行为伪造成大额的应税（应退税）行为，即事先根本未向国家缴过税或未缴足声称已纳的税款，而从国库中骗取了退税款。纳税人利用税法漏洞或者缺陷，通过对经营及财务活动的精心安排，以期达到纳税负担最小的经济行为，属于避税。

5. ABCDE。税收筹划的原则包括系统性原则、预见性原则、合法性原则、时效性原则和保护性原则。

（五）判断题

1. ×。在经济行为已经发生，纳税项目、计税依据和税率已成定局后再实施少缴税款的措施，无论是否合法，都不能被认为是税收筹划。企业税收筹划必须在纳税义务发生之前，通过对企业生产经营活动过程的规划与控制来进行。

2. ×。税收筹划是指在纳税行为发生之前，在不违反法律、法规的前提下，通过对纳税主体经营活动或投资活动等涉税事项做出事先安排，以达到少缴税和递延缴纳税款目标的一系列谋划活动。它是纳税人的一项基本权利。

3. √。当课税对象金额一定时，税率越高，税额越多，税率越低，税额越少。所得税中的累进税率设计使得高、低边际税率一般相差好几倍，有的甚至十几倍，对税收筹划具有特别的激励作用。

4. √。税收优惠的范围越广、差别越大、方式越多、内容越丰富，则纳税人税收筹划的活动空间越广阔，节税的潜力也就越大。纳税人进行税收筹划时必须考虑：有没有地区性的税收优惠；是否有行业性税收倾斜政策；减免税期如何规定；对纳税人在境外缴纳的税款是否采取避免双重征税的措施；采取什么样的方式给予抵扣；等等。

5. ×。世界上没有哪个国家单纯地行使一种税收管辖权，大多数国家以一种税收管辖权为主，以另一种税收管辖权为补充，只是各国的侧重点不同。因此在国家之间的税收管辖权衔接上，就可能形成某种重叠和漏洞，为税收筹划留下了可能性。

6. ×。一般而言，关境与国境范围相同，但是当国家在本国设置自由港、自由贸易区和海关保税仓库时，关境就小于国境。

7. ×。从长远和整体来看，税收筹划不仅不会减少国家的税收收入总量，而且可能会增加国家的税收收入。纳税人进行税收筹划，降低了企业的税收负担，为企业发展提供了契机。虽然税收筹划在短期内减少了国家的财政收入，但是从长期来看将促进企业发展，培植税源，增加税收收入。

8. √。税收筹划与纳税意识的增强一般具有客观一致性的关系，税收筹划是企业纳税意识提高到一定程度的体现。

（六）简答题

1. 答：企业成本核算中的税收筹划是指企业通过对经济形势的预测及其他因素的综合考虑，选择恰当的会计处理方式以获得税收利益的行为。在能对税收缴纳产生重要影响的会计方法中，主要有固定资产折旧方法和存货计价方法。就存货计价方法而言，目前主要有先进先出法、后进先出法等，企业可以自己选择，但一经选定，不得随意变更。

先进先出法和后进先出法带有很大的主观性。先进先出法以存货的流出与流入的时间同向为前提。在存货价格紧缩时，采用这一方法可使前期耗用存货的成本增大，使所得款减少，从而少缴税款。后进先出法以假设存货的流出与流入的时间反向为前提。在存货价格膨胀时，采用这一方法可达到减少当前纳税的效果。

2. 答：企业税收筹划的直接目的是谋取合法的税收利益，是财务管理的一部分，必须服从、服务于企业财务管理的总体目标，必须注重综合平衡。将税收筹划看作一种单纯的节税行为是不可取的。税收筹划的节税目标与企业整体理财目标也会出现矛盾。一是税收支出与其他成本支出的矛盾。如果税收支出少，但其他成本高，节税就不能带来资本总体收益的增加。二是节税与现金流量的矛盾。如果一个企业的现金前松后紧，滞延纳税时间将不利于企业资金收支的管理，会加剧后期现金流动的紧张，造成企业资金运动困难。三是如果企业在实施税收筹划过程中片面地追求节税自身效应的提高，则会扰乱正常的经营理财秩序，导致企业内在经营机制的紊乱，并最终招致企业更大的潜在损失。这些情况的出现和发生都有违税收筹划的初衷。

3. 答：税收筹划策略的实施流程一般可以分为以下几个阶段：主体选择，收集信息与目标确定，方案列示、分析与选择，实施与反馈。其中从被列示的诸多税收筹划方案中做出最佳选择是税收筹划工作的一项核心内容。在掌握相关信息和确立目标之后，策略制定者可以着手设计税收筹划的具体方案。关注角度不同，具体方案就可能存在差异，因此策略制定者需要将方案逐一列示，并在后续过程中进行选择。在进行方案列示以后，必须进行一系列分析，主要包括：

一是合法性分析。税收筹划策略的首要原则是合法性原则，任何税收筹划方案都必须从属于合法性原则，因此，对设计的方案首先要进行合法性分析，控制法律风险。

二是可行性分析。税收筹划的实施需要多方面的条件，企业必须对方案的可行性做出评估，这种评估包括实施时间的选择、人员素质以及未来的趋势预测。

三是目标分析。每种设计方案都会产生不同的纳税结果，这种纳税结果是否符合企业既定的目标，是筹划策略选择的基本依据。因此，必须对方案进行目标符合性分析，同时优选最佳方案。目标分析还包括评价税收策略的合理性，防止税收策略喧宾夺主，影响企业整体竞争策略。

在逐项分析所列示方案之后，设计者可能获取新的信息，并以此对原有的税收筹划方案进行调整，同时继续规范分析过程。

4. 答：税收递延也即纳税期的递延或延期纳税，即允许企业在规定的期限内，分期或延迟缴纳税款。纳税期的递延有利于企业资金周转，节省利息支出，以及由于通货膨胀的影响，延期以后缴纳的税款币值下降，从而降低了实际纳税额。固定资产折旧是将固定资产价值按照其使用年限分摊计入有关成本费用项目。固定资产折旧费用冲减企业利润，因而会对所得税产生很大影响。固定资产折旧对所得税的影响包括三个方面：一是固定资产残值率。固定资产残值率降低，意味着分摊计入有关成本费用的折旧费增加，从而冲减利润，减少应纳所得税额。因此从相对节税的角度看，残值率越低越好。二是折旧年限。折旧年限越短，每年分摊计入成本费用的折旧费越多，相应地当期缴纳的所得税就越少。因此从相对节税的角度看，折旧年限越短越好。三是折旧方法。折旧方法包括平均年限法、工作量法和加速折旧法。平均年限法是指在固定资产使用年限内每期计提相同的折旧额；工作量法是指按各期实际工作量计提折旧额；加速折旧法是指在固定资产使用前期多提折旧，后期少提折旧。显然，从相对节税的角度看，加速折旧法比平均年限法更有利。利用工作量法有时也能起到加速折旧的效果。

（七）材料分析题

1. 任何一种税都要对其特定的纳税人做出法律界定，特定的纳税人缴纳特定的税收，这种界定理论上包括的对象和实际上包括的对象差别极大。现实生产的多样性及经济发展的不平衡性是税法不能完全包容的。在一定条件下，应纳税额＝税基×税率。当税基一定时，税率越低，应纳税额就越少。因而在进行税收筹划时，要周密计算各种经营方式所承担的税负，再做出生产经营决策。一般来讲，企业生产或经营什么项目和产品，就应该缴纳什么样的税收，这是没有选择余地的，但是有的情况可以例外。比如，在营改增以后，增值税与原营业税结合的行业就给纳税人税收筹划提供了可能，这类行业有建筑安装行业、交通运输行业以及涉及混合销售业务和兼营业务的行业，这类行业中的企业都有可能在适用增值税不同税率或征收率上做出选择。

针对 W 公司的财务信息和经营状况，建议该企业将服务业务从货物混合销售中剥离出来，走专业化发展的道路，建立从事专业服务的分支机构，从而进一步满足消费者对服务越来越高的需要。在组织形式上，应该选择子公司的形式，使此分支机构具有独立法人资格，在财务上实行独立核算，独立纳税，在业务上与生产厂商直接挂钩，与商城配套服务。将原来生产厂家与商城的双重业务关系改为生产厂家与商城的关系是单纯的货物买卖经销关系，生产厂家与专业服务公司的关系是委托安装服务的关系。这样，商品的安装调试等售后服务业务收入不再按照混合销售货物缴纳增值税，而是按照销售服务缴纳增值税。母公司的委托安装调试支出形成子公司的收入，总体来看企业所得税的税收待遇也有所变化。

2. 居民个人当月取得的全年一次性奖金，按题干中的计税方法来看，在 2019 年 1 月 1 日至 2021 年 12 月 31 日之间，有单独计税和将全年一次性奖金并入当年综合所得合并计税两种选择。由于居民个人的综合所得，以每一纳税年度的收入额减除费用 6 万元以及专项扣除、专项附加扣除和依法确定的其他扣除后的余额，为应纳税所得额，因此：

（1）如果居民个人每一纳税年度的综合所得收入额大于费用 6 万元和专项扣除、专项附加扣除、依法确定的其他扣除加总后的金额，应该选择单独计税。

（2）反过来，如果居民个人每一纳税年度的综合所得收入额小于费用 6 万元和专项扣除、专项附加扣除、依法确定的其他扣除加总后的金额，选择合并计税更能节约税款。

（3）单独计税时，从年终奖的计税公式可以看出，虽然年终奖先除以 12 个月再确定适用税率，但是只扣除了 1 个月的速算扣除数，因此在对年终奖征收个人所得税时，实际上只有 1 个月适用了超额累进税率，另外 11 个月适用的是全额累进税率。全额累进税率的特点除了税负重以外，第二个缺陷是在各级距临界点附近税率和税负跳跃式上升，从而造成税负增长速度大于收入增长速度。

由于年终奖单独计税时适用的税率相当于全额累进税率，如果全年奖金除以 12 个月后的数值靠近不同税率的临界点（详见教材第 6 章），会出现获得奖金多反而收入少的情况。如果企业一定要发放若干数额的年终奖，可以将其中一部分转移出来，采取增加当月工资、适度报销发票等手段，使全年奖金除以12个月后的数值低于适用税率进入高一个级距的临界点，从而达到合法减少税收负担的目的。

（八）案例分析题

【案例1-1】　分析思路：

我国税法规定：扣缴义务人向居民个人支付劳务报酬所得时，应将劳务报酬所得以收入减去费用后的余额为收入额，按月或按次预扣预缴税款。其中预扣预缴税款时费用减除标准为：劳务报酬所得、稿酬所得、特许权使用费所得每次收入不超过4 000元的，减除费用按800元计算；每次收入4 000元以上的，减除费用按收入的20%计算。

此外，居民个人在将居民个人取得的劳务报酬所得并入当年度综合所得时，各个劳务报酬项目是分别计算收入额的。居民个人如果同时取得不同项目的劳务报酬所得，应当分别减除费用，分别计算收入额，即劳务报酬所得以收入减除20%费用后的余额为收入额。

由于预扣预缴时和并入综合所得计税时的费用减除方法有所不同，会形成预扣预缴税款与按综合所得计税税款不一致的情况。

方案1：

预扣预缴时，发放两项劳务报酬的扣缴义务人将分别预扣预缴税款，其税收负担为：

翻译劳务的预扣预缴税款＝5 000×(1－20%)×20%＝800(元)
讲学劳务的预扣预缴税款＝(2 000－800)×20%＝240(元)
两项劳务报酬预扣预缴时计税收入额＝4 000＋1 200＝5 200(元)
合计预扣预缴税款＝800＋240＝1 040(元)

方案2：

合并计入当年综合所得时，上述两项劳务报酬所得计税收入额合计为：

(5 000＋2 000)×(1－20%)＝5 000×(1－20%)＋2 000×(1－20%)＝5 600(元)

由此可见，李老师2019年11月两项劳务收入预扣预缴时计税收入额合计为5 200元，比将这两项劳务收入纳入当年综合所得时的计税收入额少400(＝5 600－5 200)元，且综合所得适用3%～45%的七级超额累进税率，一般情况下就会产生预扣预缴税款与按综合所得计税税款不一致的情况。

【案例1-2】　分析思路：

论证该管理层议案的经济可行性，其实就是比较进口整机与购进部件并进行组装两个方案的税负与收益。

方案1：

直接购进整机的税负与收益。

应纳关税额＝1×2 800×20%＝560(万元)
应纳增值税额＝(1×2 800＋560)×16%＝537.6(万元)
收益额＝1×4 800－1×2 800－560－537.6＝902.4(万元)

方案2:

购进部件并进行组装的税负与收益。

应纳关税额＝1×2 800×60％×15％＝252(万元)

应纳增值税额＝(1×2 800×60％＋252)×16％＝309.12(万元)

国内组装的应纳增值税＝1×2 800×50％×16％＝224(万元)

收益额＝1×4 800－1×2 800×60％－252－309.12－1×2 800×50％－224

＝4 800－1 680－252－309.12－1 400－224

＝934.88(万元)

因此，作为管理层应当选择从国外购进部件并在国内组装的方式，即采用方案2比方案1增加收益额32.48(＝934.88－902.4)万元。

【案例1-3】　分析思路:

方案1:

采用第一种即自营出口方式，该集团公司本月应纳税额为:

500×(16％－13％)－32＝－17(万元)

即应退税额为17万元。如果计算结果为正数，则为应纳税额。

方案2:

采用第二种即委托出口方式，该集团公司应纳税额的计算结果与第一种方式相同。

方案3:

采取第三种即买断方式，该集团公司将商品卖给其独立的进出口公司，开具增值税专用发票并缴纳增值税。应纳税额为:

500×16％－32＝48(万元)

其独立的进出口公司应退税额为:

500×13％＝65(万元)

该集团公司实际可获得退税额为其独立的进出口公司的退税额与集团已缴税额之差，即:

65－48＝17(万元)

从计算结果看，第三种退税方式的退税额与前两种方式相同，但是，在第三种方式下，该集团公司在缴纳增值税的同时还要分别按应纳增值税的7％和3％缴纳城建税和教育费附加，而这一部分并不退税，实际上增加了税负。

方案4:

第四种方式也是买断方式，但利用了转让定价。该集团公司应纳税额为:

200×16％－32＝0(万元)

其独立的进出口公司应退税额为:

500×13％＝65(万元)

该集团公司实际可获得退税额为其独立的进出口公司的退税额与集团已缴税额之差，即65万元。

从以上计算结果可见，集团公司如果设有独立核算的进出口公司，集团可以采用转让定价方式进行税收筹划，选择出口方式时可采用买断出口；如果不能利用转让定价，企业应改“买断出口”为“委托出口”，即生产企业生产的产品不再销售给进出口公司，而是委托进出口公司办理出口。这样，可以将出口货物所含的进项税额抵顶内销货物的销项税额，减少整个集团公司实际缴纳的增值税额，而不用等着国家予以退税，缩短了出口货物在退税总过程中和先征后退方式带来的时间差，从而可以减少企业资金占压，提高资金使用效率。同时由于对出口货物不征收增值税，出口企业不必负担随之而缴纳的城建税和教育费附加，从而减轻了企业税收负担。另外，由于出口货物的应退税额在内销货物的应纳税额中得到抵扣，出口企业的出口退税兑现期得以提前，有助于企业加快资金周转。

第2章 税收筹划的基本方法

一、本章教学大纲

2.1 税收筹划的切入点

2.1.1 以税收筹划空间大的税种为切入点

在实际操作中，要选择对决策有重大影响的税种作为税收筹划的重点；选择税负弹性大的税种作为税收筹划的重点，税负弹性越大，税收筹划的潜力也越大。

2.1.2 以税收优惠政策为切入点

用好、用足税收优惠政策应注意两个问题：

（1）纳税人不得曲解税收优惠条款，滥用税收优惠，以欺骗手段骗取税收优惠；

（2）纳税人应充分了解税收优惠条款并按规定程序进行申请，避免因程序不当而失去应有权益。

2.1.3 以纳税人构成为切入点

企业在进行税收筹划之前，首先要考虑能否避开成为某税种纳税人，从而从根本上解决减轻税收负担问题。

2.3 高纳税义务转换为低纳税义务

(1) 所谓高纳税义务转换为低纳税义务，指的是同一经济行为有多种税收方案可供选择时，纳税人避开高税点而选择低税点，以减轻纳税义务，获得税收利益。

(2) 税率通常有两种形式：一种通称为定额税率；另一种用百分比的形式来表示，含比例税率和累进税率。累进税率又可分为全额累进税率和超额累进税率。

(3) 除了收入与费用的实现和认定对适用税率高低有影响外，获利年度的确认、资本品的持有期、融资的不同方式、生产经营的组织结构等都可能发生纳税义务从重到轻或从轻到重的变动及转化。

2.4 税收递延

2.4.1 税收递延的概念

税收递延也称为延期纳税或纳税期的递延，即允许企业在规定的期限内分期或延迟缴纳税款。

2.4.2 税收递延的途径

采取有利的会计处理方法，是企业实现递延纳税的重要途径。税务、会计差异按原因和性质的不同可以分为：

(1) 时间性差异，是指会计准则和税法因确认收益或费用、损失的时间不同而产生的税前会计利润与应纳税所得额的差异。

(2) 永久性差异，是指由于会计准则和税法在计算收益或费用、损失时的规定不同而产生的税前利润与应纳税所得额之间的差异。

从是否可做返回性调整的角度看，税收递延涉及的只是时间性差异。税收筹划的目标便是在不违反税法的前提下尽量地延缓缴税。

2.4.3 税收递延的方法

2.4.3.1 推迟收入的确认

1. 合理安排生产经营活动

(1) 交货时间。

(2) 结算时间。

(3) 销售方式。

2. 合理安排公司财务

这主要是指在会计上通过合理安排营业收入的实现时间来推迟税款的缴纳，或者说通过合理安排营业收入的入账时间来推迟税款的缴纳。

2.4.3.2 尽早确认费用

对于费用确认，应当遵循如下原则：凡是能直接进营业成本、期间费用和损失的不进生产成本，凡是能进成本的不进资产，凡是能预提的不待摊，凡是能多提的就多提，凡是能快摊的就快摊。

与相对节税直接有关的几个费用项目如下：

（1）固定资产折旧费。

（2）无形资产和递延资产摊销。

（3）存货计价方法。

2.5 税负转嫁

2.5.1 税负转嫁是税收筹划的特殊形式

2.5.1.1 税负转嫁的概念

纳税人将其所缴纳的税款转移给他人负担的过程称为税负转嫁。

2.5.1.2 税负转嫁的基本形式

税负转嫁可以归纳为六种形式：税负前转、税负后转、税负消转、税负辗转、税负叠转和税收资本化。

2.5.1.3 税负转嫁是税收筹划的特殊形式

（1）两者的目的相同，都是为了减少纳税主体的税负，获得更多可支配的收入。

（2）两者具有相同的特征，即它们都是纳税主体的合法行为，是纳税主体的主观行为，具有筹划性。

2.5.2 影响税负转嫁效果的主要因素

2.5.2.1 商品供求弹性

在商品经济中，市场调节的效应往往使税收负担能否转嫁和如何转嫁在很大程度上

取决于市场上的供求状况。供给弹性与需求弹性的比值即为供求弹性。一般而言，当供给弹性大于需求弹性，即供求弹性系数大于1时，企业应优先考虑税负前转的可能性；反之，如果供求弹性系数小于1，则进行税负后转或无法转嫁的可能性比较大。如果供给弹性系数等于需求弹性系数，则税款趋于买卖双方均分负担。

2.5.2.2 市场结构

1. 完全竞争市场结构

在完全竞争市场结构下，任何单个厂商都无力控制价格，因而不能把市场价格提高若干而把税负向前转嫁给消费者，但在长期供应成本不变的情况下，若各个厂商在整个工业体系下形成一股力量，则税负可能可以完全转嫁给消费者。

2. 不完全竞争市场结构

某种工业中的厂商可以把由于征税所增加的成本转嫁给消费者，但不可能把税负全部转嫁出去而保留垄断利润，因而还没有形成垄断市场。

3. 寡头垄断市场结构

如果对某产品征收一种新税或提高某种税的税率，各寡头厂商就会按早已达成的协议或默契在各自成本同时增加的情况下，自动按某一公式各自提高价格，而把税负转嫁给消费者负担（除非该产品需求弹性大或差异大）。

4. 完全垄断市场结构

在完全垄断市场结构下，垄断厂商可以随时改变价格，把税负向前转嫁给消费者。

2.5.2.3 课税制度

1. 税种性质

一般来说，只有对商品交易行为或活动课征的间接税才能转嫁，而与商品交易行为无关或对人课征的直接税则不能转嫁或很难转嫁。

2. 税基宽窄

一般情况下，税基越宽，越容易实现税负转嫁，反之，税负转嫁的可能性便会趋小。

3. 课税对象

对生产资料课税，税负辗转次数多，容易转嫁，且转嫁速度快。对生活资料课税，税负辗转次数少，较难转嫁，且转嫁速度慢。

4. 课税依据

在从价计征的方法下，通过商品加价转嫁税负难以被察觉，转嫁较容易。但在从量计征方法下则完全不同，如果需求方面有弹性，税收负担便无法转嫁。

5. 税负轻重

税负轻重也是税负转嫁能否实现的一个重要条件。

2.5.3 税负转嫁的筹划方法

2.5.3.1 市场调节法

市场调节法是根据市场变化进行税负转嫁筹划的方法。

2.5.3.2 商品成本转嫁法

商品成本转嫁法是根据商品成本状况进行税负转嫁的方法。

1. 固定成本与税负转嫁筹划
2. 递增成本与税负转嫁筹划
3. 递减成本与税负转嫁筹划

2.5.3.3 税基转嫁法

税基转嫁法是根据课税范围的大小、宽窄实行的不同税负转移方法。一般来说，在课税范围比较广的情况下，正面、直接的税负转移就要容易些，这时的税收转移可称为积极的税负转嫁。在课税范围比较窄的时候，直接进行税负转嫁便会遇到强有力的阻碍，纳税人不得不寻找间接的转嫁方法，这时的税收转移可称为消极的税负转嫁。

2.6 选择有利的企业组织形式

2.6.1 不同的企业组织形式

企业组织形式分类的第一个层次：国际上通常把企业组织形式分为三类，即公司制企业、合伙企业和个人独资企业。

企业组织形式分类的第二个层次：在公司制企业内划分为两对公司关系，即总分公司及母子公司。

2.6.2 子公司与分公司的选择

2.6.2.1 子公司与分公司

子公司与分公司是现代大公司制企业常见的组织形式。子公司是对应于母公司而言的，分公司是对应于总公司而言的。不同于子公司，分公司不具备独立法人实体资格。

2.6.2.2 子公司与分公司的税收待遇

（1）子公司是独立的法人实体，在设立子公司的所在国被视为居民纳税人，通常要承担与该国的其他居民企业一样的全面纳税义务。母公司所在国的税收法规对子公司没有约束力，除非它们与所在国之间缔结的双边税收协定有特殊的规定。

（2）分公司不是独立的法人实体，在设立分公司的所在国被视为非居民纳税人，其所发生的利润与亏损与总公司合并计算。

（3）子公司作为居民纳税人，而分公司作为非居民纳税人。在东道国的税收待遇上，前者通常承担无限纳税义务，后者通常承担有限纳税义务。

2.6.2.3 子公司与分公司税收筹划的具体问题

1. 关于购入外国子公司股票问题
2. 关于将分公司转移给子公司的问题
3. 关于跨国公司扩张时分公司或子公司的选择问题

（1）从属机构的静态筹划。

（2）从属机构的动态筹划：①开始设立从属分支机构时的选择；②扭亏为盈后的选择；③资金投入的动态筹划。

2.6.3 合伙企业及其税收筹划

涉及合伙企业的税收筹划应关注如下要点：

（1）要认真分析各国对合伙企业的法律界定和税收规定，并从其法律地位、经营和筹资便利、税基、税率、税收待遇等综合因素进行分析和比较。

（2）从多数国家来看，合伙企业的税负一般要低于公司制企业，这是合伙企业的税收利益所在。

（3）在比较税收利益时，不能仅看名义上的差别，更要看实际税负的差别。

2.6.4 私营企业与个体工商户的选择

私人投资者在投资前，应通过自身投资的盈利状况及发展前景做仔细预测，综合考虑各种因素，最终做出最有利于自己的投资决策。

2.7 投资结构的优化组合

2.7.1 投资结构的含义

投资结构是指社会投资（或企业投资）通过分配过程而在各种特定使用系统中形成的数量比例关系。

（1）投资地区结构，指投资在不同地区进行分配后形成的数量比例关系。

（2）投资产业结构，指投资在不同部门、行业之间进行分配后形成的数量比例关系。

（3）投资用途结构，指投资在不同用途之间进行分配后形成的数量比例关系。

（4）投资来源结构，指不同的投资来源在投资总额中所占的比重。

（5）投资项目性质结构，指投资在竞争性、公益性、基础性项目之间进行分配后形成的数量比例关系。

2.7.2 投资结构差异的不同税收待遇

投资结构对企业税负以及税后利润的影响有机地体现在三个方面因素的变动之中：有效税基的综合比例、税率的总体水平和纳税综合成本的高低。

二、本章教学重点与难点

【教学重点】

1. 利用税收优惠进行税收筹划；
2. 企业组织形式与税收筹划；
3. 投资结构与税收筹划。

【教学难点】

1. 对不同税收优惠的利用与税收筹划关系的理解；
2. 对不同企业组织形式与税收筹划关系的理解；
3. 投资结构选择在税收筹划中的作用。

三、本章关键术语

税收优惠——税收优惠是国家税制的一个组成部分，是政府为了达到一定的政治、社会和经济目的而对纳税人实行的税收鼓励。

税收利益——纳税人通过合理安排自己的活动以实现税负的降低可以称为税收利益。纳税人通过税收筹划获得的税收利益主要来自三个方面：一是用足用好税收优惠政策；二是从高的纳税义务转换为低的纳税义务；三是纳税期的递延。

免税——国家出于照顾或奖励的目的，对特定的地区、行业、企业、项目或情况（特定的纳税人或纳税人的特定应税项目，或由于纳税人的特殊情况）给予纳税人完全免征税收的优惠政策。

减税——国家出于照顾或奖励的目的，对特定的地区、行业、企业、项目或情况（特定的纳税人或纳税人的特定应税项目，或由于纳税人的特殊情况）给予纳税人减征部分税收的优惠政策。

税率差异——税制中不同税种有不同税率，同一税种中不同税项也有不同税率，即“一税一率”和“一目一率”上的差异性。

税收扣除——税收扣除有狭义和广义之分。狭义的税收扣除指从计税金额中减去一部分以求出应税金额；广义的税收扣除还包括从应计税额中减去一部分，即“税额扣除”“税额抵扣”“税收抵免”。

税收抵免——指从应纳税额中扣除税收抵免额。如果纳税人的已纳税额大于应纳税额，纳税人应得到退税；如果纳税人的应纳税额大于已纳税额，还应补足应纳税额。

优惠退税——指政府将纳税人已经缴纳或实际承担的税款退还给规定的受益人。优惠退税一般适用于对产品课税和对所得课税。

亏损抵补——指当年经营亏损在次年或其他年度经营盈利中抵补，以减少以后年度的应纳税款。

税收递延——也称为延期纳税或纳税期的递延，即允许企业在规定的期限内分期或延迟缴纳税款。

税负转嫁——纳税人将其所缴纳的税款转移给他人负担的过程称为税负转嫁。税负转嫁是在市场经济条件下纳税人通过经济交易中的价格变动将所纳税收部分或全部转移给他人负担的一个客观经济过程。

企业组织形式——在现代高度发达的市场经济条件下，企业的组织形式日益多样化。依据财产组织形式和法律责任权限，国际上通常把企业组织形式分为三类，即公司制企业、合伙企业和个人独资企业。

子公司与分公司——子公司与分公司是现代大公司制企业常见的组织形式。子公司是对应于母公司而言的，分公司是对应于总公司而言的。所谓子公司是指那些被另一个公司（母公司）有效控制的下属公司或者是母公司直接或间接控制的一系列公司中的一个公司。不同于子公司，分公司不具备独立法人实体资格，只是作为公司的分支机构而存在，在国际税收中，它往往与常设机构是同义词。

投资结构——投资结构对企业税负以及税后利润的影响有机地体现在三个方面因素的变动之中：有效税基的综合比例、税率的总体水平和纳税综合成本的高低。这三个方面的变化，必然会对企业最终的税后利润金额、水平产生直接的影响，因而由投资结构所形成的应税收益来源的构成及其变动是决定企业税收筹划效果的重要因素。

四、补充练习题

（一）名词解释

1. 税收扣除
2. 亏损抵补

3. 优惠退税

4. 时间性差异

5. 税负前转

6. 垄断竞争市场

7. 积极的税负转嫁

8. 投资结构

（二）填空题

1. ________是指国家出于照顾或奖励的目的，对特定的地区、行业、企业、项目或情况给予纳税人完全免征税收的优惠政策。

2. 按照课税对象的一定数量，规定一定的税额，此种税率设计通称为________。

3. 由于会计准则和税法在计算收益或费用、损失时的规定不同而产生的税前利润与应纳税所得额之间的差异属于________。

4. 时间性差异造成的应税所得大于会计所得，应付所得税会________申报所得税，出现预付税金，反映为税收损失。

5. 作为两种相对的费用确认方法，________是指在费用支付以前按一定比例提前计入成本费用；________则是在费用支付后按一定比例分摊计入成本费用。

6. 固定资产残值率降低，意味着分摊计入有关成本费用的折旧费________，从而冲减利润，减少应纳税所得额。

7. 如果总公司所在地税率较低，而从属机构设立在较高税率地区，在从属机构是子公司还是分公司这一选择上，设立________能在总体上减少企业所得税税负。

（三）单选题

1. 就所得税处理中的费用扣除问题，从税收筹划的角度看，下列做法不利于企业获得税收利益的是（　　）。

A. 费用扣除的基本原则是就早不就晚

B. 各项支出中凡是能直接进营业成本、期间费用和损失的不进生产成本

C. 各项支出中凡是能进成本的不进资产

D. 各项费用中能待摊的不预提

2.《中华人民共和国企业所得税法》（以下简称《企业所得税法》）规定，纳税人来源于境外的所得，已在境外缴纳的所得税税款，准予在汇总纳税时从其应纳税额中扣除。该规定所属税收优惠的形式是(　　)。

A. 减税　　B. 税收抵免　　C. 优惠退税　　D. 亏损抵补

3. 在税率的确定上，依据课税对象的数额大小而变化，课税对象数额越大，税率越高，并且分别以征税对象数额超过前级的部分为基础计算征税。这种税率设计方式属于(　　)。

A. 定额税率　　B. 定率税率　　C. 超额累进税率　　D. 全额累进税率

4. 如果一项固定资产在会计上采用直线折旧法，在税收上采用加速折旧法，这种做法（　　）。

A. 会出现时间性差异

B. 会出现永久性差异

C. 会同时出现时间性差异和永久性差异

D. 不会出现时间性差异以及永久性差异

5. 企业将所纳税款通过提高商品或生产要素价格的方法转嫁给购买者或者最终消费者承担，这种最为典型、最具普遍意义的税负转嫁形式在税收上通常称为（　　）。

A. 税负前转　　B. 税负后转　　C. 税负消转　　D. 税负叠转

（四）多选题

1. 一般认为，在物价自由波动的前提条件下，下列各项中会对税负转嫁有重要影响的有（　　）。

A. 商品供求弹性　　B. 市场结构　　C. 成本变动

D. 课税制度　　E. 税收征管

2. 商品成本与税负转嫁具有极为密切的联系。下列关于这种税收筹划方法的阐述中正确的有（　　）。

A. 从转嫁筹划来看，不同成本种类产生的转嫁筹划方式及转嫁程度并无差异

B. 商品成本转嫁法是根据商品涉税状况将产品制造成本进行转嫁的方法

C. 成本递增的产品，企业在这种商品中的税负是不会全部转嫁的，至多只能转移一部分出去

D. 成本递减的产品，单位产品成本在一定的情况下，随着数量增加和规模的扩大而减少，单位产品所承担的税负分摊也就减少，因此税负全部或部分转嫁出去的可能性大大提高

E. 固定成本的产品，其成本不随着产量的多寡而增减。在市场需求无变化的条件下，所有该产品承担的税额都有可能转嫁给购买者或消费者，即税款可以加入价格，实行向前转嫁

3. 关于税收筹划中的税基转嫁法，下列说法中正确的有（　　）。

A. 税基转嫁法是根据课税范围的大小、宽窄实行的不同税负转移方法

B. 一般来说，在课税范围比较广的情况下，正面、直接的税负转移就要容易些，这时的税收转移可称为积极的税负转嫁

C. 在课税范围比较窄的时候，直接进行税负转嫁会遇到强有力的阻碍，纳税人不得不寻找间接的转嫁方法，这时的税收转嫁就可以称为消极的税负转嫁

D. 积极税负转嫁筹划的条件是，所征税种遍及某一大类商品而不是某一种商品

E. 消极税负转嫁的情况是仅对某一大类商品中的某一种商品开征特定的税，此时直接意义上的税负转移就难以实现

4. 根据世界各国税法的通常做法及我国税法的一般规定，下列关于子公司与分公司税收待遇的阐述中错误的有（　　）。

A. 子公司不是独立的法人实体，在设立公司的所在国被视为居民纳税人，通常要承担与该国的其他居民企业一样的全面纳税义务

B. 母公司所在国的税收法规对子公司同样具有约束力，除非它们所在国之间缔结的双边税收协定有特殊的规定

C. 分公司是独立的法人实体，在设立分公司的所在国被视为非居民纳税人，其所发生的利润及亏损与总公司合并计算，即人们通称的“合并报表”

D. 分公司与总公司经营成果的合并计算所影响的是居住国的税收负担，至于分公司所在的东道国，照样要对归属于分公司本身的收入课税

E. 子公司作为非居民纳税人，而分公司作为居民纳税人，两者在东道国的税收待遇上有很大差别，通常情况下，前者承担无限纳税义务，后者承担有限纳税义务

5. 下列各项中，其变动能有机地体现投资结构对企业税负以及税后利润的影响的有（　　）。

A. 有效税基的综合比例　　B. 法定税率的水平　　C. 实际税率的总体水平
D. 纳税综合成本的高低　　E. 纳税申报期限的确定

（五）判断题

1. 在税收筹划中，应选择税负弹性小的税种作为税收筹划的重点，税负弹性越小，税收负担就越轻，主动适用该税种会使得税收筹划的利益越大。（　　）

2. 如果从属分支机构所在地的税率比在华总公司的负担税率要低，那么在扭亏为盈之后，跨国公司就需要考虑将该从属机构改设为子公司，以便享受到低税率和新建企业的税收优惠。（　　）

3. 如果总公司所在地税率较高，而从属机构设立在较低税率地区，设立分公司后应独立纳税，由此分公司所负担的是分公司所在地的较低税率，总体上减少了企业所得税税负。（　　）

4. 在经营期间，境外企业往往出现亏损，分公司的亏损可以冲抵总公司的利润，减轻税收负担。（　　）

5. 对于税负很轻的商品来说，课税后加价幅度较小，一般不致影响销路，税负便可通过提价全部转嫁给消费者负担。（　　）

6. 从价计征的商品，税额随商品或生产要素价格的高低而彼此不同，商品或生产要素昂贵，加价税额必然也大，反之，价格越低廉，加价税额也越微小。（　　）

7. 一般来讲，只有与商品交易行为无关或对人课征的直接税才能转嫁，而对商品交易行为或活动课征的间接税则不能转嫁或很难转嫁。（　　）

8. 在寡头垄断市场上，由于存在严格的竞争关系，因此如果对某产品征收一种新税或提高某种税的税率，各寡头厂商就很难达成提价的默契，税负将无法转嫁给消费者负担。（　　）

（六）简答题

1. 预提和待摊是会计上两种相对的费用确认方法，但是为什么从税收筹划的角度来讲，能预提的尽量不待摊?

2. 企业生产经营过程的各项支出中，有一些会形成企业营业或生产成本，另外一些会形成企业资产。为什么说从税收筹划的角度来看，相关支出能进成本的不进资产?

3. 企业收入科目既涉及流转税又涉及所得税。从税收筹划的角度看，收入确认总是越晚越好。请从纳税筹划角度就推迟收入确认的基本方法进行简单阐述。

4. 试从税收递延的角度对税务、会计之间的时间性差异和永久性差异进行简单比较。

（七）材料分析题

1. 按照我国税法的规定，凡不属于某税种的纳税人，就不需缴纳该项税收。因此，企业在进行税收筹划之前，首先要考虑能否避开成为某税种纳税人，从而从根本上解决减轻税收负担问题。现有一个名为 Carlemart 批发超市的商业批发企业，年应纳增值税销售额为 600 万元（不含税），会计核算制度健全，符合作为一般纳税人的条件，适用 16% 的增值税税率，该企业准予从销项税额中抵扣的进项税额占销项税额的比重为 50%。从 2019 年该企业的经营情况来看，共发生销项税额 96 万元，无其他增值税涉税事项。请根据上述资料，以纳税人构成为切入点，对 Carlemart 批发超市的税收筹划给出简要思路。

2. 2019 年，X 公司计划筹资 1 亿元用于某新项目的上马，并制定了 A、B、C 三个方案。这三个方案设计的公司资本结构中，长期负债与权益资本比例分别为 0∶1.0、0.2∶0.8 和 0.6∶0.4。三个方案的利率都是 10%，企业所得税税率均为 25%，公司息税前利润预计均为 3 000 万元。根据上述资料，为达到节税的目的，X 公司应选择哪一方案？

（八）案例分析题

【案例 2-1】 美日公司是一个日用化妆品企业，该公司将生产的高档美容、修饰类化妆品、护肤护发品、小工艺品等组成成套消费品销售。每套消费品由下列产品组成：化妆品包括一瓶香水 500 元、一瓶指甲油 50 元、一支口红 100 元；护肤护发品包括两瓶浴液 80 元、一瓶啫喱水 36 元；化妆工具及小工艺品 15 元、塑料包装盒 3 元。化妆品的消费税税率为 15%，上述价格均不含税。

分析要求： 从税务筹划角度分析企业采用成套销售方式是否有利。

【案例 2-2】 某粮食白酒生产企业 2018 年度实现产品销售净收入 10 000 万元，企业当年发生业务招待费 100 万元，广告费 1 000 万元，业务宣传费 800 万元，企业税前会计利润总额为 500 万元。

分析要求： 试为该企业进行税收筹划，以降低税负。

【案例 2-3】 服装生产企业 A 委托棉线生产企业 B 加工棉线 4 吨，双方商定：如果采用经销加工生产方式，每吨棉线 12 000 元，供应棉纱 5 吨，每吨作价 8 000 元，不能提供增值税专用发票；如果采用来料加工方式，每吨棉线支付加工费 1 800 元，供应的棉纱不作价，B 企业电费等可抵扣的增值税额为 500 元。

分析要求： A 企业和 B 企业应当如何选择加工方式？

五、补充练习题答案

（一）名词解释

1. 税收扣除：税收扣除有狭义和广义之分。狭义的税收扣除指从计税金额中减去一部分以求出应税金额。广义的税收扣除还包括从应计税额中减去一部分，即“税额扣除”“税额抵扣”“税收抵免”。

2. 亏损抵补：当年经营亏损在次年或其他年度经营盈利中抵补，以减少以后年度的应纳税款。

3. 优惠退税：政府将纳税人已经缴纳或实际承担的税款退还给规定的受益人。

4. 时间性差异：会计准则和税法因确认收益或费用、损失的时间不同而产生的税前会计利润与应纳税所得额的差异。例如，会计上采用直线折旧法，税收上采用加速折旧法，于是出现了时间性差异。

5. 税负前转：企业将所纳税款通过提高商品或生产要素价格的方法转嫁给购买者或者最终消费者承担，这是最为典型、最具普遍意义的税负转嫁形式。

6. 垄断竞争市场：某种商品只有一个或少数几个卖主的市场结构，并且没有代用品。垄断厂商可以采取独占或联合形式控制市场价格和销售量，以达到最大利润或超额利润的目的。

7. 积极的税负转嫁：税基转嫁法是根据课税范围的大小、宽窄实行的不同税负转移方法。一般来说，在课税范围比较广的情况下，正面、直接的税负转移就要容易些，这时的税收转移可称为积极的税负转嫁。

8. 投资结构：指社会投资（或企业投资）通过分配过程而在各种特定使用系统中形成的数量比例关系。投资结构可以有投资地区结构、投资产业结构、投资用途结构、投资来源结构、投资项目性质结构等不同的表现形式。

（二）填空题

1. 免税
2. 定额税率
3. 永久性差异
4. 大于
5. 预提　待摊
6. 增加
7. 分公司

（三）单选题

1. D。费用不涉及流转税，只涉及所得税。从税收的角度看，费用确认的基本原则是：就早不就晚。具体而言，对于费用确认，应当遵循如下原则：凡是能直接进营业成本、期间费用和损失的不进生产成本，凡是能进成本的不进资产，凡是能预提的不待摊，凡是能多提的就多提，凡是能快摊的就快摊。

2. B。税收抵免是指从应纳税额中扣除税收抵免额。减税是指国家出于照顾或奖励的目的，对特定的地区、行业、企业、项目或情况（特定的纳税人或纳税人的特定应税项目，或由于纳税人的特殊情况）给予纳税人减征部分税收的优惠政策。优惠退税是指政府将纳税人已经缴纳或实际承担的税款退还给规定的受益人。亏损抵补是指当年经营亏损在次年或其他年度经营盈利中抵补，以减少以后年度的应纳税款。

3. C。定额税率是指按照课税对象的一定数量，规定一定的税额。比例税率是指不论课税对象和数额如何变化，课税的比率始终按照规定的比例不变。累进税率是指课税的比率因课税对象的数额大小而变化，通常是课税对象数额越大，税率越高。累进税率又可分为全额累进税率和超额累进税率。所谓全额累进税率是以征税对象的全部数额为基础计征税款的累进税率。所谓超额累进税率是分别以征税对象数额超过前级的部分为基础计征税款的累进税率。

4. A。时间性差异是指会计准则和税法因确认收益或费用、损失的时间不同而产生的税前会计利润与应纳税所得额的差异。永久性差异是指由于会计准则和税法在计算收益或费用、损失时的规定不同而产生的税前利润与应纳税所得额之间的差异。

5. A。税负前转是指企业将所纳税款通过提高商品或生产要素价格的方法转嫁给购买者或者最终消费者承担，这是最为典型、最具普遍意义的税负转嫁形式。税负后转是指纳税人已纳税款因各种原因不能向前转给购买者和消费者，而是向后逆转给货物的生产者。税负消转是指一定的税额在名义上分配给纳税人后，既不能前转也不能后转，而是要求企业对所纳税款完全通过自身经营业绩的提高和技术进步等手段，自行补偿其纳税的损失。税负叠转是指同时采用几种转嫁方法以转嫁税负的行为。

（四）多选题

1. ABCD。一般认为，在物价自由波动的前提条件下，商品供求弹性、市场结构、成本变动和课税制度等因素对税负转嫁会有重要的影响。税收征管是税务管理的重要组成部分，是税务机关根据有关税法的规定，对税收工作实施管理、征收、检查等活动。在符合税法规定前提下的税负转嫁以及在此基础上的税收筹划是不会受到税收征管干涉的。

2. CDE。从转嫁筹划来看，不同成本种类产生的转嫁筹划方式及转嫁程度是不同的。商品成本转嫁法是根据商品成本状况进行税负转嫁的方法。

3. ABCDE。税基转嫁法是根据课税范围的大小、宽窄实行的不同税负转移方法。一般来说，在课税范围比较广的情况下，正面、直接的税负转移就要容易些，这时的税收转移可称为积极的税负转嫁。在课税范围比较窄的时候，直接进行税负转嫁会遇到强有力的阻碍，纳税人不得不寻找间接转嫁的方法，这时的税收转嫁可称为消极的税负转嫁。积极税负转嫁筹划的条件是，所征税种遍及某一大类商品而不是某一种商品。消极税负转嫁的情况是仅对某一大类商品中的某一种商品开征特定的税，此时直接意义上的税负转移就难以实现。

4. ABCDE。根据世界上一些主要国家和地区的现行税制，分公司与子公司具有不同的税收待遇，具体为：(1) 子公司是独立的法人实体，在设立公司的所在国被视为居民纳税人，通常要承担与该国的其他居民企业一样的全面纳税义务。母公司所在国的税收法规对子公司没有约束力，除非它们所在国之间缔结的双边税收协定有特殊的规定。(2) 分公司不是独立的法人实体，在设立分公司的所在国被视为非居民纳税人，其所发生的利润及亏损与总公司合并计算，即人们通称的“合并报表”。分公司与总公司经营成果的合并计算所影响的是居住国的税收负担，至于分公司所在的东道国，照样要对归属于分公司本身的收入课税，这就是实行所谓收入来源税收管辖权。(3) 子公司作为居民纳税人，而分公司作为非居民纳税人，两者在东道国的税收待遇上有很大差别。通常情况下，前者承担无限纳税义务，后者承担有限纳税义务。

5. ACD。在税收合法性原则下，法定税率水平是不允许改变的，需要严格依据税法规定来执行，任何税收筹划都只能改变实际税率。纳税申报期限也是在税法中有明确规定的，需要严格依据税法规定来执行。

（五）判断题

1. ×。在实际操作中，要选择对决策有重大影响的税种作为税收筹划的重点；税负弹性越大，税收筹划的潜力也越大。

2. √

3. ×。如果总公司所在地税率较低，而从属机构设立在较高税率地区，设立分公司汇总纳税，则分公司的所得利润与总公司的所得利润合并申报缴纳，所负担的是总公司的较低税率，总体上减少了企业所得税税负。

4. √

5. √

6. √

7. ×。一般来讲，只有对商品交易行为或活动课征的间接税才能转嫁，而与商品交易行为无关或对人课征的直接税则不能转嫁或很难转嫁。

8. ×。在寡头垄断市场上，如果对某产品征收一种新税或提高某种税的税率，各寡头厂商倾向于按协议或默契，在各自成本同时增加的情况下，自动按某一公式各自提高价格，而把税负转嫁给消费者负担，除非该产品需求弹性大或差异大。

（六）简答题

1. 答：预提和待摊是会计上两种相对的费用确认方法。预提是指在费用支付以前按一定比例提前计入成本费用；待摊则是在费用支付后按一定比例分摊计入成本费用。比如企业购入一台设备，每隔两年需大修一次，每次大修费用预计为 240 000 元。采用预提方法，则自购入后每月预提修理费 10 000 元，计入相关成本费用，这就意味着从购入开始，每月企业减少利润 10 000 元，两年后实际进行大修时一次性支付修理费 240 000 元。采用摊销法，设备购入后不做处理，两年后进行大修时实际支付大修费 240 000 元，从大修当月开始，按月分摊 10 000 元，计入有关成本费用，再经过两年后分摊完毕。显然，由于预提能提前将有关费用计入成本，因此从相对节税角度来说，预提优于待摊，能预提的不待摊。

2. 答：企业为购置或开发、建造各种资产（指固定资产、无形资产等）所发生的支出，形成资产的成本，这部分资产成本需要通过资产的销售、消费使用才能转化为企业的费用，从而冲减利润，减少应纳税所得额。比如企业购建一项固定资产，其发生的费用形成固定资产成本，在固定资产使用年限内通过折旧分摊计入企业管理费用等各项费用，而固定资产使用年限短则 3 年、5 年，长则 10 年、20 年，甚至更长。而进入生产成本的费用，一旦产品完工，如果适销对路，若干天或者一两个月内产品就能销售出去，其生产成本就会转化为营业成本。所以从相对节税角度来说，凡是能进成本（生产成本）的不进资产。

3. 答：收入既涉及流转税又涉及所得税。从税收的角度看，收入确认总是越晚越好。关于推迟收入的确认，有两种基本方法：（1）对生产经营活动的合理安排。企业通过对其生产经营活动的合理安排，如合理地安排交货时间、结算时间、销售方式等，推迟营业收入实现的时间，从而推迟税收的缴纳。当然，在大多数情况下，企业总是希望尽快收回货款，以加速资金周转，提高资金使用效率，因此，通过这种方法来推迟税款缴纳经常受到各种限制。(2) 合理的财务安排。这主要是指在会计上通过合理安排营业收入的实现时间来推迟税款的缴纳，或者说通过合理安排营业收入的入账时间来推迟税款的缴纳。在会计上，商品销售收入的确认方法有收款法、销售法和生产法。与销售法和生产法相比，收款法不仅更符合谨慎性原则，而且推迟了营业收入的确认。劳务收入的确认有两种基本方法：一种是完成合同法，另一种是完工百分比法。从税收的角度看，完成合同法比完工百分比法更有利，因为它推迟了收入的确认。对于让渡资产使用权收入如利息收入、专利权及商标权使用费收入等，企业既可以依据合同规定的收费标准按期确认营业收入，也可以在实际收到有关收入时确认营业收入，由于后者推迟了收入的确认，因此比前者更有利。

4. 答：在有些情况下，纳税人还可获得税法本身未规定的延期纳税，以达到避税的目的。采取有利的会计处理方法，是企业实现递延纳税的重要途径。会计所得与所得税申报表上的计税所得在许多情况下是不一致的。由于会计准则和税法服务于不同的目的，所以计算出来的数值出现差异是不足为奇的。这种差异按原因和性质的不同，可以分为时间性差异和永久性差异两大类。

时间性差异，是指会计准则和税法因确认收益或费用、损失的时间不同而产生的税前会计利润与应纳税所得额的差异。例如，会计上采用直线折旧法，税收上采用加速折旧法，于是出现了时间性差异。永久性差异，是指由于会计准则和税法在计算收益或费用、损失时的规定不同而产生的税前利润与应纳税所得额之间的差异。例如，会计虽然列账了，但因违反税法规定予以剔除，如超标准支付招待费等。

由于永久性差异的发生是由所得税法与会计准则的实质性差异引起的，应税所得调增和调减不做返回性的调整，因此不存在应纳税金的递延问题。从是否可做返回性调整的角度看，税收递延涉及的只是时间性差异，因为任何会计期的税前会计所得同计税所得的时间性差异，在以后会计期都将随着两类所得之间差额发生相反变化而得到冲减。

在纳税人眼里，由于时间性差异造成的应税所得大于会计所得，应付所得税会大于申报所得税，出现预付税金，反映为税收损失。相反，当会计所得大于应税所得时，申报所得税会大于应付所得税，将出现递延所得税负债，即纳税期的递延，反映为税收利益。

(七) 材料分析题

1. 根据题干中给出的基本资料，Carlemart 批发超市在作为增值税一般纳税人的前提下，2019 年应纳增值税为：(600×16%－600×16%×50%)＝48(万元)。

根据《财政部　国家税务总局关于统一增值税小规模纳税人标准的通知》(财税［2018］33 号) 的相关规定，自 2018 年 5 月 1 日起，增值税小规模纳税人标准为年应征增值税销售额 500 万元及以下。如果将该企业分立为 Carlef 和 WMart 两个企业，年销售收入分别掌握在低于 500 万元的水平，则分立后的两个企业均成为增值税小规模纳税人，并分别按照 3%的征收率缴纳增值税。那么 2019 年一年需要缴纳税款 18(＝600×3%) 万元。比分立前少缴纳增值税 30 万元。

2. 投资结构决定企业的应税收益构成，从而最终影响企业的纳税负担。所谓企业投资结构，就是指企业投资通过分配过程而在各种特定使用系统中形成的数量比例关系，可表现为投资地区结构、投资产业结构、投资用途结构、投资来源结构，以及投资项目性质结构。其中，投资来源结构指不同的投资来源（如自有资金与借入资金）在投资总额中所占的比重。权益性资本融资与债务融资的融资成本在税务处理中的规定是不同的。债务融资所支付的利息（不超过银行同期同类贷款利率标准的）可在计算企业所得税时扣除。只要企业息税前利润高于负债成本，增加负债额度，提高负债比重，就会带来权益性资本收益水平的提高。

经计算可知，三种方案下的税前利润分别为 3 000 万元、2 800 万元、2 400 万元；应纳税额分别为 750 万元、700 万元、600 万元；税后利润分别为 2 250 万元、2 100 万元、1 800 万元；税前投资利润率（权益资本）分别为 30%、35%、60%；税后投资利润率（权益资本）分别为 22.50%、26.25%、45.00%。由以上可以看出，随着债务资本比例的加大，企业纳税呈递减趋势，表明债务筹资具有节税功能。同时可以看出，当投资利润大于负债利息时，债务资本在投资中所占的比例越高，对企业权益资本越有利。因此，在债务融资能力允许的情况下，X 公司应选择 C 方案。

但同时需要注意的是，我国税法中还通过应用资本弱化的反避税条款对企业从其关联方接受的债权性投资占权益性投资的比例（简称“债资比例”）进行了限制，即一般企业的关联方债资比例为 2∶1；金融企业为 5∶1。债资比例超过该比例的利息支出，如要在计算应纳税所得额时扣除，应准备、保存并按税务机关要求提供同期资料，证明关联债权投资金额、利率、期限、融资条件以及债资比例等均符合独立交易原则，或本企业的实际税负不高于境内关联方。未按上述规定准备、保存和提供同期资料的，其超过标准比例的关联方利息支出，不得在计算应纳税所得额时扣除。

（八）案例分析题

【案例 2-1】 分析思路：

采用成套销售方式是否有利，就是要比较单独销售与成套销售两种不同方案的税负。

随着人们生活和消费水平的提高，成套消费品的市场需求日益扩大。销售成套消费品不仅可以扩大生产企业产品的市场需求，而且能增强企业在市场中的竞争优势。税法规定：纳税人兼营非应征消费税货物，应当分别核算不同货物的销售额或销售数量，未分别核算的，非应征消费税货物一并计缴消费税。习惯上，工业企业销售产品都采取“先包装后销售”的方式进行，如果改成“先销售后包装”方式，不仅可以大大降低消费税税负，而且增值税税负仍然保持不变。需要注意的是，如果上述产品采取“先销售后包装”方式，但在账务上未分别核算其销售额，则税务部门仍按照 15%的最高税率对所有产品征收消费税。

方案 1：

成套销售，应缴纳的消费税为：

$$(500+50+100+80+36+15+3)\times 15\%=117.6(\text{元})$$

方案 2：

先销售，后包装，分别核算，应缴纳的消费税为：

$$(500+50+100)\times 15\%=97.5(\text{元})$$

由此可见，如果改成“先销售后包装”方式，并且分别核算，每套化妆品消费税税负将降低20.1（=117.6−97.5)元，而且增值税税负仍然保持不变。因此，企业从事消费税的兼营业务时，能单独核算的最好单独核算，没有必要成套销售的最好单独销售，尽量降低企业的税收负担。

【案例2-2】　分析思路：

企业发生的与生产经营活动有关的业务招待费支出，按照发生额的60%扣除，但最高不得超过当年销售（营业）收入的5‰。企业发生的符合条件的广告费和业务宣传费支出，除国务院财政、税务主管部门另有规定外，不超过当年销售（营业）收入15%的部分，可以扣除；超过部分，结转到以后年度扣除。

筹划之前：

业务招待费扣除额上限为50(=10 000×5‰)万元，因此业务招待费不得扣除额为10(=100×60%−50)万元。

广告费和业务宣传费扣除限额为1 500(=10 000×15%)万元，因此广告费和业务宣传费不得扣除额为300(=1 800−1 500)万元。

调增应纳税所得额=10+300=310(万元)

应纳企业所得税调增额=310×25%=77.5(万元)

筹划之后：

将该企业销售部门分离出去，单独成立一个独立核算的销售公司，将企业产品以9 000万元销售给该销售公司，销售公司再以10 000万元对外销售。工业企业与销售公司发生的业务招待费分别为40万元和60万元，广告费均为500万元，业务宣传费均为400万元。

对于工业企业而言，

业务招待费扣除限额=9 000×5‰=45(万元)>24(万元)=40×60%

广告费和业务宣传费扣除限额=9 000×15%=1 350(万元)>900(万元)=500+400

工业企业发生的业务招待费可扣除60%的部分为24万元，广告费和业务宣传费可以全额扣除。

对于销售公司而言，

业务招待费扣除限额=10 000×5‰=50(万元)>36(万元)=60×60%

广告费和业务宣传费扣除限额=10 000×15%=1 500(万元)>900(万元)

同工业企业一样，销售公司发生的业务招待费可以扣除实际发生额的60%部分，即36万元，广告费和业务宣传费也可以全额扣除。

集团总应纳税所得额和总应纳税额不存在需要调增的部分。

【案例2-3】　分析思路：

假设A企业和B企业均为一般纳税人（税率为16%）。

(1) A企业采取经销加工方式：

应纳增值税额=8 000×5×16%−12 000×4×16%=−1 280(元)

收回成本=12 000×4=48 000(元)

（2）A 企业采取来料加工方式：

应纳增值税额＝－1 800×4×16%＝－1 152(元)

收回成本＝8 000×5＋1 800×4＝47 200(元)

（3）B 企业采取经销加工方式：

应纳增值税额＝12 000×4×16%－500＝7 180(元)

收益额＝12 000×4－5×8 000－7 180＝820(元)

（4）B 企业采取来料加工方式：

应纳增值税额＝1 800×4×16%－500＝652(元)

收益额＝1 800×4－652＝6 548(元)

因此，从收益额（收回成本）和增值税税负综合角度考虑，A 企业和 B 企业选择来料加工方式较为合适。

第3章 增值税的税收筹划

一、本章教学大纲

3.1 增值税纳税人的税收筹划

3.1.1 纳税人的法律界定

增值税是对在我国境内销售货物或者加工、修理修配劳务，销售服务、无形资产、不动产以及进口货物的单位和个人，就其销售货物、劳务、服务、无形资产、不动产的销售额以及进口货物金额计税并实行税款抵扣制的一种流转税。增值税纳税人分为一般纳税人和小规模纳税人。增值税小规模纳税人标准为年应征增值税销售额500万元及以下。

3.1.2 纳税人的税收筹划

1. 含税销售额无差别平衡点增值率的计算（见表3-1）

表3-1 无差别平衡点增值率（含税销售额）(%)

一般纳税人税率	小规模纳税人征收率	无差别平衡点增值率
13	3	25.32
9	3	35.28
6	3	51.46
13	5	41.39
9	5	57.67
6	5	84.13

2. 不含税销售额无差别平衡点增值率的计算（见表 3-2）

表 3-2　无差别平衡点增值率（不含税销售额）（%）

一般纳税人税率	小规模纳税人征收率	无差别平衡点增值率
13	3	23.08
9	3	33.33
6	3	50.00
13	5	38.46
9	5	55.56
6	5	83.33

进行增值税一般纳税人与小规模纳税人身份筹划时需注意的问题如下：

（1）税法对一般纳税人的认定要求；

（2）企业财务利益最大化要求；

（3）企业产品的性质及客户的类型。

3.2　增值税计税依据的税收筹划

3.2.1　计税依据的法律界定

3.2.1.1　一般纳税人应纳税额的计算

一般纳税人应纳税额的计算公式是：

应纳税额＝当期销项税额－当期进项税额

1. 销项税额

销项税额＝销售额×税率

销售额是纳税人发生应税销售行为收取的全部价款和价外费用。这里的销售额是指不包含增值税的销售额。

不含税销售额＝含税销售额/(1＋税率)

2. 进项税额

进项税额是指纳税人购进货物、加工修理修配劳务、服务、无形资产或者不动产，支付或者负担的增值税额。进项税额是从销售方取得的增值税专用发票、从海关取得的海关进口增值税专用缴款书以及从税务机关或者扣缴义务人取得的自境外单位或者个人购进服务、无形资产或者境内的不动产代扣代缴税款的完税凭证上注明的增值税额，而不是计算的，但下面两种情况除外：

第一，一般纳税人购进农产品从按照简易计税方法依照 3%征收率计算缴纳增值税的小规模纳税人取得增值税专用发票的，以增值税专用发票上注明的金额和 10%的扣除率计算进项税额；取得（开具）农产品销售发票或收购发票的，以农产品销售发票或收购发票上注明的农产品买价和 10%的扣除率计算进项税额。

计算公式为：

进项税额＝买价×扣除率

纳税人购进用于生产销售或委托加工 13%税率货物的农产品，按照 10%的扣除率计算进项税额。

第二，适用一般计税方法的纳税人，兼营简易计税方法计税项目、免征增值税项目而无法划分不得抵扣的进项税额，按照下列公式计算不得抵扣的进项税额：

$$\frac{\text{不得抵扣的}}{\text{进项税额}}=\frac{\text{当期无法划分的}}{\text{全部进项税额}}\times\left(\frac{\text{当期简易计税方法}}{\text{计税项目销售额}}+\frac{\text{免征增值税}}{\text{项目销售额}}\right)\div\frac{\text{当期全部}}{\text{销售额}}$$

主管税务机关可以按照上述公式依据年度数据对不得抵扣的进项税额进行清算。

3.2.1.2 小规模纳税人应纳税额的计算

小规模纳税人计算应纳税额时所用计算公式为：

应纳税额＝计税销售额×征收率

小规模纳税人增值税征收率为 3%，国务院另有规定的除外。

例如，小规模纳税人转让其取得（不含自建）的不动产，以取得的全部价款和价外费用扣除不动产购置原价或者取得不动产时的作价后的余额为销售额，按照 5%的征收率计算应纳税额。小规模纳税人转让其自建的不动产，以取得的全部价款和价外费用为销售额，按照 5%的征收率计算应纳税额（国家税务总局公告 2016 年第 14 号）。

小规模纳税人出租不动产（不含个体工商户出租住房），按照 5%的征收率计算应纳税额。个体工商户出租住房，按照 5%的征收率减按 1.5%计算应纳税额（国家税务总局公告 2016 年第 16 号）。

3.2.1.3 进口货物应纳增值税的计算

纳税人进口货物，按照组成计税价格和《中华人民共和国增值税暂行条例》（以下简称《增值税暂行条例》）规定的税率计算应纳税额。

对于不同时征收消费税的货物，计算公式为：

组成计税价格＝关税完税价格＋关税

应纳税额＝组成计税价格×税率

进口货物增值税的组成计税价格中包括已纳关税税额。如果进口货物属于消费税应税消费品，其组成计税价格中还要包括已纳消费税税额，即

组成计税价格＝关税完税价格＋关税＋消费税税额

应纳税额＝组成计税价格×税率

3.2.2 销项税额的税收筹划

3.2.2.1 销售方式的税收筹划

1. 折扣销售

折扣销售分为现金折扣、商业折扣和销售折让三种方式。

现金折扣是指企业在销售行为发生后，为尽快收回资金而给予购买方价格上的优惠形式。现金折扣发生在销货之后，是一种融资性质的理财费用，因此现金折扣不得从销售额中减除。

商业折扣是指企业在销售行为发生后，为鼓励对方多购买而给予购买方价格上的优惠形式。税法规定：如果销售额和折扣额在同一张发票上分别注明，可按折扣后余额作为销售额计算增值税；如果将折扣额另开发票，不论其在财务上如何处理，均不得从销售额中扣减。

销售折让是指货物销售后，由于产品质量、性能或规格等方面的原因，购货方虽没有退货，但要求给予的一种价格上的优惠。根据税法的规定，销售折让可以从应税销售行为的销售额中扣除，以其余额计缴增值税。

2. 还本销售

还本销售是指销货方将货物出售之后，按约定的时间一次或分次将购货款部分或全部退还给购货方，退还的货款即为还本支出。这种方式实际上是一种以货物换取资金的使用价值，到期还本不付息的筹集资金方式。税法规定：纳税人采取还本方式销售货物的，不得从销售额中减除还本支出。

3. 以旧换新

以旧换新是指纳税人在销售货物时，以一定的价格同时回收相关的旧货，以达到促销目的。根据税法的规定，纳税人采取以旧换新方式销售货物的，应按新货物的同期销售价格计缴税款。无论纳税人在财务上怎样处理，旧货物的支出均不得从销售额中扣除。

4. 以物易物

以物易物是一种较为特殊的购销活动，是指购销双方不是以货币结算，而是以同等价款的货物相互交换，实现货物购销的一种方式。税法规定：以物易物双方都应进行购销处理，以各自发出的货物核算销售额并计算销项税额，以各自收到的货物按规定核算购货额并计算进项税额。

5. 包装物押金

纳税人为销售货物而出租出借包装物收取的押金，单独记账核算的，时间在 1 年以内，又未过期的，不并入销售额征税，但对因逾期未收回包装物不再退还的押金，应按所包装货物的适用税率计算销项税额。其中，“逾期”是指按合同约定实际逾期或以 1 年为期，对收取 1 年以上的押金，无论是否退还均并入销售额征税。

3.2.2.2 结算方式的税收筹划

销售结算方式通常有直接收款、委托收款、托收承付、赊销或分期收款、预收款销

售、委托代销等。不同的销售方式，其纳税义务发生的时间是不相同的。

1. 赊销和分期收款方式的筹划

赊销和分期收款结算方式都是以合同约定日期为纳税义务发生时间。因此，企业在产品销售过程中，在应收货款一时无法收回或部分无法收回的情况下，可以选择赊销或分期收款结算方式。

2. 委托代销方式销售货物的筹划

委托代销是指委托方将商品交付给受托方，受托方根据合同的要求，将商品出售后开具销货清单并交给委托方。此时，委托方才确认销售收入的实现。因此，根据这一原理，如果企业的产品销售对象是商业企业，并且产品以商业企业再销售后付款结算方式销售，则可以采用委托代销结算方式，根据实际收到的货款分期计算销项税额，从而延缓纳税时间。

3.2.2.3 销售价格的税收筹划

产品的销售价格对企业来说至关重要。在市场经济条件下，纳税人有自由定价权。纳税人可以利用自由定价权制定合理的价格，从而获得更多的收益。

与纳税筹划有关的定价策略有两种表现形式：一种是与关联企业合作定价，目的是减轻企业间的整体税负；一种是主动制定一个稍低一点的价格，以获得更大的销量，从而获得更多的收益。

3.2.3 进项税额的税收筹划

3.2.3.1 进项税额抵扣时间的筹划

根据进项税额抵扣时间的规定，对于取得的防伪税控系统开具的增值税专用发票，应在取得发票后尽快到税务机关进行认证。如购进的多用途物资应先进行认证再进行抵扣，待转为非应税项目用时再做进项税额转出处理，以避免非应税项目用物资转为应税项目用时由于超过认证时间而不能抵扣其进项税额的情况。

3.2.3.2 供货方的选择

由于增值税实行凭增值税发票抵扣的制度，除特殊规定外只有一般纳税人才能使用增值税专用发票进行进项税额抵扣。一般情况下小规模纳税人不能开具增值税专用发票，但根据税法的规定，小规模纳税人可以到税务所申请代开小规模纳税人使用的专用发票，或是列入自开专票试点范围的满足条件的住宿业、鉴证咨询业、建筑业、工业以及信息传输、软件和信息技术服务业小规模纳税人可以自行开具专用发票。一般纳税人从小规模纳税人处认购的货物或接受的劳务可根据发票上的税额计提进项税额，抵扣率为3%；如果购货方取得的是小规模纳税人自己开具的普通发票，不能进行任何抵扣（农产品除外）。

增值税一般纳税人从小规模纳税人处采购的货物或接受的劳务、服务、无形资产或者不动产不能进行抵扣，或只能抵扣3%或5%。为了弥补因不能取得专用发票而产生的损失，必然要求小规模纳税人在价格上给予一定程度的优惠。假设公司为一般纳税人，城市维护建设税税率为7%，教育费附加率为3%，分别从一般纳税人和小规模纳税人处采购，价格优惠临界点的计算见表3-3。

表3-3 价格优惠临界点(%)

一般纳税人的抵扣率	小规模纳税人的抵扣率	价格优惠临界点(含税)
13	3	90.24
13	0	87.35
9	3	93.93
9	0	90.92
6	3	96.88
6	0	93.77

3.2.3.3 兼营简易计税方法计税项目、免征增值税项目进项税额核算的筹划

1. 是否准确划分简易计税方法计税项目、免征增值税项目进项税额的选择

增值税一般纳税人兼营简易计税方法计税项目、免征增值税项目，应当正确划分其不得抵扣的进项税额。应税项目与简易计税方法计税项目、免征增值税项目的进项税额可以划分清楚的，用于生产应税项目产品的进项税额可按规定进行抵扣；用于生产简易计税方法计税项目、免征增值税项目产品的进项税额不得抵扣。

2. 兼营简易计税方法计税项目、免征增值税项目进项税额核算方式的筹划

根据《增值税暂行条例》及其实施细则和营改增税收政策的相关规定，一般纳税人对用于简易计税方法计税项目、免征增值税项目的进项税额可以在其用于该类用途时，从原在购进时已做抵扣的进项税额中通过“应交税费——应交增值税(进项税额转出)”科目转出，即转入相关资产或产品成本。在实践中，有不少企业为避免进项税额核算出现差错，便通过设立“工程物资”“其他材料”等科目单独计算用于简易计税方法计税项目、免征增值税项目的进项税额，将其直接计入材料成本。

在一般情况下，材料从购进到生产领用都存在一个时间差，对用于简易计税方法计税项目、免征增值税项目进项税额的不同核算方法决定了企业能否充分利用这个时间差。

3.3 增值税税率的税收筹划

3.3.1 税率的法律界定

我国现行增值税主要有六个档次的税率，见表3-4。

表 3-4 增值税税率表

适用范围	税率（%）	备注
1. 销售货物、劳务、有形动产租赁或者进口货物	13	另有规定的除外
1. 销售或进口特定货物 2. 销售交通运输、邮政、基础电信、建筑、不动产租赁服务，销售不动产，转让土地使用权	9	特定货物包括： ①粮食等农产品、食用植物油、食用盐； ②自来水、暖气、冷气、热水、石油液化气、天然气、二甲醚、沼气、居民用煤炭制品； ③图书、报纸、杂志、音像制品、电子出版物； ④饲料、化肥、农药、农机、农膜； ⑤国务院规定的其他货物
销售服务（动产租赁服务除外）和无形资产（土地使用权除外）	6	研发和技术服务、信息技术服务、文化创意服务、物流辅助服务、鉴证咨询服务、广播影视服务、商务辅助服务、增值电信服务、贷款服务、直接收费金融服务、保险服务、金融商品转让、文化体育服务、教育医疗服务、旅游娱乐服务、餐饮住宿服务、居民日常服务
一般纳税人的一些特殊项目	5	征收率
1. 出口货物 2. 跨境销售国务院规定范围内的服务、无形资产	0	国际运输服务、航天运输服务等
小规模纳税人	3	征收率

注：根据 2019 年《政府工作报告》修改。

3.3.2 税率的税收筹划

营业税改征增值税全面推开之后，纳税人的经营活动往往包含应纳增值税项目，但所对应的增值税税率可能会有所不同，如兼营和混合销售行为。在这种情况下，就要考虑缴纳何种增值税税率的筹划问题。

3.3.2.1 兼营

根据《增值税暂行条例》和营改增政策法规，纳税人销售货物、加工修理修配劳务、服务、无形资产或者不动产适用不同税率或者征收率的，应当分别核算适用不同税率或者征收率的销售额；未分别核算销售额的，按照以下方法适用税率或者征收率：

（1）兼营不同税率的应税项目，从高适用税率。

（2）兼营不同征收率的应税项目，从高适用征收率。

（3）兼营不同税率和征收率的应税项目，从高适用税率。

为了避免从高适用税率或征收率而加重税收负担的情况，兼营不同税率或征收率的项目的企业，一定要将各自的销售额分别核算。

3.3.2.2 混合销售

全面营改增后，一项销售行为如果既涉及货物又涉及服务，为混合销售。从事货物的生产、批发或者零售的单位和个体工商户的混合销售行为，按照销售货物缴纳增值税；其他单位和个体工商户的混合销售行为，按照销售服务缴纳增值税。上述从事货物的生产、批发或者零售的单位和个体工商户，包括以从事货物的生产、批发或者零售为主（指纳税人每年的货物销售额与服务销售额合计数中，货物的销售额超过 50%）并兼营销售服务的单位和个体工商户在内。

应注意，纳税人销售活动板房、机器设备、钢结构件等自产货物的同时提供建筑、安装服务，不属于《营业税改征增值税试点实施办法》（财税［2016］36 号文件印发）第 40 条规定的混合销售，应分别核算货物和建筑服务的销售额，分别适用不同的税率或者征收率（国家税务总局公告 2017 年第 11 号）。自 2018 年 7 月 25 日起，一般纳税人销售自产机器设备的同时提供安装服务，应分别核算机器设备和安装服务的销售额，安装服务可以按照甲供工程选择适用简易计税方法计税（国家税务总局公告 2018 年第 42 号）。如果没有分开核算，从高适用税率，按销售货物的 13%税率计税。

3.4 增值税减免税的税收筹划

3.4.1 税收优惠的有关规定

3.4.1.1 免征增值税项目

《增值税暂行条例》中规定了 7 项法定免税项目，如对农业生产者销售的自产农业产品免征增值税等。

此外还有多项营业税改征增值税试点过渡政策的规定。例如自 2016 年 5 月 1 日起，社会团体收取的会费，免征增值税（财税［2017］90 号）；原油期货保税交割业务、铁矿石期货保税交割业务，暂免征收增值税（财税［2015］35 号）；自 2017 年 1 月 1 日至 2019 年 12 月 31 日，对广播电视运营服务企业收取的有线数字电视基本收视维护费和农村有线电视基本收视费，免征增值税（财税［2017］35 号）；自 2018 年 9 月 1 日至 2020 年 12 月 31 日，对金融机构向小型企业、微型企业和个体工商户发放小额贷款取得的利息收入，免征增值税（财税［2018］91 号）。

3.4.1.2 增值税的即征即退优惠

1. 限额即征即退

（1）对安置残疾人的单位和个体工商户，实行由税务机关按纳税人安置残疾人的人数，限额即征即退增值税政策。

（2）对安置残疾人的特殊教育学校举办的企业，实行由税务机关按纳税人安置残疾人的人数，限额即征即退增值税政策。

2. 超税负即征即退

（1）增值税一般纳税人销售其自行开发生产的软件产品，按13%的法定税率征收增值税后，对其增值税实际税负超过3%的部分实行即征即退政策。

（2）一般纳税人提供管道运输服务，对其增值税实际税负超过3%的部分实行增值税即征即退政策。

（3）飞机维修劳务增值税实际税负超过6%的部分实行增值税即征即退政策。

（4）经人民银行、银保监会或者商务部批准从事融资租赁业务的试点纳税人中的一般纳税人，提供有形动产融资租赁服务和有形动产融资性售后回租服务，对其增值税实际税负超过3%的部分实行增值税即征即退政策。

（5）动漫企业增值税一般纳税人销售其自主开发生产的动漫软件，按照适用税率征收增值税后，对其增值税实际税负超过3%的部分实行增值税即征即退政策，现行规定有效期至2020年12月31日。

3. 按比例即征即退

（1）一般纳税人销售自产的资源综合利用产品和提供资源综合利用劳务，可享受增值税即征即退政策。具体综合利用的资源名称、综合利用产品和劳务名称、技术标准和相关条件、退税比例等按照财税［2015］78号文所附《资源综合利用产品和劳务增值税优惠目录》的相关规定执行。

（2）纳税人销售自产的新型墙体材料，既不属于国家发展和改革委员会《产业结构调整指导目录》中的禁止类、限制类项目，也不属于环境保护部《环境保护综合名录》中的“高污染、高环境风险”产品或者重污染工艺的，增值税即征即退50%。

（3）对于光伏发电，自2016年1月1日至2018年12月31日，对纳税人销售自产的太阳能电力产品，增值税即征即退50%。

（4）纳税人销售自产的利用风力生产的电力产品，增值税即征即退50%。

3.4.1.3 起征点

对个人销售额未达到规定起征点的，免征增值税。增值税起征点的适用范围限于个人，不包括被认定为一般纳税人的个体工商户。

现阶段增值税起征点的规定如下：

（1）小规模纳税人发生增值税应税销售行为，合计月销售额未超过10万元（以1个季度为1个纳税期的，季度销售额未超过30万元，下同）的，免征增值税。

（2）小规模纳税人发生增值税应税销售行为，合计月销售额超过10万元，但扣除本期发生的销售不动产的销售额后未超过10万元的，其销售货物、劳务、服务、无形资产取得的销售额免征增值税。[①]

① 参见《关于小规模纳税人免征增值税政策有关征管问题的公告》（国家税务总局公告2019年第4号）。

3.4.1.4 增值税的留抵退税

根据财税［2018］70号文，2018年对装备制造等先进制造业、研发等现代服务业内符合条件的企业和电网企业试行增值税留抵退税改革，将增值税期末留抵税额予以退还。

3.4.2 减免税的税收筹划

3.4.2.1 增值税免税的税负效应

免税是指国家对某种特定货物、劳务、服务或销售不动产、无形资产的全部或某一阶段的生产和流通过程不予课税。一般来说，免税意味着国家放弃一笔财政收入而给予纳税人优惠。然而，由于增值税具有环环相扣的特点，免税可能会造成链条的中断，进而会加重纳税人的税收负担。增值税应税货物从生产到流通要经过多个环节，对不同环节免税的结果不尽相同。在实际生活中，销售价格随供求状况的变化而上下波动，商品的税负也成为影响价格的重要因素，免税造成的税负转嫁归宿呈现复杂的情况。在免税阶段经营者虽然不能抵扣进项税额，但可以通过货物或劳务的购销价格的调整将进项税额转移出去。税负转嫁的难易则取决于货物供求弹性的大小。

3.4.2.2 利用增值税的免税规定节税

根据增值税减免税的有关规定，纳税人可以利用法定的免税规定以及机构的适当分立达到节税的目的。

3.5 增值税出口退税的税收筹划

3.5.1 出口退税的有关规定

退税包括三种形式：（1）出口免税并退税。（2）出口免税不退税。（3）出口不免税也不退税。出口退税货物应具备的条件如下：

第一，必须是属于增值税、消费税征收范围的货物。

第二，必须是报关离境的货物。这是区别货物是否应当退税的主要标志，凡是报关未离境的货物，不论出口企业以外汇结算还是以人民币结算，也不论企业在财务上和其他管理上做何处理，均不得视为出口货物予以退税。

第三，必须是在财务上做销售处理的货物。出口货物只有在财务上做销售处理后才能办理退税。

第四，必须是出口收汇并已核销的货物。

增值税零税率应税服务退（免）税办法包括免抵退税办法和免退税办法。境内的单位和个人提供适用增值税零税率的应税服务，属于适用增值税一般计税方法的，生产企业实行免抵退税办法，外贸企业外购研发服务和设计服务出口实行免退税办法，外贸企业自己开发的研发服务和设计服务出口，视同生产企业连同其出口货物统一实行免抵退税办法。零税率应税服务的退税率为对应服务被提供给境内单位适用的增值税税率（9%或6%）。

3.5.2 出口退税业务的税收筹划

3.5.2.1 选择经营方式

现行的出口退税政策对不同的经营方式规定了不同的出口退税政策，纳税人可以利用政策之间的税收差异，选择合理的经营方式，降低自己的税负。

目前生产企业出口货物主要有两种方式，即自营出口（含进料加工）和来料加工，分别按免抵退办法和不征不退的免税办法处理。

1. 退税率小于征税率时的税收筹划

对于利润率较低、出口退税率较高及耗用的国产辅助材料较多（进项税额较大）的货物出口宜采用进料加工方式，对于利润率较高的货物出口宜采用来料加工方式。

目前在大幅提高出口退税率的情况下，选用免抵退办法还是免税办法的基本思路就是：如果出口产品不得抵扣的进项税额小于为生产该出口产品而取得的全部进项税额，则应采用免抵退办法，否则应采用不征不退的免税办法。

2. 退税率等于征税率时的税收筹划

对于退税率等于征税率的产品，无论其利润率高低，采用免抵退的自营出口方式均比采用来料加工等不征不退的免税方式更优惠，因为两种方式出口货物均不征税，但采用免抵退方式可以退还全部进项税额，而免税方式则要把该进项税额计入成本。

3.5.2.2 选择出口方式

对于有出口经营权的企业来说，出口方式有两种：一种是自营出口；一种是通过外贸企业代理出口自产货物。以这两种方式出口货物都可以获得免税并退税，但获得的退税的数额不尽相同。

在退税率与征税率相等的情况下，企业选择自营出口还是委托外贸企业代理出口，两者税负相等。在退税率与征税率不等的情况下，企业选择自营出口还是委托外贸企业代理出口，两者税负不同，即选择自营出口收到的出口退税数额小于委托外贸企业代理出口应获得的出口退税数额，选择委托外贸企业代理出口有利于减轻增值税税负。

3.5.2.3 选择生产经营地

《财政部　国家税务总局关于出口货物劳务增值税和消费税政策的通知》（财税

[2012] 39 号）规定：出口企业经海关报关进入国家批准的出口加工区、保税物流园区、保税港区、综合保税区、珠澳跨境工业区（珠海园区）、中哈霍尔果斯国际边境合作中心（中方配套区域）、保税物流中心（B 型）并销售给特殊区域内单位或境外单位、个人的货物视同出口货物，享受有关出口退税政策。

因此，对于出口企业，要么在出口加工区、保税港区、综合保税区等内建立关联企业，要么将出口加工业务从企业分离出去，要么将出口加工业务迁到出口加工区、保税港区、综合保税区等去。企业用来生产出口加工业务的机器、设备、办公用品都能够视同出口，享受退税的好处。

另外，充分利用出口加工区、保税港区、综合保税区等的税收优惠政策，获得递延纳税或提前退税的好处。在出口加工区、保税港区、综合保税区等内设立关联企业，在进口料件时先由保税区企业进口，获得免税优惠，等“区外”企业实际使用时，即由“区内”转“区外”时再纳税。根据有关规定，保税区内所有进口料件免税，保税区内所有进口设备、原材料和办公用品也可免税，因此可获得递延纳税的好处。另外，“区外”企业可先将“产品”销售给“区内”企业，再由“区内”企业出口，根据有关税法的规定，进入出口加工区即视同出口，因此可获得提前退税的好处。

3.5.2.4 选择免税料件“免抵退税额”方法

实耗法与购进法都是企业计算当月免税进口料件“免抵退税额”的方法。采用恰当的方法可以产生递延纳税的效果。

二、本章教学重点与难点

【教学重点】

1. 一般纳税人与小规模纳税人的筹划；
2. 销售方式的税收筹划；
3. 出口退税业务的税收筹划。

【教学难点】

1. 增值税纳税人的筹划；
2. 进项税额的税收筹划；
3. 出口退税业务的税收筹划。

三、本章关键术语

无差别平衡点增值率——在一个特定的增值率下，增值税一般纳税人与小规模纳税人应缴税款数额相同，我们把这个特定的增值率称为“无差别平衡点增值率”。当增值率低于这个点时，增值税一般纳税人的税负低于小规模纳税人；当增值率高于这个点时，增值税一般纳税人的税负高于小规模纳税人。无差别平衡点增值率的计算可分为：含税销售额无差别平衡点增值率的计算与不含税销售额无差别平衡点增值率的计算。当增值税税率为13%时，含税销售额无差别平衡点增值率为25.32%；不含税销售额无差别平衡点增值率为23.08%。

无差别平衡点抵扣率——在销售额既定的情况下，小规模纳税人应缴税款即已确定，但一般纳税人的应缴税款还需依据其可抵扣的进项税额。可抵扣的进项税额越大，应缴税款越少；反之，可抵扣的进项税额越小，应缴税款越多。在一个特定的抵扣率下，增值税一般纳税人与小规模纳税人应缴税款数额相同，我们把这个特定的抵扣率称为“无差别平衡点抵扣率”。当抵扣率高于这个点时，增值税一般纳税人的税负低于小规模纳税人；当抵扣率低于这个点时，增值税一般纳税人的税负高于小规模纳税人。

无差别平衡点抵扣率＝1－无差别平衡点增值率

价格优惠临界点——在小规模纳税人销售货物时，只能开具普通发票或低税率发票。因此，小规模纳税人给予购货方一定的折让比率，刚好可以弥补由此造成的购货方进项税额减少带来的损失，这个折让比率即价格优惠临界点。

出口退税——基本含义是指对出口货物退还其在国内生产和流通环节实际缴纳的产品税、增值税和特别消费税。出口货物退税制度是一个国家税收的重要组成部分。出口退税主要是通过退还出口货物的国内已纳税款来平衡国内产品的税收负担，使本国产品以不含税成本进入国际市场，与国外产品在同等条件下进行竞争，从而增强竞争力，扩大出口创汇。

免抵退——是增值税管理的一种形式，《财政部　国家税务总局关于进一步推进出口货物实行免抵退税办法的通知》（财税［2002］7号）规定：生产企业自营或委托外贸企业代理出口自产货物，除另行规定外，增值税一律实行免抵退税管理办法。“免”“抵”“退”是各有含义的：“免”是指生产企业出口自产货物免征生产销售环节的增值税；“抵”是指以本企业本期出口产品应退税额抵顶内销产品应纳税额；“退”是指按照上述过程确定的实际应退税额符合一定标准时，即生产企业出口的自产货物在当月内应抵顶的进项税额大于应纳税额时，对未抵顶完成的部分予以退税。

四、补充练习题

(一) 填空题

1. 增值税是对在我国境内________或者________、________，销售服务、________、不动产以及进口货物的单位和个人，就其销售货物、劳务、服务、________、不动产的________以及进口货物金额计税并实行税款抵扣制的一种________。

2. 从事货物的生产、批发或者零售的单位和个体工商户的混合销售行为，按照销售________缴纳增值税；其他单位和个体工商户的混合销售行为，按照销售________缴纳增值税。

(二) 选择题 (不定项)

1. 纳税人兼营免税项目或非应税项目，对不能准确划分进项税额的，按下列公式计算不得抵扣的进项税额：(　　)。

A. 不得抵扣的进项税额＝当期全部进项税额×(当期简易计税方法计税项目销售额、当期免税项目销售额合计)÷当期全部销售额

B. 不得抵扣的进项税额＝当期全部进项税额＋(当期简易计税方法计税项目销售额、当期免税项目销售额合计)×当期全部销售额

C. 不得抵扣的进项税额＝当期全部进项税额－(当期简易计税方法计税项目销售额、当期免税项目销售额合计)÷当期全部销售额

D. 不得抵扣的进项税额＝当期全部进项税额×(当期简易计税方法计税项目销售额、当期免税项目销售额合计)×当期全部销售额

2. 我国现行增值税税率为 (　　)。

A. 13%　　B. 9%　　C. 0　　D. 6%　　E. 11%

3. 《中华人民共和国增值税暂行条例实施细则》规定，按销售结算方式的不同，应税销售行为的纳税义务发生时间分别为 (　　)。

A. 采取直接收款方式销售货物，不论货物是否发出，均为收到销售款或取得索取销售款凭据的当天

B. 采取托收承付和委托银行收款方式销售货物，为发出货物并办妥托收手续的当天

C. 采取赊销和分期收款方式销售货物，为书面合同约定的收款日期的当天，无书面合同的或者书面合同没有约定收款日期的，为货物发出的当天

D. 销售应税劳务，为提供劳务同时收讫销售款或取得索取销售款凭据的当天

E. 纳税人的视同销售行为，为货物移送的当天

(三) 判断题

1. 销售者将自产、委托加工和购买的货物用于实物折扣的，则该实物款可以从货物销售额中减除，以折扣后的余额作为计税金额。(　　)

2. 税法规定，以物易物双方都应做购销处理，以各自发出的货物核算销售额并计算销项税额，不得将各自收到的货物按购货额计算进项税额。（　　）

3. 增值税一般纳税人取得的2017年7月1日及以后开具的增值税专用发票和机动车销售统一发票，应自开具之日起180日内认证或登录增值税发票选择确认平台进行确认，否则不予抵扣进项税额。（　　）

（四）简答题

1. 增值税一般纳税人和小规模纳税人是怎样划分的?

2. 出口退税货物应具备哪些条件?

3. 一般纳税人与小规模纳税人的无差别平衡点增值率。

（五）材料分析题

甲企业委托乙建筑企业承建一主题乐园项目，工程总承包合同造价为1 000万元，材料部分为600万元，其中甲供材为200万元，安装部分为400万元。乙企业将其中100万元的机电安装工作分包给丙公司。（假设购买材料均取得13%的增值税专用发票。）

甲供材，是指由工程发包方（甲方）自行采购，提供给建筑施工企业（乙方）用于建筑、安装、装修和装饰的设备、材料、动力。甲供工程，是指全部或部分设备、材料、动力由工程发包方自行采购的建筑工程。在建筑企业实行营改增后，根据财税［2016］36号的规定，建筑企业针对“甲供材”工程，可以选择增值税一般计税方法，也可以选择简易计税方法。

请依据以上资料做出计税方法的选择，并说明理由。若“材料部分为600万元，其中甲供材为500万元”，选择是否会不同？请说明理由。

（六）案例分析题

【案例3-1】 EW制药集团有限责任公司（以下简称“EW公司”）创建于1946年，是我国最大的以化学合成为主、兼有生物发酵和制剂产品的综合性制药工业企业之一，是中国医药产品重要的生产和出口基地。EW公司资产总额达35亿元，现有员工6 000余人，年销售收入20多亿元。

EW公司主要生产维生素类、抗生素类、心脑血管类、抗病毒类、消化系统类等各种原料药、医药中间体和制剂等产品；EW公司还拥有以主要原料药为基础，深加工饲料添加剂和兽药的生产基地。除生产药品外，EW公司还开展医疗器材的租赁业务。

分析要求：EW公司涉及的主要税收政策是什么？EW公司该如何开展增值税纳税筹划？请为该公司设计增值税税收筹划方案。

【案例3-2】 甲企业9月1日销售机床一台，价值2 000万元，产品成本为1 500万元，适用13%的增值税税率。因为购货企业存在资金困难，货款无法一次收回。如何签订收款协议才能节税?

【案例3-3】 某服装经销公司在20××年为庆祝建厂10周年，决定在春节期间开展一次促销活动，现有两种方案可供选择。

方案1：打8折，即按现价折扣20%销售，原100元商品以80元售出。

方案2：返还20%现金，即销售100元商品的同时，向购货人赠送20元现金。

（进货成本为含税价 70 元，城市维护建设税及教育费附加不计。）

分析要求：该服装经销公司应如何设计税收筹划方案？

【案例 3－4】 华美盛服装有限公司因商业折扣问题而头疼，情况如下：该公司是专业生产内衣的企业，其产品主要出口日、韩以及东南亚国家，考虑到外销的产品利润水平较低，近年来着力开拓国内市场。扩大内销的方法主要是通过各地的代理商进行，并对代理商实行业务激励，具体方法是将代理商的销售业绩与商业折扣结合起来。从 20××年起，公司规定：在以月度结算的条件下，月销售内衣 10 000 件（不含 10 000 件）以下的，月度折扣为 2 元/件；月销售内衣 10 000～20 000 件的，月度折扣为 3 元/件。年销售内衣在 150 000 件以下的，年终折扣为 2.5 元/件；年销售内衣 150 000～250 000 件的，年终折扣为 3 元/件等。

该方法在经营实践中收到了较好的效果，很快就打开了国内市场，当年内销实现 4 亿元。到年底与代理商进行结算时，支付商业折扣 2 000 万元（可以采用产品的形式或货币的形式），但税负很高，因为给予商业折扣，如果不能在同一发票上体现，增值税、所得税及相应的附加税费的征收将使企业的税收负担大大加重。

分析要求：怎样才能兼顾这二者的关系？对于这种销售行为，该如何设计税收筹划方案？

【案例 3－5】 宏伟家具生产厂（增值税一般纳税人）外购木材作为加工产品原材料。现有两个供应商甲与乙，甲为增值税一般纳税人，可以开具税率为 13%的增值税专用发票，该批木材报价 50 万元（含税价款）；乙为小规模纳税人，可以出具由其所在主管税务局代开的征收率为 3%的增值税专用发票，木材报价 46.5 万元（已知城市维护建设税税率为 7%，教育费附加征收率为 3%）。请为宏伟家具生产厂材料采购做出纳税筹划建议。

【案例 3－6】 某商贸公司（为增值税一般纳税人）既销售面粉，又兼营餐饮服务。本月从粮油公司购得面粉，取得增值税专用发票上注明的价款为 100 万元，增值税税款为 9 万元。当月将该批面粉的 80%用于销售，取得不含税收入 95 万元，另外 20%用于加工制作面条、馒头等免征增值税项目，取得收入 45 万元。请为该企业做出税收筹划建议。

【案例 3－7】 20××年，甲物流公司（以下简称“甲公司”）与广州白云港口物流公司（以下简称“白云公司”）商定，将两台装卸设备以每台每月 3 万元的租金出租给白云公司，租期是一年。故甲公司应该收取租金收入：6×12＝72(万元)。白云公司除需支付 72 万元的租赁费之外，还需要安排两名操作人员。假定这两人一年的工资是 10 万元。现在租期已满，甲公司第二年会与白云公司继续合作。根据以上资料，甲公司可选择以下两种方式作为下一步的合作方式：一是继续按照租赁方式合作；二是甲公司与白云公司协议，将装卸设备租赁合同变为装卸搬运作业合同，同时由甲公司派出两名操作人员并支付两人的年薪 10 万元，为白云公司提供装卸服务的同时收取 82 万元服务费。请比较两种方式的税费，为甲公司做出税收筹划建议。

【案例 3－8】 假设微微广告公司被税务局认定为增值税一般纳税人。20××年预计公司全年实现广告设计业务含税收入 320 万元，会议展览业务含税收入 260 万元，即含税总收入为580万元。会议展览业务可以取得进项发票的材料成本约占收入的20%，即52万元（增值税税率为13%）。请为微微广告公司进行税收筹划。

【案例3-9】 天天物流有限公司为增值税一般纳税人，在提供装卸搬运服务的同时，还为一个化妆品公司提供一部分交通运输服务。全年取得交通运输收入1 000万元（不含税），装卸搬运服务收入500万元（不含税）。交通运输业适用的增值税税率为9%，装卸搬运服务适用的增值税税率为6%，城建税税率为7%，教育费附加为3%。假设不考虑其他税种，比较分别核算和不分别核算收入两种方法下的税收。

五、补充练习题答案

（一）填空题

1. 销售货物　加工　修理修配劳务　无形资产　无形资产　销售额　流转税

2. 货物　服务

（二）选择题（不定项）

1. A　2. ABCD　3. ABCDE

（三）判断题

1. ×　2. ×　3. ×

（四）简答题

1. 答：根据《财政部　税务总局关于统一增值税小规模纳税人标准的通知》（财税［2018］33号）的规定，自2018年5月1日起增值税小规模纳税人标准为年应征增值税销售额500万元及以下，并且已登记为增值税一般纳税人的单位和个人，在2018年12月31日前，可转登记为小规模纳税人，其未抵扣的进项税额做转出处理。

2. 答：第一，必须是属于增值税、消费税征收范围的货物。

第二，必须是报关离境的货物。这是区别货物是否应当退税的主要标志。凡是报关未离境的货物，不论出口企业以外汇结算还是以人民币结算，也不论企业在财务上和其他管理上做何处理，均不得视为出口货物予以退税。

第三，必须是在财务上做销售处理的货物。出口货物只有在财务上做销售处理后才能办理退税。

第四，必须是出口收汇并已核销的货物。

3. 答：一般纳税人与小规模纳税人的适用税率和计税方法是不同的。那么，在销售收入相同的情况下，究竟是一般纳税人比小规模纳税人多缴税，还是小规模纳税人比一般纳税人多缴税呢？从相关税法规定可以看出，在销售额既定的情况下，小规模纳税人应缴税款即已确定。但一般纳税人的应缴税款还需依据其可抵扣的进项税额而定，可抵扣的进项税额越大，应缴税款越少；反之，可抵扣的进项税额越小，应缴税款越多。或者说，其增值率越高，应缴税款越多。在一般纳税人与小规模纳税人进行税负比较时，增值率就是一个关键因素。在一个特定的增值率下，增值税一般纳税人与小规模纳税人应缴税款数额相同，我们把这个特定的增值率称为“无差别平衡点增值率”。当增值率低于这个点时，增值税一般纳税人的税负低于小规模纳税人；当增值率高于这个点时，增值税一般纳税人的税负高于小规模纳税人。

（五）材料分析题

（1）甲供材为200万元时，一般计税方法下的应缴增值税为：

$$\begin{aligned}\text{应缴增值税}&=(1\,000-200)\times9\%\div(1+9\%)-[(600-200)\times13\%\div(1+13\%)+100\times9\%\div(1+9\%)]\\&=66.06-(46.02+8.26)=11.78(\text{万元})\end{aligned}$$

简易计税方法下的应缴增值税为：

$$\text{应缴增值税}=(1\,000-200-100)\times3\%\div(1+3\%)=20.39(\text{万元})$$

选择一般计税方法计算增值税，比选择简易计税方法计算增值税可以节省8.61（=20.39－11.78）万元增值税。

（2）当甲供材为500万元时，一般计税方法下的应缴增值税为：

$$\begin{aligned}\text{应缴增值税}&=(1\,000-500)\times9\%\div(1+9\%)-[(600-500)\times13\%\div(1+13\%)+100\times9\%\div(1+9\%)]\\&=41.28-(11.50+8.26)=21.52(\text{万元})\end{aligned}$$

简易计税方法下的应缴增值税为：

$$\text{应缴增值税}=(1\,000-500-100)\times3\%\div(1+3\%)=11.65(\text{万元})$$

选择简易计税方法计算增值税，比选择一般计税方法计算增值税可以节省9.87（=21.52－11.65）万元增值税。

（3）一般推论：

假设甲供材合同中约定的工程价税合计（不含甲方购买的材料和设备）为A（含税），则甲供材中建筑企业选择一般计税方法和简易计税方法下的增值税计算如下。

一般计税方法下的应缴增值税为：

$$\begin{aligned}\text{应缴增值税}&=A\times9\%\div(1+9\%)-\text{建筑企业采购材料物资的进项税额}\\&=8.26\%\times A-\text{建筑企业采购材料物资的进项税额}\end{aligned}$$

简易计税方法下的应缴增值税为：

$$\text{应缴增值税}=A\times3\%\div(1+3\%)=2.91\%\times A$$

两种计税方法下税负相同的临界点为：

$$8.26\%\times A-\text{建筑企业采购材料物资的进项税额}=2.91\%\times A$$

推导出：建筑企业采购材料物资的进项税额$=5.35\%\times A$。

由于在一般情况下，建筑企业采购材料物资的适用税率一般为13%（不考虑建筑企业分包工程给其他公司的情况），推导出临界点：

$$\frac{\text{建筑企业采购材料}}{\text{物资的进项税额}}=\frac{\text{建筑企业采购材料}}{\text{物资价税合计}}\times 13\%\div(1+13\%)=5.35\%\times A$$

由此计算出临界点：建筑企业采购材料物资价税合计$=46.50\%\times A$。

所以，在甲供材模式下，建筑企业选择按一般计税方法或者简易计税方法的临界点参考值是：建筑企业采购材料物资价税合计=46.50%×甲供材合同中约定的工程价税合计。

具体结论是：

（1）若建筑企业采购材料物资价税合计>46.50%×甲供材合同中约定的工程价税合计，则选择一般计税方法有利。

（2）若建筑企业采购材料物资价税合计<46.50%×甲供材合同中约定的工程价税合计，则选择简易计税方法有利。

因此，建筑企业采购材料物资占整个工程造价的比例，或者说甲供材料占整个工程造价的比例，是选择计税方式的关键。还应注意46.50%只是理论值。在实际生活中，这个比例会更小，因为不是所有的建筑材料都按13%抵扣进项，像砂石料、混凝土只能抵扣3%，还有其他因操作或管理而导致的无法抵扣问题客观存在。

（六）案例分析题

【案例3-1】

（一）EW公司涉及的主要税收政策

EW公司及其所属子公司的生产经营活动涉及多个税种，但本章主要讨论增值税以及与其相关的城建税和教育费附加。EW公司和所属子公司均为独立法人，均被当地税务机关认定为独立纳税人。EW公司作为母公司和集团总部，在自身独立纳税的基础上，通过合并报表形式汇总集团企业的总体税收实现和缴纳情况。

（二）EW公司增值税税收筹划

1. 营销活动的增值税税收筹划

（1）结算方式的增值税税收筹划。企业销售货物的结算方式有多种，不同结算方式下收入确认时间有不同标准。EW公司在销售时只是被动地进行会计核算，货物销售发生时，本可以推迟到下期确认收入却提前计算收入并纳税；或者为了推迟纳税将一部分销售业务仅在会计往来账上进行核算，导致长期挂账，公司应收账款余额越来越大，因货款没有收回，就不开具发票，也不申报纳税。第一种情况使公司因当期多交税造成流动资金紧张；第二种情况会被认定为偷税，使公司面临严重处罚，在经济和信誉上受到损失。

（2）代销方式的增值税税收筹划。EW公司有部分委托代销产品，在不同的代销方式下委托方的税负不同，公司应在不影响税后利润的情况下选择税负低的代销方式。

（3）促销方式选择的增值税税收筹划。EW公司与各地区医药经销商一直保持良好的业务关系。由药店代销方式销售的药品收入占全年销售收入的5.8%。一些采用收取手续费代销方式销售药品的药店会在节假日联合厂商做药品促销活动。常用的促销方式有两种：一是促销期间药品在原售价的基础上直接打折；二是买够规定数量（金额）的药品赠送相应数量（金额）的某药品，即实物折扣方式。采用不同的促销方式，其计税依据是不同的。企业在进行税收筹划时，不仅要看不同促销方式下销售额的增加情况，而且要考虑不同促销方式给企业带来的纳税影响。

2. 利用税收优惠的增值税税收筹划

EW公司生产的产品有一部分是属于税法规定的免征增值税的产品，如避孕药品、抗艾滋病病毒的药品等。由于该类产品占公司销售总额的比例较小，EW公司忽视了对该部分产品的分类核算，与其他药品的收入及成本费用混合在一起，计算了销项税额，多交了增值税。

(三) EW公司增值税税收筹划方案设计

1. 营销活动的增值税税收筹划

(1) 结算方式的增值税税收筹划。

我国医药品市场的特殊性导致医药品销售款的收回有以下方式：医药品提货后短期内结算货款；医药品提货后结算货款的时间较长；医药品销售后结算货款；定期结算货款。货款结算时间不同，纳税义务的发生时间也不同，虽然在一定时期内缴纳的税款总额相同，但其时间价值不同。

企业会计准则规定，不论是分期收款还是赊销，均在实现时确认收入，但分期收款按现值计量收入；税法规定，采取赊销和分期收款方式销售货物，为合同约定的收款日期当天。因此，企业对销售方式进行税收筹划时，不影响当期实现的收入，只影响应缴纳的增值税税款，为采用结算方式进行税收筹划提供了空间。公司对以往销售的收款情况进行分析并分类，通过与购买方协商确定不同的结算方式。

其分类情况及增值税汇总表如表3-5所示。

表3-5　收款及增值税汇总表

单位：万元

收款情况	结算方式	金额	销项税额	现值①
3个月内收款	直接收款	6 000	780	780.00
6个月内收款	采用商业汇票	8 000	1 040	990.48
12个月内收款	分期收款	5 000	650	590.91
24个月内收款	分期收款	2 000	260	214.88
合　计		21 000	2 730	2 576.27

①假设公司考虑了各方面的因素，确定10%的贴现率。

由表3-5可以看出，调整结算方式后，公司享受了货币时间价值的优惠，二者的差额为153.73(=2 730−2 576.27)万元。

(2) 代销方式的税收筹划。

EW公司委托代理商采取代销方式销售其开发投产的新药(某片剂)，代销方案有：a. 支付手续费方式。在与各代理商签订合同时明确该片剂的全国统一售价，不含税销售价为每件500元，代理手续费为每件50元。EW公司每年发出该片剂共12 000件，至年底结账时收到代理商的代销清单，合计销售10 000件，每件售价500元，应支付代理商代销手续费50万元。每件成本300元，增值税进项税额26万元。b. 视同买断方式。与代理商签订代销协议时，公司以销售价格每件500元扣减代销手续费50元，即以每件450元的价格作为合同代销价格，代理商仍以每件500元的价格销售，销售数量仍为10 000件。收到代理商转来的代销清单时，确认销售收入并计算增值税销项税额。每件成本300元，增值税进项税额26万元。

各方案的比较如表3-6所示。

表 3-6 代销方式税收筹划方案测算表 单位：万元

项目	支付手续费方式	视同买断方式	差额
销售收入	500.00	450.00	50.00
增值税销项税额	65.00	58.50	6.50
增值税进项税额	26.00	26.00	0
应纳增值税	39.00	32.50	6.50
应纳城建税及教育费附加	3.90	3.25	0.65
销售成本	300.00	300.00	0
销售费用	50.00	0	50.00
营业利润	146.10	146.75	−0.65

由两种方案对比可知，采用视同买断方式销售，EW公司增值税销项税额减少6.5万元，相应地，城市维护建设税和教育费附加也将减少0.65万元。运用扣除技术进行税收筹划减少了计税金额，从而减少了应纳税额，起到了绝对节税的效果。

2. 利用免税规定进行增值税税收筹划

增值税纳税人兼营减免税产品的，应将其分别核算；未分别核算的，一并从高征收增值税。EW公司的经营活动及会计核算中存在下列问题：按照国家规定的价格提供给医疗服务机构的药品免税，EW公司销售该类药品不含税售价为3 000万元，由于生产该药品的原材料所占比重较小，没有对其进项税额单独核算，因而没能享受免税的优惠。有鉴于此，公司重新设置材料明细账，对其免税产品所用的原材料单独核算，可以享受税收优惠。

【案例3-2】 税收筹划方案

如果按照直接收款方式销售产品，甲企业9月实现的该机床的销项税额为260万元；如果甲企业与购货企业达成分期收款的协议，协议中注明10个月收回货款，每月30日前购货企业支付货款200万元，则每个月的销项税额为26万元。显然，采用分期收款的方式能使企业实现分期纳税，延缓纳税时间，减轻企业的税收压力，使增值税税负趋于均衡。

【案例3-3】 税收筹划方案

现分别计算方案1、方案2中公司的税后利润。

方案1：

原100元商品以80元价格销售时的纳税情况：

应纳增值税：[80/(1+13%)×13%]−[70/(1+13%)×13%]=1.15(元)

企业利润额：[80/(1+13%)]−[70/(1+13%)]=8.85(元)

应缴企业所得税：8.85×25%=2.21(元)

税后净利润：8.85−2.21=6.64(元)

方案2：

以100元价格销售并赠送20元现金时应纳增值税为：

[100/(1+13%)×13%]−[70/(1+13%)×13%]=3.45(元)

企业应缴企业所得税为：

[100/(1+13%)−70/(1+13%)]×25%=6.64(元)

税后净利润为:

100/(1+13%)-70/(1+13%)-20-6.64=-0.09(元)

显然，方案2是不可取的，因为赠送货币资金相当于把自己的净利润也赠送出去了，发生亏损是必然的。

【案例3-4】 税收筹划方案

华美盛服装有限公司邀请税务顾问为其设计税收筹划方案，税务专家设计了如下四种方案。

方案1：预估折扣率

根据代理商以前几个月或以往年度的销售情况平均计算确定一个适当的折扣率。当该代理商于本期来公司提货时，会计人员在开具发票的过程中就可以按平均数100 000件的折扣率计算折扣，然后在一定的期间内再进行结算。

这种方法的优点是：能够反映代理商的折扣情况，及时结算商业折扣。缺点是：对业务不稳定、销售波动比较大的客户的折扣情况较难把握。

方案2：以递延方式反映折扣

将月度折扣推迟至下一个月来反映，将年度折扣返还推迟到下一个年度来兑现。假如某代理商当年1月销售12 000件，其享受的折扣为3元/件，那么该客户1月应享受的月度折扣为36 000元，待该客户2月来开票时，便将其上月应享受的月度折扣36 000元在票面上予以反映，客户按减除折扣后的净额付款。如果客户上月应结折扣大于当月开票金额，则可分几次在票面上予以体现。年度折扣主要是为了加强对市场网络的管理，如无非常特殊的情况，一般推迟到次年的3月进行结算，其处理方法与月度折扣一样，在其次年3月开票时在票面上反映出来即可。

这种方法的优点是：操作非常简便。但如果月份间和年度间销量和折扣标准差异较大，则不能较为真实地反映当月和本年度的实际经营成果，而且12月和年终折扣在进行所得税汇算清缴时可能会遇到一些障碍。这种方法适用于市场比较成熟、稳定，月份和年度间销量的折扣标准变化不大的企业。

方案3：采取当期结算和递延结算相结合的方法

当期结算和递延结算相结合的办法，即在日常开票时企业可设定一个当期结算折扣的最低标准，比如2元/件，所有的客户都按照这一标准来结算，并在发票上予以体现，客户按减除折扣后的净额付款。月末计算出当月应结给客户的折扣总额，减去在票面上已经反映了的折扣额即为尚应结付的折扣额，将该差额在下月的票面上予以反映，年度折扣仍然放在下一个年度。

这种方法的优点是：缓解了客户的资金压力，操作也相对简便。缺点是：因部分月度折扣放在下一个月，年度折扣放在下一个年度，如果销量起伏太大，就不能真实地反映月度和年度的经营成果。这种方法适用于客户资金有一定压力或有特殊要求的企业。

方案4：月度折扣与付款条件法

将月度折扣与付款条件结合起来，企业主动压低货物的价格，将合同金额降低为折扣额后的金额，相当于给予代理商一定折扣之后的金额。同时在合同中约定，代理商超过合同约定期限付款加收滞纳金（比如25天为合同付款期，超过25天付款加收滞纳金，加收的滞纳金等于折扣额）。这样，企业的收入并没有受到实质影响，并且如果对方在合同期限（25天）之内付款，可以按照折扣后的价款给对方开具增值税专用发票，返还代理商的折扣就顺利实现了。如果代理商没有在合同期限（25天）之内付款，企业可向代理商收取滞纳金，并以“全部价款和价外费用”按照总额计算销项税额，也符合税法的要求。

【案例3-5】 假设从一般纳税人处购进货物或接受劳务、服务、无形资产或不动产的价格（含税）为A，从小规模纳税人处购进货物或接受劳务、服务、无形资产或不动产的价格（含税）为B。为使两者扣除货物和劳务税后的销售利润相等，可设下列等式：

$$\begin{aligned}&\text{销售额(不含税)}-\frac{A}{1+\text{增值税税率}}-\left[\text{销售额(不含税)}-\frac{A}{1+\text{增值税税率}}\right]\\&\times\text{增值税税率}\times(\text{城市维护建设税税率}+\text{教育费附加征收率})\\&=\text{销售额(不含税)}-\frac{B}{1+\text{征收率}}-\left[\text{销售额(不含税)}\times\text{增值税税率}-\frac{B}{1+\text{征收率}}\times\text{征收率}\right]\\&\times(\text{城市维护建设税税率}+\text{教育费附加征收率})\end{aligned}$$

则：

$$\begin{aligned}&\frac{A}{1+\text{增值税税率}}-\frac{A}{1+\text{增值税税率}}\times\text{增值税税率}\times10\%\\&=\frac{B}{1+\text{征收率}}-\frac{B}{1+\text{征收率}}\times\text{征收率}\times10\%\\&B=\frac{(1+\text{征收率})\times(1-\text{增值税税率}\times10\%)}{(1+\text{增值税税率})\times(1-\text{征收率}\times10\%)}\times A\end{aligned}$$

从价格优惠临界点原理可知，当增值税税率为13%、小规模纳税人的抵扣率为3%时，价格优惠临界点为90.24%，或者说价格优惠临界点的销售价格为451 200（=500 000×90.24%）元。从题中乙的报价看，465 000元>价格优惠临界点451 200元，因此，应从甲（一般纳税人）处采购。

从企业利润核算的角度看，从甲处购进该批木材的净成本为：

$$\begin{aligned}&500\ 000\div(1+13\%)-[500\ 000\div(1+13\%)\times13\%\times(7\%+3\%)]\\&=436\ 725.67(\text{元})\end{aligned}$$

从乙处购进该批木材的净成本为：

$$\begin{aligned}&465\ 000\div(1+3\%)-[465\ 000\div(1+3\%)\times3\%\times(7\%+3\%)]\\&=451\ 456.31-1\ 354.37=450\ 101.94(\text{元})\end{aligned}$$

由此可看出，从乙处购入该批木材的成本大于从甲处购进的成本，因此，应选择从甲处购买。

【案例3-6】

（1）不能准确划分不得抵扣进项税额的（在本题中，购进面粉加工制作面条、馒头用于提供餐饮服务，属于非增值税应税劳务；在本题中，免征增值税项目取得收入45万元），按本章所给出的公式确定不得抵扣进项税额：

不得抵扣进项税额=9×45/(95+45)=2.89(万元)

(2) 若准确划分各自的进项税额:

不得抵扣进项税额=9×20%=1.8(万元)

由此可见,正确划分进项税额可以节省增值税1.09(=2.89-1.8)万元。

【案例3-7】

方案1:

继续按照租赁方式合作,则2019年甲公司在该业务上应缴纳税费为:

应纳增值税:72×13%=9.36(万元)
应纳城市维护建设税、教育费附加:9.36×(7%+3%)=0.936(万元)
应纳印花税:72×0.1%=0.072(万元)
甲公司的净收入:72-9.36-0.936-0.072=61.632(万元)

方案2:

如果甲公司与白云公司协议,将装卸设备租赁合同变为装卸搬运作业合同,同时由甲公司派出两名操作人员并支付两人的年薪10万元,为白云公司提供装卸服务的同时收取82万元的服务费,则应纳税费情况如下:

应纳增值税:82×6%=4.92(万元)
应纳城市维护建设税、教育费附加:4.92×(7%+3%)=0.492(万元)
甲物流公司的净收入:82-10-4.92-0.492=66.588(万元)

从上述过程可以看到,方案2比方案1使甲公司增收4.956(=66.588-61.632)万元,而且对方公司无须另外安排操作人员。对于白云公司来说,尽管支付的费用相同,但从管理的角度来看,省去了不少麻烦,对合作双方都十分有利。

【案例3-8】 若微微广告公司不做任何税收筹划,本年应纳税费如下:

(1) 广告设计业务部分:

应纳增值税=320÷(1+6%)×6%=18.11(万元)
应纳城市维护建设税及教育费附加=18.11×(7%+3%)=1.81(万元)
应纳税费合计=18.11+1.81=19.92(万元)

(2) 会议展览业务部分:

应纳增值税销项税额=260÷(1+6%)×6%=14.72(万元)
应纳增值税进项税额=52÷(1+13%)×13%=5.98(万元)
应纳增值税=14.72-5.98=8.74(万元)
应纳城市维护建设税及教育费附加=8.74×(7%+3%)=0.87(万元)
应纳税费合计=8.74+0.87=9.61(万元)

如上所述,本年微微广告公司被认定为是增值税一般纳税人,应纳增值税及附加税费=19.92+9.61=29.53(万元),综合税费率=29.53÷[(320+260)/(1+6%)]=5.40%。

现筹划如下：微微广告公司注册成立了一个新的广告公司，并将公司原来的广告设计业务独立出来，划入新的公司经营，而会议展览服务仍然留在微微公司，则新公司在本年实现营业收入320万元，微微公司实现营业收入260万元。成立的新公司业务不存在进项税额，同时规模符合小规模纳税人标准，故选择简易征收方法可降低税负，适用增值税征收率3%；微微公司由于存在占收入20%的材料可以抵扣进项，分别计算作为一般纳税人和小规模纳税人的应纳增值税，再选择纳税人身份。公司细化经营后，应纳税费的计算如下：

(1) 微微公司部分：

若选择作为小规模纳税人：

应纳增值税=260÷(1+3%)×3%=7.57(万元)

应纳城市维护建设税及教育费附加=7.57×(7%+3%)=0.76(万元)

应纳税费合计=7.57+0.76=8.33(万元)

应纳税费合计大于原作为一般纳税人时，故微微公司部分维持一般纳税人身份。

(2) 新公司部分：

应纳增值税=320÷(1+3%)×3%=9.32(万元)

应纳城市维护建设税及教育费附加=9.32×(7%+3%)=0.93(万元)

应纳税费合计=9.32+0.93=10.25(万元)

从上述计算可知，公司细化经营后，两公司应纳增值税合计=7.57+9.32=16.89(万元)，应纳城市维护建设税及教育费附加合计=0.76+0.93=1.69(万元)，应纳税费合计=16.89+1.69=18.58(万元)。

比较上述两种方式，可以看到，微微广告公司在进行细化经营后，会节省税费10.95(=29.53−18.58)万元。因此，在保持经营规模不变时，拆分企业内部的经营模块，转变纳税人身份即可享受到较低的税率，从而达到降低税费负担的目的。

【案例3-9】

方案1：

不分别核算这两项收入，则天天物流公司应纳增值税的销项税额为：

(1 000+500)×9%=135(万元)

应纳城建税及教育费附加为：

135×10%=13.5(万元)

方案2：

如果天天物流公司会计分别核算这两笔收入，则该物流公司应纳增值税销项税额为：

交通运输业应纳增值税=1 000×9%=90(万元)

装卸搬运服务应纳增值税=500×6%=30(万元)

销项税额的总额=900+30=120(万元)

应纳城建税及教育费附加=120×10%=12(万元)

比较上述两种方式，方案2比方案1少纳增值税及附加共16.5[=(135−120)+(13.5−12)]万元。

第4章 消费税的税收筹划

一、本章教学大纲

4.1 消费税纳税人的税收筹划

4.1.1 纳税人的法律界定

在中华人民共和国境内生产、委托加工和进口规定的应税消费品的单位和个人，以及国务院确定的销售应税消费品的其他单位和个人，是消费税的纳税人。

4.1.2 纳税人的税收筹划

由于消费税是针对特定的纳税人的，因此可以通过企业的合并递延纳税时间。

（1）合并会使原来企业间的购销环节转变为企业内部的原材料转让环节，从而递延部分消费税税款。

（2）如果后一环节的消费税税率较前一环节的低，则可直接减轻企业的消费税税负。

4.2 消费税计税依据的税收筹划

4.2.1 计税依据的法律界定

计税依据是计算应纳税额的根据，是征税对象量的表现。我国现行的消费税计税办

法分为从价计征、从量计征和复合计征三种类型，不同的计税方法其计税依据的计算不同。

4.2.1.1 从价计征的应税消费品计税依据的确定

实行从价定率计征办法的应税消费品以销售额为计税依据。即：

应纳税额＝应税消费品的销售额×消费税税率

（1）消费税计税依据的销售额为不含增值税、含消费税税款的销售额，即纳税人销售应税消费品向购买方收取的除增值税税款以外的全部价款和价外费用。

应税消费品的销售额＝含增值税的销售额÷(1＋增值税税率或征收率)

（2）采用组成计税价格作为计税依据的情形。

①纳税人自产的应税消费品不是用于连续生产应税消费品的，于移送使用时纳税，其计税价格按照纳税人生产的同类消费品的销售价格计算纳税；没有同类消费品销售价格的，按照组成计税价格计算纳税。

$$组成计税价格=\frac{成本+利润}{1-消费税比例税率}$$

或者

$$组成计税价格=\frac{成本+利润+自产自用数量\times定额税率}{1-消费税比例税率}$$

②委托加工的应税消费品，按照受托方同类消费品的销售价格计算纳税；没有同类消费品销售价格的，按照组成计税价格计算纳税。

$$组成计税价格=\frac{材料成本+加工费}{1-消费税比例税率}$$

或者

$$组成计税价格=\frac{材料成本+加工费+委托加工数量\times定额税率}{1-消费税比例税率}$$

③进口的、实行从价定率征税办法的应税消费品，按照组成计税价格计算纳税。

$$组成计税价格=\frac{关税完税价格+关税}{1-消费税比例税率}$$

或者

$$组成计税价格=\frac{关税完税价格+关税+进口数量\times定额税率}{1-消费税比例税率}$$

4.2.1.2 从量计征的应税消费品计税依据的确定

实行从量定额计征办法的应税消费品以销售数量为计税依据。即：

应纳税额＝应税消费品的销售数量×单位税额

销售数量的确定有以下规定：销售应税消费品的计税依据为应税消费品的销售数量；自产自用应税消费品的计税依据为应税消费品的移送使用数量；委托加工应税消费品的计税依据为纳税人收回的应税消费品的数量；进口应税消费品的计税依据为海关核定的应税消费品的进口征税数量。

4.2.1.3 复合计征的应税消费品计税依据的确定

实行复合计税办法的应税消费品主要包括粮食白酒、薯类白酒和卷烟。

复合计税办法下应纳消费税税额的计算公式如下：

应纳税额＝销售数量×定额税率＋销售额×比例税率

计税依据的确定：

(1) 生产销售卷烟、粮食白酒、薯类白酒的从量定额计税依据为实际销售数量；

(2) 进口、委托加工、自产自用卷烟、粮食白酒、薯类白酒的从量定额计税依据分别为海关核定的进口征税数量、委托方收回数量、移送使用数量；

(3) 生产销售、进口、委托加工、自产自用卷烟、粮食白酒、薯类白酒的从价定率计税办法的计税依据按《中华人民共和国消费税暂行条例》（以下简称《消费税暂行条例》）及其有关规定执行。

4.2.2 计税依据的税收筹划

4.2.2.1 关联企业转让定价

消费税的纳税行为发生在生产领域而非流通领域（金银首饰和超豪华小汽车除外），如果关联企业中生产（委托加工、进口）应税消费品的企业以较低的价格将应税消费品销售给其独立核算的销售部门，则可以降低销售额，从而减少应纳消费税税额。

消费税的课征只选择单一环节（卷烟和超豪华小汽车除外），主要在产制环节征收，企业可以采用分设独立核算的经销部、销售公司的办法，降低生产环节的销售价格，从而实现节税。

4.2.2.2 选择合理的销售方式

由于应税消费品销售方式不同而使纳税义务发生时间不同，纳税人通过选择恰当的销售方式可以使企业合理地推迟纳税义务发生时间，递延税款缴纳。

4.2.2.3 以应税消费品抵债、入股的筹划

根据税法的规定，纳税人用于换取生产资料和消费资料、投资入股和抵偿债务等方

面的应税消费品，应当以纳税人同类应税消费品的最高销售价格作为计税依据计算消费税。如果企业存在以应税消费品抵债、入股的情况，最好先销售，再做抵债或入股处理。

4.2.2.4 外购应税消费品用于连续生产的筹划

税法只规定了部分应税消费品在委托加工环节由受托方代收代缴的消费税可以在计税时准予从应纳税额中扣除，除此之外的其他消费品在委托加工环节由受托方代收代缴的消费税则不能在计税时准予从应纳税额中扣除，作为回购企业，应注意外购应税消费品已纳消费税抵扣的符合条件。

生产企业用外购已税消费品连续加工应税消费品时，需要注意的是：(1) 允许扣除已纳税款的应税消费品不仅限于从工业企业购进的应税消费品，也包括从符合条件的商业企业购进的消费品。(2) 如果企业购进的已税消费品开具的是普通发票，在换算为不含税的销售额时，应一律按3%的征收率换算。(3) 卷烟生产企业购进卷烟直接销售不再缴纳消费税。

4.2.2.5 以外汇结算的应税消费品的筹划

纳税人销售的应税消费品以外汇结算销售额时，应按外汇市场牌价折合成人民币销售额以后再按公式计算应纳税额。人民币折合汇率既可以采用结算当天的国家外汇牌价，也可以采用当月1日的外汇牌价。企业应从减轻税负的角度考虑根据外汇市场的变动趋势以及纳税人对未来的经济形势及汇率走势的判断，选择有利于企业的汇率。

4.2.2.6 包装物的筹划

根据《中华人民共和国消费税暂行条例实施细则》(以下简称《消费税暂行条例实施细则》)的规定，实行从价定率办法计算应纳税额的应税消费品连同包装销售的，无论包装物是否单独计价，也不论在会计上如何核算，均应并入应税消费品的销售额中征收消费税。因此对包装物筹划的关键是企业可通过先销售、后包装的形式以降低应税销售额，从而降低消费税税负。

4.3 消费税税率的税收筹划

4.3.1 税率的法律界定

消费税税率分为比例税率和定额税率。

4.3.2 税率的筹划

纳税人应针对消费税的税率多档次的特点，根据税法的基本原则正确进行必要的合并核算和分开核算，以求达到节税目的。消费税纳税人同时经营两种以上税率的应税消费品行为，则应分别核算；消费税纳税人将两种不同税率的应税消费品组成成套消费品销售，应尽量采取先销售后包装的形式。

二、本章教学重点与难点

【教学重点】

1. 通过消费税计税依据进行税收筹划；
2. 通过消费税税率进行税收筹划。

【教学难点】

1. 从价计征的应税消费品计税依据的确定；
2. 复合计征的应税消费品计税依据的确定；
3. 消费税税率的筹划。

三、本章关键术语

委托加工——指由委托方提供原料和主要材料，受托方只收取加工费和代垫部分辅助材料的加工方式。

价外费用——指价外收取的基金、集资费、返还利润、补贴、违约金（延期付款利息）和手续费、包装费、储备费、优质费、运输装卸费、代收款项、代垫款项以及其他各种性质的价外收费。

关联企业——指与企业有以下关系之一的公司、企业和其他经济组织：(1) 在资金、经营、购销等方面存在直接或者间接的拥有或者控制关系；(2) 直接或者间接地同为第三者所拥有或者控制；(3) 在利益上存在关联关系。

转让定价——指在经济活动中，有关联关系的企业各方为均摊利润或转移利润而在产品交换或买卖过程中，不是依照市场买卖规则和市场价格进行交易，而是根据它们之间的共同利益或为了最大限度地维护它们之间的利益而进行产品或非产品转让。

四、补充练习题

（一）名词解释

1. 企业合并

2. 转让定价

3. 委托加工的应税消费品

（二）填空题

1. 在中华人民共和国境内________、________和________规定的________的单位和个人，以及国务院确定的销售应税消费品的其他单位和个人，是消费税的纳税人。

2. 我国现行的消费税计税办法分为________、________和________三种类型。

（三）选择题（不定项）

1. 进口的、实行从价定率征税办法的应税消费品，按照组成计税价格计算纳税。组成计税价格的计算公式为（　　）。

A. 组成计税价格=(关税完税价格+关税)/(1+消费税税率)

B. 组成计税价格=(关税完税价格+关税)/(1－消费税税率)

C. 组成计税价格=(关税完税价格+关税)/(1+增值税税率)

D. 组成计税价格=(关税完税价格+关税)/(1－增值税税率)

2. 以下属于价外费用的项目有（　　）。

A. 集资费

B. 包装物租金

C. 违约金（延期付款利息）

D. 承运部门的运费发票开给购货方，纳税人将该项发票转交给购物方的代垫运费

3.《消费税暂行条例实施细则》中关于包装物处理的规定有（　　）。

A. 实行从价定率办法计算应纳税额的应税消费品连同包装销售的，无论包装物是否单独计价，也不论在会计上如何核算，均应并入应税消费品的销售额中征收消费税

B. 如果包装物（酒类产品除外）不作价随同产品销售，而是收取押金，该押金并未逾期且收取时间在一年以内的，此项押金不应并入应税消费品的销售额中征税

C. 对因逾期未收回的包装物不再退还的和已收取的一年以上的押金，应并入应税消费品的销售额，按照应税消费品的适用税率征收消费税

D. 对酒类产品生产企业销售酒类产品而收取的包装物押金，无论押金是否返还及在会计上如何核算，均应并入酒类产品销售额中征收消费税

4. 实行复合计税办法的应税消费品主要有（　　）。

A. 粮食白酒　　B. 薯类白酒　　C. 石脑油　　D. 卷烟

5. 根据《消费税暂行条例》的规定，下列情况应征收消费税的是（　　）。

A. 酒厂购进已税酒精加工成白酒后再出售

B. 首饰加工厂从商业企业购进珠宝玉石加工成贵重首饰后再出售

C. 纳税人将生产的应税消费品用于偿还债务

D. 纳税人将自产的应税消费品用于连续生产应税消费品

（四）判断题

1. 根据税法的规定，纳税人用于换取生产资料和消费资料、投资入股和抵偿债务等方面的应税消费品，应当以纳税人同类应税消费品的平均销售价格作为计税依据计算消费税。（　　）

2. 用委托加工收回的应税消费品连续生产应税消费品，其已纳税款准予按照规定从连续生产的应税消费品应纳消费税税额中抵扣。（　　）

（五）简答题

1. 如何利用消费税纳税人的规定进行税收筹划？

2. 以外汇结算的应税消费品如何进行筹划？

（六）材料分析题

1. 2月8日，宇丰汽车厂以20辆小汽车向宇南出租汽车公司进行投资。按双方协议，每辆汽车折价款为16万元。该类型汽车的正常销售价格为16万元（不含税），宇丰汽车厂上月销售该种小汽车的最高售价为17万元（不含税）。该种小汽车的消费税税率为5%。该汽车厂应如何进行税收筹划？[①]

2. 为了进一步扩大销售，信义公司采取多样化生产销售策略，生产粮食白酒与药酒组成的礼品套装进行销售。6月，该厂对外销售700套套装酒，单价100元/套，其中粮食白酒、药酒各1瓶，均为1斤装（若单独销售，粮食白酒价格为30元/瓶，药酒价格为70元/瓶）。假设此包装属于简易包装，包装费可以忽略不计，那么该企业对此销售行为应当如何进行税收筹划？[②]（根据现行税法规定，粮食白酒的比例税率为20%，定额税率为0.5元/斤；药酒的比例税率为10%，无定额税率。）

3. 丙企业是一个药酒生产企业，过去一直从丁酒厂购进白酒作为原料用于生产药酒。2018年丙企业从丁酒厂购进白酒200吨，不含税售价为4元/斤。2018年丙企业销售药酒取得不含税销售收入200万元。请从降低消费税税负的角度对其进行税收筹划。（白酒适用的消费税比例税率为20%，定额税率为0.5元/斤；药酒适用的消费税税率为10%。）

4. 某日用品生产企业（以下简称A企业）主要从事高档化妆品和护肤护发品的生产。由于市场上同类产品繁多，为了吸引消费者的眼球、扩大销量，A企业决定将高档化妆品与护肤护发品包装成成套产品进行销售。2018年，高档化妆品的销售额为200万元，护肤护发品的销售额为180万元，包装物的销售收入为50万元，包装物的成本为35万元。（高档化妆品的消费税税率为15%，上述金额均不含税。）请从税收的角度分析A企业的销售方案是否最佳？若不是，请设计能合理降低企业税负的筹划方案。

5. 某企业高管王先生是一位追求品质和个性化的人士，其在购买汽车时要求配置豪

---

① 王韬，刘芳．企业税收筹划．3版．北京：科学出版社，2015.

② 蔡昌．税收筹划：理论、方法与案例．北京：清华大学出版社，北京交通大学出版社，2009.

华音响、防盗器、真皮座椅等。如果不配置这些豪华配件，汽车的销售价格为 50 万元；配置后，汽车的销售价格为 80 万元。该型汽车的消费税税率为 25%。请分析生产厂家应如何进行税收筹划，既能满足王先生的要求，又能避免较高的消费税税负？[注：超豪华小汽车为每辆零售价格 130 万元（不含增值税）及以上的小汽车。]

（七）案例分析题

【案例 4-1】 某化妆品厂在 2018 年 6 月销售成套高档化妆品 10 000 件，每件不含税售价为 2 000 元，每件成套化妆品耗用包装物的不含税价值为 200 元。（高档化妆品的消费税税率为 15%。）

分析要求：该化妆品厂选择如何纳税比较有利？

【案例 4-2】 某外商投资企业专营鞭炮、焰火，其大部分销售业务均以美元结算。在将外汇结算的销售额换算成人民币时，企业长期以来选择当月 1 日的国家外汇牌价（中间价）作为折算率。近几年人民币汇率一直处于上升通道中。预计 2020 年，人民币将保持整体上升趋势。设 2020 年第一季度，该企业销售额合计 50 万美元，其销售具体情况见表 4-1。

表 4-1 该企业 2020 年第一季度销售统计（采用当月 1 日汇率折合）

时间	销售额（万美元）	汇率（元/美元）	折合人民币（万元）	税率（%）	消费税（万元）
1 月 1 日	10	6.622 7	66.227	15	9.934
2 月 1 日	15	6.586 0	98.790	15	14.819
2 月 16 日	10	6.586 0	65.860	15	9.879
3 月 1 日	15	6.570 6	98.559	15	14.784

分析要求：该外商投资企业应如何进行税收筹划？

五、补充练习题答案

（一）名词解释

1. 企业合并：是指将两个或两个以上单独的企业合并形成一个报告主体的交易或事项。按合并方式划分，企业合并包括控股合并、新设合并和吸收合并。

2. 转让定价：是指在经济活动中，有关联关系的企业各方为均摊利润或转移利润而在产品交换或买卖过程中，不依照市场买卖规则和市场价格进行交易，而是根据它们之间的共同利益或为了最大限度地维护它们之间的利益而进行产品或非产品转让。在这种转让中，产品的转让价格根据双方的意愿，可高于或低于市场上由供求关系决定的价格，以达到相互之间利益的最大化。

3. 委托加工的应税消费品：是指由委托方提供原料和主要材料，受托方只收取加工费和代垫部分辅助材料加工的应税消费品。对于由受托方提供原材料生产的应税消费品，或者受托方先将原材料卖给委托方，然后接受加工的应税消费品，以及由受托方以委托方名义购进原材料生产的应税消费品，不论纳税人在财务上是否做销售处理，都不得作为委托加工应税消费品，而应当按照销售自制应税消费品缴纳消费税。

（二）填空题

1. 生产　委托加工　进口　应税消费品

2. 从价计征　从量计征　复合计征

（三）选择题（不定项）

1. B　2. ABC　3. ABCD　4. ABD　5. ABC

（四）判断题

1. ×　2. √

（五）简答题

1. 答：由于消费税是针对特定的纳税人的，因此可以通过企业的合并，递延纳税时间。

（1）合并会使原来企业间的购销环节转变为企业内部的原材料转让环节，从而递延部分消费税税款。如果两个合并企业之间存在着原材料供应的关系，则在合并前，这笔原材料的转让关系为购销关系，应该按照正常的购销价格缴纳消费税税款。而在合并后，企业之间的原材料供应关系转变为企业内部的原材料转让关系，因此这一环节不用缴纳消费税，而是递延到销售环节再征收。

（2）如果后一环节的消费税税率较前一环节的低，则可直接减轻企业的消费税税负，因为前一环节应该征收的税款延迟到后面环节再征收。如果后面环节的税率较低，则合并前企业间的销售额因在合并后适用了较低的税率而减轻了税负。

2. 答：纳税人销售的应税消费品，以外汇结算销售额时，应按外汇市场牌价折合成人民币销售额以后再按公式计算应纳税额。人民币折合汇率既可以采用结算当天的国家外汇牌价，也可以采用当月1日的外汇牌价。企业应从减轻税负的角度考虑根据外汇市场的变动趋势，选择有利于企业的汇率。一般情况下，越是以较低的人民币汇率计算应纳税额，越有利于减轻税负；外汇市场波动越大，进行税务筹划的必要性也越强。需要注意的是，根据税法规定，汇率的折算方法一经确定，一年内不得随意变动。因此，在选择汇率折算方法的时候，需要纳税人对未来的经济形势及汇率走势做出恰当的判断。

（六）材料分析题

1. 如果宇丰汽车厂直接以小汽车作为投资，则宇丰汽车厂该项业务应纳消费税税额＝17×20×5%＝17(万元)。

宇丰汽车厂的实际投资额为320万元，可采用以下方式进行税收筹划：首先向宇南出租汽车公司投资320万元，然后由宇南出租汽车公司向宇丰汽车厂购买小汽车20辆，价格为16万元。和前面的方案相比，宇丰汽车厂的投资汽车数一样，投资额也一样，而且每辆16万元的价格完全在正常区间内，尽管宇丰汽车厂和宇南出租汽车公司为关联企业，但不会被税务机关认定价格偏低而调整计税价格。此时，宇丰汽车厂的应纳消费税税额为16×20×5%＝16(万元)。

这样筹划，可以达到节税1万元的税收筹划效果。

2. 多数公司的惯常做法是将产品包装好后直接销售。在这一销售模式中，根据将不同税率的应税消费品组成成套消费品销售的应按最高税率征税的规定，在这种情况下，药酒不仅按 20%的高税率从价计税，还要按 0.5 元/斤的定额税率从量计税。这样，该企业应纳消费税＝100×700×20%＋700×1×2×0.5＝14 700(元)。

如果企业采取“先销售后包装”的方式，将上述粮食白酒和药酒分品种销售给零售商，然后由零售商包装成套装消费品后对外销售，在这种情况下，药酒不仅只需要按 10%的比例税率从价计税，而且不必按 0.5 元/斤的定额税率从量计税。这样，企业应纳消费税＝(30×20%＋70×10%＋0.5)×700＝9 450(元)。

通过比较，“先销售后包装”比“先包装后销售”节税 5 250 元。

3. 丙企业可以通过合并丁酒厂并将其作为白酒生产车间来实现降低消费税税负的目的。

现行消费税法规定，纳税人生产的应税消费品，于纳税人销售时纳税；纳税人自产自用的应税消费品，用于连续生产应税消费品的，不纳税。因此，丙企业合并丁酒厂后，原来丙企业从丁酒厂购入白酒的行为将转变为企业内部原材料的转移行为，即将自产自用的应税消费品用于连续生产应税消费品不需要缴纳消费税，可以实现递延缴纳消费税税款。除此之外，由于药酒的消费税税率较白酒要低，这在一定程度上能够进一步降低丙企业的消费税税负。

丙企业合并丁酒厂前：

丙企业应缴纳的消费税＝200×10%＝20(万元)

丁酒厂应缴纳的消费税＝(200×2 000×0.5＋200×2 000×4×20%)/10 000
＝52(万元)

应纳消费税合计＝20＋52＝72(万元)

丙企业合并丁酒厂后，丁酒厂作为丙企业的白酒生产车间：

丙企业应缴纳的消费税＝200×10%＝20(万元)

丁酒厂作为丙企业的白酒生产车间，生产的应税消费品白酒对于丙企业来说实际上是用于连续生产另一种应税消费品药酒，因此不需要缴纳消费税。

应纳消费税合计＝20(万元)

通过合并丁酒厂可以节约消费税税款＝72－20＝52(万元)

《消费税暂行条例》规定：纳税人生产的应税消费品，于纳税人销售时纳税。纳税人自产自用的应税消费品，用于连续生产应税消费品的，不纳税；用于其他方面的，于移送使用时纳税。由于消费税是针对特定的纳税人的，因此可以通过企业的合并，递延纳税时间。合并会使原来企业间的购销环节转变为企业内部的原材料转让环节，从而递延部分消费税税款。如果后一环节的消费税税率较前一环节的低，则可直接减轻企业的消费税税负。

4. 筹划方案：A 企业应将高档化妆品和护肤护发品分开销售给商贸企业，由商贸企业进行包装再销售，这样既有利于扩大市场份额，增加销售额，也能避免高额的税收负担。

筹划前，企业应缴纳的消费税＝(200＋180＋50)×15%＝64.5(万元)

筹划后，由于护肤护发品不属于消费税的纳税范围，企业也不存在包装物收入，因此，只有高档化妆品的销售需缴纳消费税：200×15%=30(万元)。

筹划后比筹划前节省消费税 34.5(=64.5−30)万元。

即使考虑到包装物收入损失，筹划后也比筹划前节省了 19.5(=34.5−15)万元。

5. 筹划方案：对于生产厂家来说，应先进行汽车的销售，待汽车上完牌照后再增加豪华的个性化配置。

筹划前，应缴纳的消费税=80×25%=20(万元)

筹划后，应缴纳的消费税=50×25%=12.5(万元)

筹划后比筹划前节省消费税 7.5(=20−12.5)万元。

（七）案例分析题

【案例 4-1】　分析思路：

方案 1：

采取连同包装物一并销售成套高档化妆品的方式。包装物作价随同产品销售的，应并入应税消费品的销售额中征收增值税和消费税。

应纳增值税销项税额=1×(2 000+200)×13%=286(万元)

应纳消费税税额=1×(2 000+200)×15%=330(万元)

方案 2：

采取收取包装物押金的方式。企业将每件成套高档化妆品的包装物单独收取押金 226 元，则此项押金不并入应税消费品的销售额中征税。这又分为两种情况：

情况 1：包装物押金 12 个月内收回。

应纳增值税销项税额=1×2 000×13%=260(万元)

应纳消费税税额=1×2 000×15%=300(万元)

企业可节省增值税销项税=286−260=26(万元)

企业可节省消费税=330−300=30(万元)

情况 2：包装物押金 12 个月内未收回。

企业销售成套化妆品时应纳增值税销项税额=1×2 000×13%=260(万元)

应纳消费税税额=1×2 000×15%=300(万元)

一年后企业未收回押金，则需补缴增值税=1×226÷(1+13%)×13%
=26(万元)

需补缴消费税=1×226÷(1+13%)×15%=30(万元)

这样，企业将金额为 26 万元的增值税和 30 万元的消费税的纳税期限延缓了 1 年，充分利用了资金的时间价值。

可见，企业可以考虑在情况允许时，不将包装物作价随同产品出售，而是采用收取包装物押金的方式，不管押金是否收回，都会少缴或晚缴税金。

《消费税暂行条例实施细则》规定：应税消费品连同包装物销售的，无论包装物是否

单独计价以及在会计上如何核算，均应并入应税消费品的销售额中缴纳消费税。如果包装物不作价随同产品销售，而是收取押金，此项押金则不应并入应税消费品的销售额中征税。但对因逾期未收回的包装物不再退还的，或者已收取的时间超过12个月的押金，应并入应税消费品的销售额，按照应税消费品的适用税率缴纳消费税。对既作价随同应税消费品销售又另外收取押金的包装物的押金，凡纳税人在规定的期限内没有退还的，均应并入应税消费品的销售额，按照应税消费品的适用税率缴纳消费税。因此，若包装物押金单独核算又未过期，则此项押金不并入销售产品的销售额中征税。所以可以考虑在情况允许时，不将包装物作价随同产品出售，而是采用收取包装物押金的方式。

知识点：巧用包装物押金的筹划。

【案例4-2】　分析思路：

第一季度，该公司共应纳消费税49.416万元。

分析：纳税人以外汇销售应税消费品时，存在节税的可能性，其节税的可能性就在于对人民币折算率的选择。

《消费税暂行条例》规定，纳税人销售的应税消费品，以外汇结算销售额的，应按外汇市场价格折合成人民币销售额后，再乘以相应的税率计算应纳税额。其销售额的人民币折算率可以选择结算当天或者当月1日的国家外汇牌价（原则上为中间价）。纳税人应在事先确定采取何种折算率，确定后1年内不得变更。

上述条款就给纳税人提供了可选择的余地，这种选择的依据就是选择使折算后的人民币销售额尽可能少的汇率，以达到节税的目的，越是以较低的人民币汇率计算应纳税额，越有利于节税。一般来说，外汇市场波动越大，比较选择节税的必要性和可能性也越大。当人民币汇率上升时，选择结算当天的国家外汇牌价作为折算率有利于节税；而当人民币汇率下跌时，选择当月1日的国家外汇牌价则可能更有利于节税。

此例中，当预计到人民币汇率有可能上升时，该企业应在年初及时调整折算率，采用结算当日的国家外汇牌价作为折算率折算人民币销售额。如果以结算当日的汇率折算，该公司第一季度各月的人民币销售额和应纳消费税见表4-2。

表4-2　该企业2020年第一季度销售统计（采用当日汇率折合）

时间	销售额（万美元）	汇率（元/美元）	折合人民币（万元）	税率（%）	消费税（万元）
1月7日	10	6.634 1	66.341	15	9.951
2月15日	15	6.592 9	98.894	15	14.834
2月28日	10	6.575 2	65.752	15	9.863
3月25日	15	6.558 0	98.370	15	14.756

第一季度，以结算当日汇率折算人民币销售额后计算的应纳消费税为49.404万元，比采用当月1日的汇率折算可节税0.012万元。

税收不仅仅是税法条文，它还与其他领域如金融、会计、合同法、行政法等密切相关。一项好的税收筹划不单是灵活运用税法条文，而且常常充分利用税收以外的其他经济要素，如汇率、价格、利率，创造出节税的可能性。

对于以外汇结算的公司，汇率始终是一个节税的方法，采用合适的汇率往往可以减轻企业的税负。

第5章

企业所得税的税收筹划

一、本章教学大纲

5.1 企业所得税纳税人的税收筹划

5.1.1 企业所得税的纳税人

5.1.1.1 居民企业与居民纳税人

居民企业负有全面的纳税义务。居民企业应当就其来源于中国境内、境外的所得缴纳企业所得税。

5.1.1.2 非居民企业与非居民纳税人

(1) 非居民企业在中国境内设立机构、场所的，应当就其所设机构、场所取得的来源于中国境内的所得，以及发生在中国境外但与其所设机构、场所有实际联系的所得，缴纳企业所得税。

(2) 非居民企业在中国境内未设立机构、场所的，或者虽设立机构、场所但取得的所得与其所设机构、场所没有实际联系的，应当就其来源于中国境内的所得缴纳企业所得税。

5.1.1.3 子公司与分公司

《中华人民共和国公司法》规定：子公司具有法人资格，依法独立承担民事责任；分

公司不具有法人资格，其民事责任由公司承担。

5.1.2 企业所得税纳税人的税收筹划方法

5.1.2.1 纳税主体身份的选择

企业在投资设立时，要考虑纳税主体的身份与税收之间的关系，因为不同身份的纳税主体会面对不同的税收政策。

1. 个人独资企业、合伙企业与公司制企业的选择
2. 子公司与分公司的选择
3. 私营企业与个体工商户的选择

5.1.2.2 纳税主体身份的转变

在我国，法人单位主要有以下四类：(1) 行政机关法人；(2) 事业法人；(3) 社团法人；(4) 企业法人。

5.2 企业所得税计税依据的税收筹划

5.2.1 计税依据的法律界定

企业所得税的计税依据是应纳税所得额。应纳税所得额是指纳税人在一个纳税年度内的收入总额减除成本、费用和损失等后的余额。

5.2.1.1 应纳税所得额的计算

《中华人民共和国企业所得税法实施条例》(以下简称《企业所得税法实施条例》) 规定：企业应纳税所得额的计算，以权责发生制为原则，属于当期的收入和费用，不论款项是否收付，均作为当期的收入和费用；不属于当期的收入和费用，即使款项已经在当期收付，也不作为当期的收入和费用。

5.2.1.2 收入项目

1. 收入的类型
2. 收入的确认时间
3. 分期确认收入的项目

5.2.1.3 税前扣除项目

1. 税前允许扣除的项目

2. 不得扣除的项目

5.2.2 计税依据的筹划

5.2.2.1 收入的筹划

1. 应税收入确认金额的筹划
2. 应税收入确认时间的筹划

5.2.2.2 扣除项目的筹划

扣除项目的筹划包括期间费用的筹划、成本项目的筹划、固定资产的筹划、无形资产摊销的筹划、公益性捐赠的筹划。

5.2.2.3 亏损弥补的筹划

亏损弥补政策是我国企业所得税中的一项重要优惠措施，是国家为了扶持纳税人发展，从政策上帮助纳税人渡过难关的一项优惠措施。企业要充分利用亏损弥补政策，以取得最大的节税利益。

5.3 企业所得税税率的税收筹划

5.3.1 企业所得税的税率

5.3.1.1 企业所得税的基本税率

依据《企业所得税法》的规定，企业所得税的税率为25%。无论内资企业还是外资企业，一律执行相同的基本税率，在一定程度上保持了税收的公平性，是我国整体降低企业所得税负担的重要表现。

5.3.1.2 企业所得税的优惠税率

1. 小型微利企业的20%低税率
2. 高新技术企业的15%优惠税率
3. 技术先进型服务企业的15%优惠税率

5.3.2 税率的筹划方法

5.3.2.1 享受低税率政策

由于企业所得税的税率有三个不同的档次，税率存在显著差异，因此，企业可以创造条件设立高新技术企业，从而享受15%的低税率。当然，对于规模较小、盈利水平一般的企业，也可将其盈利水平控制在一定范围之内，从而适用小型微利企业20%的低税率（实际税率为10%）。

5.3.2.2 预提所得税的筹划

预提所得税简称为“预提税”。预提所得税制度是指一国政府对没有在该国境内设立机构场所的外国公司、企业和其他经济组织从该国取得的股息、利息、租金、特许权使用费所得；或者虽设立机构场所，但取得的所得与其所设机构场所没有实际联系的，由支付单位按支付金额扣缴所得税的制度。

5.3.3 享受增值税进项税额加计抵减相关企业所得税的筹划

增值税进项税额加计抵减是国家减税降费的重要措施。生产、生活性服务业纳税人可在一定期限内享受进项税额加计抵扣10%的税收优惠，但需要注意的是，若纳税人选择享受该优惠政策，则应依据增值税加计抵减金额相应调增企业当期利润额，从而多缴纳企业所得税。因此纳税人在进行税收筹划时，需要综合均衡增值税多抵扣进项税额和多缴纳企业所得税金额两者之间的大小，实现自身利润最大化。

5.4 企业所得税优惠政策的税收筹划

5.4.1 企业所得税的优惠政策

企业所得税的优惠政策包括农、林、牧、渔减免税优惠政策，其他减免税优惠政策，加计扣除优惠政策，创业投资额抵扣政策，减计收入优惠政策，税额抵免政策，特殊行业优惠政策，加速折旧优惠政策，降低税率优惠政策。

5.4.2 企业所得税优惠政策的税收筹划方法

5.4.2.1 选择投资地区

现行税法中所规定的享受减免税优惠政策的地区主要是西部地区。适用范围包括：

重庆市、四川省、贵州省、云南省、西藏自治区、陕西省、甘肃省、宁夏回族自治区、青海省、新疆维吾尔自治区、新疆生产建设兵团、内蒙古自治区和广西壮族自治区，以及湖南省湘西土家族苗族自治州、湖北省恩施土家族苗族自治州、吉林省延边朝鲜族自治州、江西省赣州市。

5.4.2.2 选择投资方向

《企业所得税法》是以“产业优惠为主、区域优惠为辅”作为税收优惠的导向。无论是初次投资还是增加投资都可以根据税收优惠政策加以选择，充分享受税收产业优惠政策。

5.5 合并分立与资产重组的税收筹划

5.5.1 企业并购的税收筹划

5.5.1.1 企业并购税收筹划的应用范围

企业并购筹划一般应用于以下五个方面：

(1) 并购、重组后的企业可以进入新的领域、新的行业；

(2) 并购有大量亏损的企业，可以盈亏抵补，实现低成本扩张；

(3) 企业并购可以减少关联企业或上下游企业的流通环节，合理规避流转税和印花税；

(4) 企业并购可能改变纳税主体性质，譬如，企业可能因为合并而由小规模纳税人转变为一般纳税人，或由内资企业转变为中外合资企业；

(5) 企业并购因规模扩大能够增大应提取折旧的资产总额，获取折旧抵税利益。

5.5.1.2 企业并购税收筹划方法

1. 选择并购目标
2. 选择并购出资方式
3. 选择并购会计处理方法

5.5.2 企业分立的税收筹划

5.5.2.1 企业分立税收筹划的应用范围

企业分立税收筹划利用分拆手段，可以有效地改变企业规模和组织形式，降低企业

整体税负。企业分立税收筹划一般应用于以下方面：

（1）企业分立为多个纳税主体，可以形成有关联关系的企业群，实施集团化管理和系统化筹划。

（2）企业分立可以将兼营或混合销售中的低税率或零税率业务独立出来，单独计税降低税负。

（3）企业分立使适用累进税率的纳税主体分化成两个或多个适用低税率的纳税主体，税负自然会降低。

（4）企业分立可以增加一个流通环节，有利于流转税抵扣及转让定价策略的运用。

5.5.2.2 企业分立税收筹划方法

企业分立是一种产权结构的调整，不可避免地会影响到税收。在我国企业分立实务中，税法规定了免税分立与应税分立两种模式。对于纳税人来说，在实施企业分立时，应尽量利用免税分立方法进行筹划，合理降低企业税负。

5.5.3 整体资产转让的税收筹划

整体资产转让的税收处理的一般原则是：在交易发生时，将其分解为按公允价值销售全部资产和进行投资两项经济业务进行所得税处理，并按规定计算确认资产转让所得或损失。一般是在年终所得税汇算清缴时，按照资产公允价值和账面价值的差额调整应纳税所得额。

5.5.4 整体资产置换的税收筹划

企业整体资产置换原则上应在交易发生时，将其分解为按公允价值销售全部资产和按公允价值购买另一方全部资产的经济业务进行所得税处理，并按规定计算确认资产转让所得或损失。

二、本章教学重点与难点

【教学重点】

1. 了解所得税优惠政策；
2. 企业所得税计税依据的筹划；
3. 企业所得税筹划方法的应用范围。

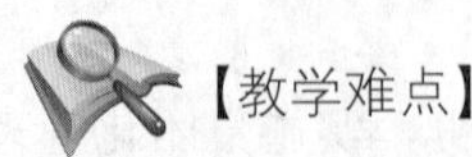

【教学难点】

1. 对企业税收筹划方法的灵活运用；
2. 对企业所得税扣除项目的筹划；
3. 企业合并分立与资产重组的筹划。

三、本章关键术语

居民企业——指依法在中国境内成立，或者依照外国（地区）法律成立但实际管理机构在中国境内的企业。居民企业包括两大类：一类是依照中国法律、行政法规在中国境内成立的企业、事业单位、社会团体以及其他取得收入的组织；另一类是依照外国（地区）法律成立的企业和其他取得收入的组织。

非居民企业——指依照外国（地区）法律成立且实际管理机构不在中国境内，但在中国境内设立机构、场所的，或者在中国境内未设立机构、场所，但有来源于中国境内的所得的企业。

权责发生制——以企业经济权利和经济义务是否发生作为计算应纳税所得额的依据，注重强调企业收入与费用的时间配比，要求企业收入与费用的确认时间不得提前或滞后。

子公司——子公司是对应母公司而言的，是指被另一个公司（母公司）有效控制的下属公司或者是母公司直接或间接控制的一系列公司中的一个。子公司是一个独立企业，具有独立的法人资格。

分公司——指公司独立核算的、进行全部或部分经营业务的分支机构，如分厂、分店等。分公司是公司的组成部分，不具有独立的法人资格。

企业并购——实现资源流动和有效配置的重要方式，在企业并购过程中不可避免地涉及企业的税收负担及筹划节税问题。企业并购筹划是指企业利用并购及资产重组手段，改变其组织形式及股权关系，实现税负降低的筹划方法。

企业分立——指一个企业依照法律或者合同规定分为两个或两个以上企业的行为。企业分立包括被分立企业将其部分或全部营业分离转让给两个或两个以上现存或新设企业，为其股东换取分立企业的股权或其他财产。企业分立有利于企业更好地适应环境和利用税收政策获得税收方面的利益。

整体资产转让——指一个企业不需要解散而将其经营活动的全部（包括所有资产和负债）或其独立核算的分支机构转让给另一个企业（接受企业），以换取代表接受企业资本的股权（包括股份或股票等），包括股份公司的法人股东以其经营活动的全部或其独立核算的分支机构向股份公司配购股票。

整体资产置换——指一个企业以其经营活动的全部或其独立核算的分支机构与另一个企业的经营活动的全部或其独立核算的分支机构进行整体交换，资产置换双方企业都不解散。企业整体资产置换原则上应在交易发生时，将其分解为按公允价值销售全部资产和按公允价值购买另一方全部资产的经济业务进行所得税处理，并按规定计算确认资产转让所得或损失。

四、补充练习题

（一）名词解释

1. 实际管理机构
2. 预提所得税
3. 亏损弥补
4. 营业利润来源地
5. 投资所得来源地
6. 居民企业

（二）填空题

1. 根据《企业所得税法》的规定，企业分为________和________。

2. 根据《企业所得税法》的规定，居民企业是指依照中国法律在________成立或者依照外国（地区）法律成立但________在________的企业。

3. 根据我国法律规定，________具有法人资格，依法独立承担民事责任；________不具有法人资格，其民事责任由总公司承担。

4. 根据《企业所得税法》的规定，________企业和________企业只需缴纳个人所得税，不需缴纳企业所得税。

5. 根据《企业所得税法》的规定，企业发生的公益性捐赠支出，在________的________以内的部分，准予在计算应纳税所得额时扣除。超过的部分，准予结转以后________内在计算应纳税所得额时扣除。

6. 根据《企业所得税法》的规定，企业纳税年度发生的亏损，准予向以后年度结转，用以后年度的所得弥补，但结转年限最长不得超过________年。

7. 根据《企业所得税法实施条例》的规定，一个美国建筑设计公司在中国境内没有设立机构场所，那么对其来自上海某建设单位的设计费收入应按________的税率征收企业所得税。

8. 根据《企业所得税法》的规定，企业为开发新技术、新产品、新工艺发生的研究开发费用，未形成无形资产计入当期损益的，在按照规定实行100%扣除的基础上，按照研究开发费用的________加计扣除；形成无形资产的，按照无形资产成本的________摊销。

9. 根据《企业所得税法》的规定，企业安置残疾人员的，在支付给残疾职工工资据实扣除的基础上，按照支付给上述人员工资的________加计扣除。

10. 根据《企业所得税法》的规定，创业投资企业采取股权投资方式投资于未上市的中小高新技术企业________年以上的，可以按照其投资额的________在股权持有满________年的当年抵扣该创业投资企业的应纳税所得额；当年不足抵扣的，可以在以后纳税年度结转抵扣。

11. 根据《企业所得税法》的规定，企业综合利用资源，生产符合国家产业政策规定的产品所取得的收入，可以在计算应纳税所得额时减按________计入收入总额。

12. 根据《企业所得税法》的规定，企业购置并实际使用《环境保护专用设备企业所得税优惠目录》《节能节水专用设备企业所得税优惠目录》《安全生产专用设备企业所得税优惠目录》规定的环境保护、节能节水、安全生产等专用设备，其设备投资额的________可以从企业当年的应纳税额中抵免；当年不足抵免的，可以在以后________个纳税年度结转抵免。

13. 按税法规定，无论是外商投资企业还是外国企业，其纳税人身份都有两种可能：一种是作为中国的________；另一种是作为中国的________。而两者最大的差别在于：________负有无限纳税义务，而作为________，只负有有限的纳税义务。因此，这些差别就为企业进行税收筹划提供了一定的空间，企业应当尽可能避免作为________，而是作为________负有限纳税义务，从而达到节省税金支出的目的。

14.《企业所得税法》规定，营业利润的来源地，是以纳税人在我国境内是否设有________为标准加以认定的。即凡是在我国境内设有________的，均为来源于我国境内的营业利润。参照国际惯例，我国对投资所得来源地的认定，是以资金、财产、产权的________为标准。

15. 企业所得税计税依据的筹划空间很大，除了在企业所得税中利用加大成本、费用和准予从收入总额中扣除部分的税收筹划方法以外，税前费用列支标准的掌握、税收优惠政策的运用、利用亏损弥补以及其他环节的政策筹划等最终都要反映到计税依据的筹划上来。在日常税收筹划过程中，我们可以从以下两个方面来进行：一是________；二是________。

16. 对企业所得税税率筹划可以与税收优惠政策筹划结合起来进行，从而显示出较大的筹划空间。其一，在________地区设立子公司，从而享受________待遇；其二，通过________的选择或兴办________等享受低税率税收优惠。

(三) 选择题 (不定项)

1. 韩国某企业未在中国设立机构场所，2018 年年初为境内企业提供一项专利使用权，合同约定使用期限为两年，境内企业需要支付费用 1 200 万元，企业每年初支付 600 万元，则境内企业 2018 年应扣缴的所得税为（　　）。

A. 20 万元　　B. 60 万元　　C. 59.5 万元　　D. 120 万元

2. 某外商投资企业自行申报以 55 万元从境外甲公司（关联企业）购入一批产品，又将这批产品以 50 万元转售给乙公司（非关联企业）。假定该企业的销售毛利率为 20%，企业所得税税率为 25%，按再销售价格法计算，此次销售业务应缴纳的企业所得税为（　　）元。

A. 0　　B. 12 500　　C. 25 000　　D. 35 000

3. 假设某A国居民企业在某纳税年度中的总所得为10万元，其中来自A国的所得为8万元，来自B国的所得为2万元。A、B两国所得税税率分别为30%和25%。若A国采取全额免税法，则在A国的应纳税额为（　　）。

A. 2.9万元　　B. 3万元　　C. 2.5万元　　D. 2.4万元

4. 下列做法能够降低企业所得税负担的有（　　）。

A. 亏损企业均应选择能使本期成本最大化的计价方法

B. 盈利企业应尽可能缩短折旧年限并采用加速折旧法

C. 采用双倍余额递减法和年数总和法计提折旧可以降低盈利企业的税负

D. 在物价持续下跌的情况下，采用先进先出法

5. 下列符合西部大开发企业税收优惠的有（　　）。

A. 对实行汇总（合并）纳税的企业，应当将西部地区的成员企业与西部地区以外的成员企业分开，分别汇总（合并）申报纳税，分别适用税率

B. 民族自治地方的内资企业可以定期减征或免征企业所得税；凡减免税款涉及中央收入80万元（含80万元）以上的，需报国家税务总局批准

C. 对设在西部地区国家鼓励类产业的内资企业，在2011年1月1日—2020年12月31日期间，减按15%的税率征收企业所得税

D. 对在西部地区新办交通、电力、水利、邮政、广播电视企业，上述项目业务收入占企业总收入70%以上的内资企业自开始生产经营之日起，第一年至第二年免征企业所得税，第三年至第五年减半征收企业所得税

6. 根据《企业所得税法》的规定，下列资产的税务处理正确的有（　　）。

A. 生产性生物资产不可以确定预计净残值，应全额计提折旧

B. 企业在转让或者处置投资资产时，投资资产的成本准予扣除

C. 企业在重组过程中应当在交易发生时确认有关资产的转让所得或者损失

D. 已足额提取折旧的固定资产的改建支出，按照固定资产预计尚可使用年限分期摊销

7. 下列关于纳税人身份的税收筹划的说法中正确的是（　　）。

A. 企业进行税收筹划时，应当尽可能避免作为非居民纳税人，而选择作为居民纳税人可以达到节省税金支出的目的

B. 许多外商投资企业和外国企业将实际管理机构设在低税区，或者在低税区设立销售公司，然后以该销售公司的名义从事营销活动。这种方法对所有的商品转让都适合，在跨国经营公司中尤其如此

C. 利用销售货物降低税收负担率仅限于那些税高利大的工业产品或者是可比性不强的稀有商品

D. 利用销售货物降低税收负担率仅限于那些税低利小的商业产品或者是可比性不强的稀有商品

8. 营业代理人，是指具有下列任意一种受外国企业委托代理、从事经营的公司、企业和其他经济组织或者个人：（　　）。

A. 经常代表委托人接洽采购业务并签订购货合同，代为采购商品

B. 与委托人签订代理协议或者合同，经常储存属于委托人的产品或者商品，并代表委托人向他人交付其产品或者商品

C. 有权经常代表委托人签订销货合同或者接受订货

D. 经常与委托人有业务往来，并代表委托人向他人交付其产品

9. 进行纳税人身份的税收筹划要避免成为居民纳税人。实际管理机构所在地在中国境内，即为中国居民纳税人，从而负有无限纳税义务。因此，对其进行税收筹划的方法是（　　）。

A. 尽可能将实际管理机构设在避税地或低税区

B. 尽可能将销售公司设在低税区，而实际管理机构设在高税区

C. 尽可能减少某些收入与实际管理机构之间的联系

D. 尽可能使某些收入与实际管理机构保持联系

10. 参照国际惯例，我国对投资所得来源地的认定，是以资金、财产、产权的实际运用地为标准。具体来说，是指在中国境内未设立机构、场所的外国企业发生的（　　）。

A. 从中国境内取得的存款或者贷款利息、债券利息、垫付款或者延期付款利息等

B. 将财产租给中国境内租用者而取得的租金

C. 提供在中国境内使用的专利权、专有技术、商标权、著作权等而取得的使用费

D. 转让在中国境内的房屋、建筑物及其附属设施、土地使用权等财产而取得的收益

11. 下列关于资产的税务处理说法正确的是（　　）。

A. 固定资产的计价，应以原价为准，即以制造、建造过程中所发生的实际支出为原价

B. 固定资产折旧只应当采用直线法计算

C. 企业的商品、产成品、在产品、半成品和原料、材料等存货的计价，应以成本价为准

D. 作为投资或者受让的无形资产，在协议、合同中规定使用年限的，可以按照该使用年限分期摊销；没有规定使用年限的，或者自行开发的无形资产，摊销期限不得少于5年

12. 有关非居民纳税人的税收政策的理解，以下内容正确的是（　　）。

A. 非居民企业在中国境内设立机构、场所的，应当就其所设机构、场所取得的来源于中国境内的所得，以及发生在中国境外但与其所设机构、场所没有实际联系的所得，缴纳企业所得税

B. 非居民企业在中国境内设立机构、场所的，应当就其所设机构、场所取得的来源于中国境内的所得，以及发生在中国境外但与其所设机构、场所有实际联系的所得，缴纳企业所得税

C. 非居民企业在中国境内未设立机构、场所的，应当就其来源于中国境内的所得缴纳企业所得税

D. 非居民企业在中国境内虽设立机构、场所，但取得的所得与其所设机构、场所没有实际联系的，应当就其来源于中国境内的所得缴纳企业所得税

13. 关于企业所得税纳税人的具体税收筹划方法，以下说法正确的有（　　）。

A. 从总体税负角度考虑，个人独资企业、合伙企业一般要低于公司制企业

B. 企业最终税负的高低是多种因素起作用的结果，在考虑纳税主体身份的选择时，要充分考虑税基、税率和税收优惠政策等多种因素

C. 设立分公司手续简单，有关财务资料也不必公开，分公司不需要独立缴纳企业所得税，并且分公司这种组织形式便于总公司管理控制

D. 分公司具有独立法人资格，通常要履行与该国其他居民企业一样的全面纳税义务

14. 在日常税收筹划过程中，我们可以从（　　）方面来进行计税依据的税收筹划。

A. 推迟计税依据的实现　　　　B. 选择合理的费用分摊方法

C. 提前实现获利年度　　　　D. 减少企业筹建期间的费用

15. 从税收角度考察，企业并购税收筹划方法有（　　）。

A. 合并有大量经营亏损的企业

B. 合并有大量盈利、资金流充裕的企业

C. 合并小型微利企业

D. 合并高新技术企业

16. 非居民企业取得的下列所得中，免征所得税的有（　　）。

A. 外国政府向中国政府提供贷款取得的利息所得

B. 在境内提供咨询服务取得的收入

C. 国际金融组织向中国政府和居民企业提供优惠贷款取得的利息所得

D. 经国务院批准的其他所得

17. 对减税和免税的税收筹划，要注意减税和免税规定的界限，主要应注意（　　）。

A. 企业从事国家重点扶持的公共基础设施项目的投资经营所得，自项目取得第一笔生产经营收入所属纳税年度起，第一年至第二年免征企业所得税，第三年至第五年减半征收企业所得税

B. 减免税优惠期限的把握

C. 必须履行有关程序

D. 有关技术操作的政策把握

18. 企业所得税计税依据的筹划空间很大，在日常税收筹划过程中，可以推迟获利年度的出现，主要方法有（　　）。

A. 根据企业的行业情况选择加速折旧方法，抵消利润

B. 用好用足税前列支政策，加大有关费用的支出标准

C. 选择适当的商品销售价格压低利润

D. 做到合法地在预缴期间尽可能少预缴，特别是不要在年终形成多预缴需退税的结果

19. 企业所得税的纳税义务存在的条件是纳税人拥有计税依据，也就是有应纳税所得额。因此，可以从推迟计税依据的实现方面做好纳税筹划，包括（　　）。

A. 设法压缩计税依据

B. 合理申报推迟预缴税款

C. 推迟获利年度出现

D. 合理分摊汇兑损益中的汇兑溢余

20. 以下费用在计算应纳税所得额时，可以进行研发费用加计扣除的有(   )。

A. 社会科学、艺术、人文学方面的研究费用

B. 用于研发活动的非专利技术的摊销费用

C. 勘探开发技术和现场试验费

D. 外聘研发人员的劳务费用

21. 在计算企业所得税时，除已足额提取折旧或租入固定资产改建，固定资产大修理之外，其他应当作为长期待摊费用的支出，从支出发生月份的次月起，分期摊销，摊销年限不得低于(   )。

A. 3 年　　B. 4 年　　C. 5 年　　D. 10 年

22. 企业从事下列项目的所得，减半征收企业所得税的有(   )。

A. 油料作物的种植　　B. 糖料作物的种植

C. 麻料作物的种植　　D. 香料作物的种植

23. 依据《企业所得税核定征收办法（试行)》的规定，纳税人的生产经营范围，主营业务发生重大变化，或应纳税额增减变化达到（   ）的，应及时向税务机关申报调整。

A. 10%　　B. 20%　　C. 30%　　D. 40%

24. 根据《企业所得税法》的规定，下列关于资产计税基础的说法中正确的有(   )。

A. 外购的生产性生物资产，以购买价款和支付的相关税费为计税基础

B. 通过债务重组方式取得的固定资产，以该资产的公允价值为计税基础

C. 融资租入的固定资产，以租赁合同约定的付款总额和承租人在签订租赁合同过程中发生的相关费用为计税基础，租赁合同未约定付款总额的，以该资产的公允价值和承租人在签订租赁合同过程中发生的相关费用为计税基础

D. 自行开发的无形资产，以开发过程中该资产符合资本化条件后至达到预定用途前发生的支出为计税基础

E. 自行建造的固定资产，以达到预定可使用状态前发生的支出为计税基础

25. 下列各项中，不得在企业所得税税前扣除的有（   ）。

A. 自创商誉

B. 外购商誉的支出

C. 以融资租赁方式租入的固定资产

D. 单独估价作为固定资产入账的土地计提的折旧

E. 房屋、建筑物以外的未投入使用的固定资产

26. 甲企业持有丙企业 90%的股权，共计 4 500 万股，2019 年 2 月将其全部转让给乙企业。收购日甲企业每股资产的公允价值为 14 元，每股资产的计税基础为 12 元。在收购对价中乙企业以股权形式支付 55 440 万元，以银行存款形式支付 7 560 万元。假定符合特殊性税务处理的其他条件，甲企业转让股权应缴纳企业所得税（   ）万元。

A. 250　　B. 270

C. 280　　D. 300

27. 非居民企业拒绝代扣税款的，扣缴义务人应当暂停支付相当于非居民企业应纳税款的款项，并向其主管税务机关报告和报送书面情况说明的时限是（　　）日。

A. 1　　B. 3

C. 5　　D. 7

28. 某商业企业2019年有职工70人，资产总额800万元，取得生产经营收入共计860万元，税前扣除项目金额共计857.2万元。2019年度该企业应缴纳企业所得税（　　）万元。

A. 0.14　　B. 0.35

C. 0.56　　D. 0.70

（四）判断题

1. 不组成企业法人的中外合作经营企业，由合作各方依照国家有关税收法律、法规分别计算缴纳所得税。（　　）

2. 由于在税收中外国企业属于中国“居民”，需要负全面纳税义务，而外商投资企业是非中国“居民”，只负有限纳税义务，因此，对这两类企业应按其所得来源地分别确定应税所得。（　　）

3. 总机构设在A地的某外商投资企业，在B地设有一销售分支机构，对分支机构生产经营所得应按A地企业所得税税率，由总机构汇总缴纳所得税。（　　）

4. 要避免成为居民纳税人身份，关键在于要明确中国对公司、企业居民纳税人身份的判定标准。按中国法律注册成立或实际管理机构所在地在中国境内，即为中国居民纳税人，从而负有无限纳税义务。因此，对其进行税收筹划的方法是：一方面要尽可能将实际管理机构设在避税地或低税区；另一方面要尽可能减少某些收入与实际管理机构之间的联系。（　　）

5. 按照国际惯例，所得来源地拥有优先征税的权力。因此，要对外商投资企业和外国企业所得税的征税范围进行税收筹划，除了要明确应纳税所得的规定外，还必须搞清楚何谓来源于中国境内的所得，即必须掌握所得来源地的认定方法或标准，然后在此基础上进行征税范围的税收筹划。（　　）

6. 外资企业支付给职工的工资和福利费，包括企业在中国境内工作的职工的境外社会保险费，应报送其支付标准和所依据的文件及资料，经当地税务机关审核同意后，准予列支。（　　）

7. 对外商投资企业和外国企业所得税计税依据的筹划，关键在两个方面，即时间上推移和数量上减少。因此，在外商投资企业和外国企业生产经营的各环节都可以进行计税依据的筹划。（　　）

8. 对于股权转让业务的税收筹划，若外国投资者在股权转让之前先进行股利分配，合法地使转让价格降低，从而降低计税依据，则可以节税；对于受让方来说，也可以用较低的价款取得相同的股权。（　　）

9. 按照《企业所得税法》的规定，外国投资者从外商投资企业取得的利润，需缴纳预提所得税。（　　）

10. 有权经常代表委托人签订销货合同或者接受订货的人，也是外商投资企业和外国企业所得税的纳税人。（　）

（五）简答题

我国税法对投资所得来源地是怎样认定的？如何筹划投资所得的来源地？

（六）综合题

1. 位于市区的某制药公司由外商持股75%且为增值税一般纳税人，该公司2019年主营业务收入为5 500万元，其他业务收入为400万元，营业外收入为300万元，主营业务成本为2 800万元，其他业务成本为300万元，营业外支出为210万元，（消费）税金及城建税和教育费附加共计420万元，管理费用为550万元，销售费用为900万元，财务费用为180万元，投资收益为120万元。

当年发生的其中部分具体业务如下：

（1）向境外股东企业支付全年技术咨询指导费120万元。境外股东企业常年派遣指导专员驻本公司并对其工作成果承担全部责任和风险，对其业绩进行考核评估。

（2）实际发放职工工资1 200万元（其中残疾人员工资40万元），发生职工福利费支出180万元，拨缴工会经费25万元并取得专用收据，发生职工教育经费支出20万元，以前年度累计结转至本年的职工教育经费未扣除额为5万元。另为投资者支付商业保险费10万元。

（3）发生广告费支出800万元，非广告性质的赞助支出50万元。发生业务招待费支出60万元。

（4）进行《国家重点支持的高新技术领域》规定项目的研究开发活动，对研发费用实行专账管理，发生研发费用支出100万元且未形成无形资产。

（5）对外捐赠货币资金140万元（通过县级政府向贫困地区捐赠120万元，直接向某学校捐赠20万元）。

（6）为治理污水排放，当年购置污水处理设备并投入使用，设备购置价为300万元（含增值税且已做进项税额抵扣）。处理公共污水，当年取得收入20万元，相应的成本费用支出为12万元。

（7）撤回对某公司的股权投资取得100万元，其中含原投资成本60万元，相当于被投资公司累计未分配利润和累计盈余公积按减少实收资本比例计算的部分10万元。

其他相关资料：除非特别说明，各扣除项目均已取得有效凭证，相关优惠已办理必要手续；因境外股东企业在中国境内会计账簿不健全，主管税务机关核定技术咨询指导劳务的利润率为20%且指定该制药公司为其税款扣缴义务人；购进的污水处理设备为《环境保护专用设备企业所得税优惠目录》所列设备；该公司不属于中小型科技企业，研发费用不满足加计75%的扣除标准。

要求：根据上述资料，按照下列顺序回答问题。

（1）分别计算在业务（1）中该制药公司应当扣缴的企业所得税、增值税、城市维护建设税、教育费附加及地方教育附加金额。

（2）计算业务（2）应调整的应纳税所得额。

（3）计算业务（3）应调整的应纳税所得额。

（4）计算业务（4）应调整的应纳税所得额。

（5）计算业务（5）应调整的应纳税所得额。

（6）计算业务（6）应调整的应纳税所得额和应调整的应纳税额。

（7）计算业务（7）应调整的应纳税所得额。

（8）计算该制药公司2019年应纳企业所得税税额。

2. 某中外合资企业（其中外方投资者郭某为个人，投资额占实收资本的75%）期末资产负债表中实收资本为2 000万元，资本公积为500万元，未分配利润为3 000万元，所有者权益合计为5 500万元。由于企业效益好，潜力大，另一外方投资者李某也想参股，共同投资发展企业。双方达成意向，欲签订股权转让合同，郭某将其拥有的1 500万元股权中的500万元转让给李某，转让价格按所有者权益乘以股权比例计算。试问该如何进行税收筹划才能使双方利益达到最大?

3. 长城公司是一个跨国公司，2019年在我国的厦门和辽宁省某县城分别投资设立了两个外商投资企业——长江公司和河海公司，两个公司都生产同种机电产品。长江公司负责新型机电产品的研究开发，并负责生产、销售；河海公司只负责生产，并在本地区进行销售。2019年，长江公司因为其研制生产的机电产品技术先进、生产效率高、销售状况良好、研制开发费用等各项指标均达标，被厦门科技部门认定为高新技术企业。2019年，长江公司实现销售收入7 000多万元，税后利润1 200万元。河海公司实现销售收入3 500多万元，而税后利润仅有150万元。长江公司、河海公司在管理模式、材料成本方面并无实质性差别；在人工成本上，河海公司比长江公司少。请根据以上资料，从长城公司的角度进行税收筹划。

4. 振邦集团是一个生产型企业集团，由于近期生产经营效益不错，集团预测今后几年的市场需求还有进一步扩大的趋势，于是准备扩展生产能力。离振邦集团不远的M公司生产的产品正好是振邦集团生产所需的原料之一，M公司2019年由于经营管理不善正处于严重的资不抵债状态，已经无力经营。经评估确认，M公司2019年资产总额为4 000万元，负债总额为6 000万元，但M公司的一条生产线性能良好，正是振邦集团生产原料所需的生产线，其原值为1 400万元（不动产800万元、生产线600万元），评估值为2 000万元（不动产作价1 200万元，生产线作价800万元）。振邦集团与M公司双方协商，形成了关于资产重组的三种可行方案。

方案1：资产买卖行为

振邦集团用现金2 000万元直接购买不动产及生产线，应承担的相关税收负担为增值税，按照有关税收政策规定，M公司销售不动产应缴纳9%的增值税和10%的城建税与教育费附加，生产线转让按3%的税率减按2%缴纳增值税，并计算资产转让所得缴纳25%的企业所得税。

应缴纳的增值税额＝1 200×9%÷(1＋9%)＋800÷(1＋3%)×2%＝114.61(万元)

城市维护建设税及教育费附加＝10%×114.62＝11.46(万元)

企业所得税＝[1 200÷(1＋9%)＋800÷(1＋3%)－800－600－11.46]×25%
＝116.54(万元)

税负总额＝114.61＋11.46＋116.54＝242.61(万元)

该方案对于振邦集团来说，虽然不必购买其他没有利用价值的资产，更不必承担巨额债务，但在较短的时间内要筹措到 2 000 多万元的现金，负担较重。

方案 2： 产权交易行为：承债式整体并购

其相关的税收负担如下：按照税法政策的有关规定，企业的产权交易行为不缴纳增值税。M 公司的资产总额为 4 000 万元，负债总额为 6 000 万元，已严重资不抵债。根据规定，在被兼并企业的资产小于负债或与负债基本相等的情况下，合并企业以承担被兼并企业全部债务的方式实现吸收合并，不视为被兼并企业按公允价值转让、处置全部资产，不缴纳企业所得税。该方案对于合并方振邦集团而言，则需要购买 M 公司的全部资产，这从经济核算的角度讲没有必要，同时振邦集团还要承担大量不必要的债务，这对集团以后的运作不利。

方案 3： 产权交易行为

M 公司先将原料生产线重新包装成一个全资子公司，资产为生产线，负债为 2 000 万元，净资产为 0 元，即先分设出一个独立的 N 公司，然后实现振邦集团对 N 公司的并购，即将资产买卖行为转变为企业产权交易行为。同方案 2，M 公司的产权交易行为不缴纳增值税。对于企业所得税，当从 M 公司分设出 N 公司时，被分设企业应视为按公允价值转让其被分离出去的部分或全部资产，计算被分设企业的财产转让所得，依法缴纳企业所得税：M 公司分设 N 公司后，M 公司应按公允价值 2 000 万元确认生产线的财产转让所得 600 万元，计税 150 万元。

N 公司被振邦集团合并，根据企业合并有关税收政策，被合并企业应视为按公允价值转让、处置全部资产，计算资产转让所得，缴纳企业所得税。由于 N 公司转让所得为 0 元，所以不缴纳企业所得税。

方案 3 的效果最好：一是避免了支付大量现金，解决了在短期内筹备大量现金的难题；二是 N 公司只承担 M 公司的一部分债务，资产与债务基本相等；三是振邦集团在资产重组活动中所获取的利益最大，既购买了自己需要的生产线，又未购买其他无用资产，增加了产权交易的可行性。

对于振邦集团来说，把资产转让行为转化成产权交易行为，巧妙地降低了企业税负。值得提醒读者注意的是，该方案有以下两个关键点：（1）债权转让行为的可行性。要避免债权人或其他利益相关者怀疑企业分立行为含有逃避债务的目的而不予配合。（2）企业分立中会涉及税收负担，税收负担最终应由哪一方承担，在操作时要考虑税负可以通过价格进行转嫁。

请回答以下问题：

（1）你同意案例中的税收筹划方案吗？

（2）对上述案例，有没有更好的税收筹划方案？请给出思路。

5. A 公司于 2018 年 2 月 20 日以银行存款 900 万元投资于 B 公司，占 B 公司股本总额的 70%，B 公司当年获得税后利润 500 万元。A 公司 2019 年度内部生产、经营所得为 100 万元。A 公司适用的所得税税率为 25%，B 公司适用的所得税税率为 15%。上述 A、B 公司可以用两种方案来处理这笔利润。

方案1：

2019年3月，B公司董事会决定将税后利润的30%用于分配，A公司分得利润105万元。2019年9月，A公司将其拥有的B公司70%的股权全部转让给C公司，转让价为1 000万元，转让过程中发生税费0.5万元。

方案2：

B公司保留盈余不分配。2019年9月，A公司将其拥有的B公司70%的股权全部转让给C公司，转让价为1 105万元。转让过程中发生税费0.6万元。

请通过计算帮助A公司进行纳税决策。应该选择哪个方案？为什么？

6. A公司有甲、乙两个可供选择的投资方案，两年中各年收入均为100万元，而甲项目第一年成本费用为55万元，第二年成本费用为65万元；乙项目第一年成本费用为70万元，第二年成本费用为50万元。每年年终计算缴纳企业所得税，分析两种方案的整体税负。（假设税率为30%，当期利率为10%，第一年复利现值系数为0.909，第二年复利现值系数为0.826。）

（七）案例分析题

【案例5-1】 2019年KANGDI发展有限公司所购入饲料主要原材料豆粕价格起伏波动较大，故公司采取移动平均法计算存货成本，以减少对公司经营的影响。豆粕价格从2019年10月以后呈现一种不断上涨的趋势，预计2020年将持续这种趋势。公司其他会计事项不发生变化，销售费用为平均每吨2 150元，公司其他费用为660万元，4月销售价格为0.45万元/吨，11月销售价格为0.6万元/吨。分析存货计价方式中的税收筹划问题。

KANGDI发展有限公司2020年的购货和销货记录如表5-1所示。

表5-1 KANGDI发展有限公司2020年的原材料购货和销货记录

购货			销货		
日期	数量（吨）	单价（万元/吨）	日期	数量（吨）	单价（万元/吨）
2月10日	10 000	0.20	4月10日	8 000	0.20
7月10日	4 000	0.25	11月10日	10 000	0.35
9月10日	5 000	0.30			
10月10日	4 000	0.35			

【案例5-2】 华兴造船厂年均税前利润为1 000 000元（已扣除折旧），新购一台大型设备原值400 000元，预计残值率为3%，假设折旧年限为5年，该企业可以采用平均年限法、双倍余额递减法、年数总和法中的任何一种方法计提折旧。请问：

（1）当该企业各年的所得税税率为25%时，企业应该选用什么方法计提折旧，才能获得最大的税收利益？

（2）如果该企业前两年享受免征所得税的待遇，企业应该选用什么方法计提折旧，才能获得最大的税收利益？

【案例5-3】 甲企业按规定可享受技术开发费加计扣除的优惠政策。2019年，甲企业根据产品的市场需求，拟开发一系列新产品，技术项目开发计划期为两年，科研部门提出技术开发费预算需660万元，第一年预算为300万元，第二年预算为360万元。据预测，在不考虑技术开发费用的前提下，企业第一年可实现利润为300万元，企业第二年可实现利润为900万元。假定企业所得税税率为25%，且无其他纳税调整事项。

请问如何重新安排两年的技术开发费用支出，才能获得最大限度的加计扣除税后利润？

五、补充练习题答案

（一）名词解释

1. 实际管理机构：是指对企业的生产经营、人员、账务、财产等实施实质性全面管理和控制的机构。实际管理机构与名誉上的企业行政中心不同，属于企业真实的管理中心之所在。

2. 预提所得税：简称“预提税”，是指一国政府对没有在该国境内设立机构、场所的外国公司、企业和其他经济组织从该国取得的股息、利息、租金、特许权使用费所得，或者虽设立机构、场所但取得的所得与其所设机构、场所没有实际联系的，由支付单位按支付金额扣缴所得税的制度。

3. 亏损弥补：是企业所得税中的一项重要优惠措施，是国家为了扶持纳税人发展，从政策上帮助纳税人渡过难关的一项优惠措施。《企业所得税法》规定：在中国境内设立的从事生产经营的机构、场所发生年度亏损，可以用下一纳税年度的所得弥补，下一纳税年度的所得不足弥补的，可以逐年延续弥补。目前除高新技术企业和科技型中小企业弥补年限最长为10年外，其余企业最长不得超过5年。

4. 营业利润来源地：是指经营所得的发生地点。《企业所得税法》规定：营业利润的来源地，是以纳税人在我国境内是否设有生产经营的机构、场所为标准加以认定的。即凡是在我国境内设有生产经营的机构、场所的，均为来源于我国境内的营业利润。具体包括两个部分：一是外商投资企业和外国企业在中国境内设立机构、场所，从事生产、经营的所得；二是发生在中国境内、境外与外商投资企业和外国企业在中国境内设立的机构、场所有实际联系的利润（股息）、利息、租金、特许权使用费和其他所得。

5. 投资所得来源地：是指投资所得的发生地点。参照国际惯例，我国对投资所得来源地的认定是以资金、财产、产权的实际运用地为标准。具体来说，是指外国企业在中国境内未设立机构、场所取得的下列所得为来源于中国境内的所得：（1）从中国境内企业取得的利润（股息）；（2）从中国境内取得的存款或者贷款利息、债券利息、垫付款或者延期付款利息等；（3）将财产租给中国境内租用者而取得的租金；（4）提供在中国境内使用的专利权、专有技术、商标权、著作权等而取得的使用费；（5）转让在中国境内的房屋、建筑物及其附属设施、土地使用权等财产而取得的收益；（6）经财政部确定征税的从中国境内取得的其他所得。

6. 居民企业：是指依照一国法律、法规在该国境内成立，或者实际管理机构、总机构在该国境内的企业。《企业所得税法》所称的居民企业是指依照中国法律、法规在中国境内成立或者实际管理机构在中国境内的企业。

（二）填空题

1. 居民企业　非居民企业

2. 中国境内　实际管理机构　中国境内

3. 子公司　分公司

4. 个人独资　合伙

5. 年度利润总额　12%　三年

6. 五

7. 10%

8. 75%　175%

9. 100%

10. 两　70%　两

11. 90%

12. 10%　五

13. 居民纳税人　非居民纳税人　居民纳税人　非居民纳税人　居民纳税人　非居民纳税人

14. 生产经营的机构、场所　生产经营的机构、场所　实际运用地

15. 推迟计税依据的实现　设法压缩计税依据

16. 低税率　低税率　经营行业　高新技术企业

（三）选择题（不定项）

1. B。对于在中国境内未设立机构、场所的，或者虽设立机构、场所但取得的所得与其所设机构、场所没有实际联系的非居民企业的所得，按照下列方法计算应纳税所得额：股息、红利等权益性投资收益和利息、租金、特许权使用费所得，以收入全额为应纳税所得额。因此题目中的专利使用权按照每年的收入全额计算所得税，应扣缴的所得税＝600×10%＝60(万元)。

2. C。再销售价格法是指按照从关联方购进商品再销售给没有关联关系的交易方的价格，减除相同或者类似业务的销售毛利进行定价的方法。应纳税额＝[500 000－500 000×(1－20%)]×25%＝25 000(元)。

3. D。采取全额免税法就是对来自国外的所得全部免税，只对国内所得征税。因此，应纳税额＝8×30%＝2.4(万元)。

4. BCD。选项A错误是因为选择能使本期成本最大化的计价方法可以降低盈利企业的所得税负担。一般来说，在税负高低不同的纳税年度进行选择时，收入应该尽量在亏损年度或低税率年度实现，支出或费用应尽量在盈利年度或高税率年度确认；在物价持续下跌的情况下，采用先进先出法税负会降低。

5. ACD。经省级人民政府批准，民族自治地方的内资企业可以定期减征或免征企业

所得税；凡减免税款涉及中央收入 100 万元（含 100 万元）以上的，需报国家税务总局批准。所以 B 选项不正确。

6. BCD。企业应当根据生产性生物资产的性质和使用情况，合理确定生产性生物资产的预计净残值。生产性生物资产的预计净残值一经确定，不得变更。

7. C。选项 A 错误，企业所得税的纳税人有居民企业和非居民企业两类。居民企业负担全面的纳税义务，而非居民企业负担有限的纳税义务。选择作为非居民纳税人可以达到节省税金支出的目的。B 选项错误，将实际管理机构设在低税区，或者在低税区设立销售公司，然后以该销售公司的名义从事营销活动的方法并不是对所有的商品转让都适合，流转环节的增加有可能会加重税负。利用销售货物降低税收负担率仅限于那些税高利大的工业产品或者是可比性不强的稀有商品，C 正确，D 错误。

8. ABC。选项 D 不是营业代理人的代理范围。

9. AC。选项 B 错误，居民纳税人应在其实际管理机构所在地纳税。选项 D 不正确，应尽可能减少某些收入与实际管理机构的联系，从而达到节税的目的。

10. ABCD。选项中关于外国企业来源于中国的投资所得认定的说法，均符合我国对投资所得来源地为资金、财产、产权的实际运用地的认定标准。

11. C。固定资产应按其取得时的成本作为入账价值，取得时的成本包括买价、进口关税等税金、运输费和保险费等相关费用，以及为使固定资产达到预定可使用状态所必要的支出。所以选项 A 不正确。固定资产按照直线法计算的折旧，在税法中准予扣除。作为投资或者受让的无形资产，没有规定使用年限的，摊销年限不得低于 10 年，自行开发的无形资产，支出已在计算应纳税所得额时扣除的无形资产不得计算摊销费用。选项 D 不正确。

12. BCD。我国非居民纳税人的税收政策为：

第一，非居民企业在中国境内设立机构、场所的，应当就其所设机构、场所取得的来源于中国境内的所得，以及发生在中国境外但与其所设机构、场所有实际联系的所得，缴纳企业所得税。

第二，非居民企业在中国境内未设立机构、场所的，或者虽设立机构、场所但取得的所得与其所设机构、场所没有实际联系的，应当就其来源于中国境内的所得缴纳企业所得税。

13. BC。从总体税负角度考虑，个人独资企业、合伙企业一般要高于公司制企业。A 不正确。

在个人独资企业、合伙企业与公司制企业的决策中，要充分考虑税基、税率和税收优惠政策等多种因素，最终税负的高低是多种因素起作用的结果，不能只考虑一种因素。B 正确。设立分公司手续简单，有关财务资料也不必公开，分公司不需要独立缴纳企业所得税，并且分公司这种组织形式便于总公司管理控制。C 正确。子公司因其具有独立法人资格而被设立的所在国视为居民企业，通常要履行与该国其他居民企业一样的全面纳税义务，同时也能享受所在国为新设公司提供的免税期或其他税收优惠政策。D 错误。

14. AB。在日常税收筹划过程中，我们可以从收入、扣除项目以及亏损弥补三个方面进行筹划，推迟应税所得的实现可以延迟纳税，相当于使用国家的一笔无息贷款。通过销售结算方式的选择，控制收入确认的时间，可以合理归属所得年度，以达到减税或延缓纳税，从而降低税负的目的。A 正确，C 错误。

选择合理的费用分摊方法，正确设置费用项目，合理加大费用开支，能够达到减税目的。例如，对低值易耗品、无形资产、长期待摊费用等摊销时，要视纳税人不同时期的盈亏情况而定：在盈利年度，应选择使费用尽快得到分摊的方法，使其抵税作用尽早发挥，推迟所得税纳税时间；在亏损年度，应选择使费用尽可能地摊入亏损并能全部得到税前弥补的方法，不要浪费费用分摊的抵税效应。B 正确，D 错误。

15. ACD。企业并购时选择并购目标，一要考察目标企业的财务状况，目标企业尚未弥补的亏损和尚未享受完的税收优惠应当是并购的一个重要决定因素。二要考察目标企业所在地及税收环境状况。并购方若从税收战略角度出发，选择能享受到这些优惠政策的目标企业作为并购对象，则并购后可以继续享受相关税收优惠政策。ACD 正确。

16. ACD。非居民企业取得的所得，可以免征企业所得税：

（1）外国政府向中国政府提供贷款取得的利息所得；

（2）国际金融组织向中国政府和居民企业提供优惠贷款取得的利息所得；

（3）经国务院批准的其他所得。

17. BCD。企业从事国家重点扶持的公共基础设施项目的投资经营所得，自项目取得第一笔生产经营收入所属纳税年度起，第一年至第三年免征企业所得税，第四年至第六年减半征收企业所得税。A 不正确。

对减税和免税的税收筹划，要注意减税和免税规定的界限，主要应注意减免税优惠期限和有关技术操作政策的把握，必须履行有关程序。BCD 正确。

18. ABC。在日常税收筹划过程中，根据企业的行业情况选择加速折旧方法，抵消利润，可以推迟获利年度，达到节税目的。A 正确。

费用项目采用以下筹划方法，也可以推迟获利年度：将有扣除标准的费用通过会计处理转化为没有扣除标准的费用，加大扣除项目总额，降低应纳税所得额；正确设置费用项目，合理加大费用开支等。B 正确。

收入计量中，如果选择适当的商品销售价格压低利润，可以推迟获利年度，减少应纳税所得额，也就相应地减少了所得税。C 正确。

D 选项与推迟获利年度无关。

19. BCD。A 选项不正确，企业所得税的计税依据是应纳税所得额。应纳税所得额是指纳税人在一个纳税年度的收入总额减除成本、费用和损失等后的余额。应纳税所得额的计算，应当依照税收法律、行政法规的规定，不能随意压缩。

B 选项正确。根据规定，纳税人不能按期办理纳税申报的，经税务机关核准，可以延期申报。合理申报推迟预缴税款，相当于得到一笔无息贷款。

C 选项正确。推迟应税所得的实现可以延迟纳税，相当于使用国家的一笔无息贷款。通过销售结算方式的选择，控制收入的确认时间，可以合理归属所得年度，以达到减税或延缓纳税，从而降低税负的目的。

D 选项正确。选择合理的费用分摊方法可以达到减少企业税负的目的。

20. BCD。BCD 都属于研发费用加计扣除的范围，A 不适用于所得税前加计扣除政策。

21. A。除已足额提取折旧或租入固定资产改建，固定资产大修理外，其他应当作为长期待摊费用的支出，从支出发生月份的次月起，分期摊销，摊销年限不得低于3年。

22. D。ABC为企业所得税免税项目，D为减半征收企业所得税项目。

23. B。纳税人的生产经营范围，主营业务发生重大变化，或者应纳税所得额或应纳税额增减变化达到20%的，应及时向税务机关申报调整已确定的应纳税额或应税所得率。

24. ACD。通过债务重组方式取得的固定资产，以该资产的公允价值和支付的相关税费为计税基础；自行建造的固定资产，以竣工结算前发生的支出为计税基础。

25. ADE。选项B，外购商誉的支出，在企业整体转让或者清算时，准予扣除。选项C，以融资租赁方式租入固定资产发生的租赁费支出，按照规定构成融资租入固定资产价值的部分应当提取折旧费用，分期扣除。

26. B。由题意可知，本题业务符合特殊性税务处理的条件。对于被收购企业的股东(甲企业)取得收购企业股权的计税基础，以被收购股权的原有计税基础确定。所以股权支付的部分不确认所得和损失；对于非股权支付的部分，要按照规定确认所得和损失，依法计算缴纳企业所得税。

甲企业转让股权的应纳税所得额＝7 560－4 500×12×7 560÷(55 440＋7 560)
＝1 080(万元)

甲企业转让股权应缴纳企业所得税＝1 080×25%＝270(万元)

27. A。非居民企业拒绝代扣税款的，扣缴义务人应当暂停支付相当于非居民企业应纳税款的款项，并在1日之内向其主管税务机关报告，并报送书面情况说明。

28. A。该商业企业从业人数不超过300人，资产总额不超过5 000万元，2019年度应纳税所得额＝860－857.2＝2.8(万元)＜30万元，所以企业符合小型微利企业的条件。自2019年1月1日至2021年12月31日，对年应纳税所得额低于100万元(含100万元)的小型微利企业，其所得减按25%计入应纳税所得额，按20%的税率缴纳企业所得税。2019年度该企业应缴纳企业所得税＝2.8×25%×20%＝0.14(万元)。

(四) 判断题

1. ×。对不组成企业法人的中外合作经营企业，既可以由合作各方依照国家有关税收法律、法规分别计算缴纳所得税，也可以由该企业申请，经当地税务机关批准，统一计算缴纳企业所得税。

2. ×。由于在税收中外商投资企业属于中国“居民”，需要负全面纳税义务，而外国企业是非中国“居民”，只负有限纳税义务，因此，对这两类企业应按其所得来源地分别确定应税所得。

3. ×。外商投资企业在我国境内设立从事产品生产、商品贸易等分支机构，其生产经营所得适用该分支机构所在地同类业务企业适用税率计算纳税额，由总机构汇总缴纳企业所得税。

4. √

5.√

6.×。外资企业支付给职工的工资和福利费，应报送其支付标准和所依据的文件及资料，经当地税务机关审核同意后准予列支。但是，企业不得列支在中国境内工作职工的境外社会保险费。

7.√

8.√

9.×。外国投资者从外商投资企业取得的利润，免征所得税。

10.√

（五）简答题

答：参照国际惯例，我国对投资所得来源地的认定，是以资金、财产、产权的实际运用地为标准。具体来说，是指外国企业在中国境内未设立机构、场所取得的下列所得为来源于中国境内的所得：

（1）从中国境内企业取得的利润（股息）；

（2）从中国境内取得的存款或者贷款利息、债券利息、垫付款或者延期付款利息等；

（3）将财产租给中国境内租用者而取得的租金；

（4）提供在中国境内使用的专利权、专有技术、商标权、著作权等而取得的使用费；

（5）转让在中国境内的房屋、建筑物及其附属设施、土地使用权等财产而取得的收益；

（6）经财政部确定征税的从中国境内取得的其他所得。

以上关于确定所得来源地的标准或准则规定，为外商投资企业和外国企业进行所得税征税范围的筹划提供了空间。具体筹划方法有：一是尽可能使“其他所得”与外商投资企业失去联系。如果其他所得与外商投资企业不发生实际联系，那么，至少境外部分的其他所得就不必申报纳税。即使要征税，也只是作为预提所得税，其适用的税率要比企业所得税税率低得多（25%－10%＝15%）。二是尽可能将总机构设在避税地。国际避税地具有税收负担低、税收优惠的对象主要是外来投资者以及区域明确等特点，有利于筹划税收，获取额外利益。

跨国公司利用国际避税地降低资金周转环节的税收负担，可以使高税国的筹资成本大大降低。一般而言，高税国的预提所得税的税率也比较高。如果高税国的公司到海外筹资，然后借给设在另一国家的经营公司，该公司在支付筹资的股息或债券利息时就要代扣代缴预提所得税。假如借款时承诺给债权人的资金使用费为10%，而代扣了预提所得税以后，债权人的回报就会下降。这时筹资公司就可以在某一免征预提所得税的避税地设立一个子公司，由子公司筹款后再转借给经营公司，这样筹资公司就避免了缴纳预提所得税的问题，从而降低了筹资成本。

（六）综合题

1. 解答

业务（1）

该制药公司应当扣缴企业所得税＝120/(1＋6%)×20%×10%＝2.26(万元)

应当扣缴增值税＝120/(1＋6%)×6%＝6.79(万元)

应当扣缴城市维护建设税＝6.79×7%＝0.48(万元)

应当扣缴教育费附加＝6.79×3％＝0.20(万元)

应当扣缴地方教育附加＝6.79×2％＝0.14(万元)

业务（2）

①残疾人员工资 40 万元另按 100％加计扣除

应调减应纳税所得额 40 万元

②可以扣除的职工福利费限额＝1 200×14％＝168(万元)

应调增应纳税所得额＝180－168＝12(万元)

③可以扣除的工会经费限额＝1 200×2％＝24(万元)

应调增应纳税所得额＝25－24＝1（万元）

④可以扣除的职工教育经费限额＝1 200×8％＝96(万元)

职工教育经费支出可全额扣除，并可扣除上年结转的扣除额 5 万元

应调减应纳税所得额 5 万元

⑤为投资者支付的商业保险费不能税前扣除

应调增应纳税所得额 10 万元

业务（2）应调减应纳税所得额＝40－12－1＋5－10＝22(万元)。

业务（3）

计算广告费和业务宣传费扣除限额的基数＝5 500＋400＝5 900(万元)。

可以扣除的广告费限额＝5 900×30％＝1 770(万元)

当年发生的 800 万元广告费无须做纳税调整，但非广告性质的赞助支出不能在税前扣除，因此，应调增应纳税所得额 50 万元。

【提示】在 2020 年 12 月 31 日前，对化妆品制造与销售、医药制造和饮料制造（不含酒类制造）企业发生的广告费和业务宣传费支出，不超过当年销售（营业）收入 30％的部分，准予扣除；超过部分，准予在以后纳税年度结转扣除。

业务招待费扣除限额：

标准：60×60％＝36 万元

限度：5 900×5‰＝29.5 万元

业务招待费超支＝60－29.5＝30.5 万元

业务（3）应调增应纳税所得额＝50＋30.5＝80.5(万元)

业务（4）

研发费用及加计扣除：100×(1＋75％)＝175 万元

研发费用原账面为 100 万元，应调减应纳税所得额 75 万元。

业务（5）

会计利润＝5 500＋400＋300－2 800－300－210－420－550－900－180＋120
＝960(万元)

公益性捐赠的扣除限额＝960×12％＝115.2(万元)

通过县级政府向贫困地区捐赠120万元超过扣除限额部分应做纳税调增处理

应调增应纳税所得额＝120－115.2＝4.8(万元)

另外，直接向某学校捐赠20万元不能税前扣除。

应调增应纳税所得额20万元。

业务（5）应调增应纳税所得额＝4.8＋20＝24.8(万元)。

【提示】自2017年2月24日起，企业发生的公益性捐赠支出，在年度利润总额12%以内的部分，准予在计算应纳税所得额时扣除；超过年度利润总额12%的部分，准予结转以后三年内在计算应纳税所得额时扣除。

业务（6）

①购置使用污水处理设备可以抵免的应纳所得税额＝(300/1.13)×10%＝26.55(万元)。

②处理公共污水可以免税的所得额＝20－12＝8(万元)。

业务（6）应调减应纳税所得额8万元，应调减应纳税额26.55万元。

业务（7）

撤回投资收入中包含的累计未分配利润和累计盈余公积的金额10万元不计入应纳税所得额。

业务（7）应调减应纳税所得额10万元。

（8）会计利润＝960(万元)

应纳税所得额＝960－22＋80.5－75＋24.8－8－10＝950.3(万元)

应纳所得税额＝950.3×25%－26.55＝211.025(万元)

2. 根据资料，现有两种方案可供选择：

方案1：

转让价格直接按资产负债表中的有关指标计算：

转让价格：5 500/2 000×500＝1 375(万元)

转让收益：1 375－500＝875(万元)

应缴所得税：875×20%＝175(万元)

股权转让后郭某的实际收益包括两部分，即从合资企业得到的股息收入与转让净收入，为：

3 000×50%＋875－175＝2 200(万元)

方案2：

合资企业先分配股息，郭某再进行股权转让。如果合资企业先通过董事会决议，对未分配利润进行全额分配，郭某可得股利2 250(＝3 000×75%)万元，按规定，该股利收入不用缴纳个人所得税。分配股利后，合资企业所有者权益合计为2 500万元。

郭某转让股权的价格为：2 500/2 000×500＝625(万元)

转让收益为：625－500＝125(万元)

转让收益应缴所得税为：125×20%＝25(万元)

股权转让后郭某的实际收益为：2 250＋125－25＝2 350(万元)

在这一方案下，如果考虑到企业正常运作的需要，不因支付股利带来经营上的困难，可以先将该股利挂资产负债表“应付股利”科目，待以后再进行分期支付。

同方案1比较，郭某的实际收益增加了150万元，同时，李某应支付的转让款节省了750万元。显而易见，方案2对双方均有利，郭某接受了方案2。作为受让方的李某，由于看中的是企业未来收益，而不是目前企业的未分配利润，所以也从这个方案中受益，至少他少支付的转让价格具有货币时间价值。

3. 从长城公司的角度考虑，企业税收筹划的关键是税率的筹划。根据有关税法的规定，长江、河海两个公司在所得税优惠政策上有较大区别：长江公司可享受厦门地区关于高新技术企业的优惠政策，即可享受15%的优惠税率；河海公司则适用25%的基准税率。基于两个公司享受的税收优惠政策的不同，可以给出如下税收筹划建议：

原河海公司生产的产品改由长江公司生产，长江公司可将某些生产工序交由河海公司完成，原材料的采购统一由长江公司完成。河海公司相当于长江公司的加工厂，不负责最终产品的销售（在财务上反映为接受委托加工业务），由长江公司负责销售全部自产产品。上述税收筹划实施的结果如下：长江、河海两个公司的所有产值都由长江公司体现出来，由长江公司在其所在地厦门缴纳企业所得税。河海公司的收入主要体现为委托加工费收入。试以2019年情况为例，税收筹划前后的对比情况如下。（仅以销售收入、销售成本做比较，不考虑其他费用。）

筹划前：

长江公司的销售收入为：2×3 500＝7 000(万元)

长江公司的成本为：1×3 500＝3 500(万元)

长江公司的利润为：3 500万元

长江公司的应纳所得税为：3 500×15%＝525(万元)

河海公司的销售收入为：2×1 750＝3 500(万元)

河海公司的成本为：1×1 750＝1 750(万元)

河海公司的利润为：1 750万元

河海公司的应纳所得税为：1 750×25%＝437.5(万元)

两个公司合计应纳企业所得税为：525＋437.5＝962.5(万元)

筹划后：

长江公司的销售收入为：2×5 250＝10 500(万元)

长江公司的成本为：1×5 250＝5 250(万元)

长江公司的利润为：5 250万元

长江公司的应纳所得税为：5 250×15%＝787.5(万元)

河海公司的加工费收入为：0.2×1 750＝350(万元)

河海公司的成本为：0.1×1 750＝175(万元)

河海公司的利润为：175万元

河海公司的应纳所得税为：175×25%＝43.75(万元)

两个公司合计应纳所得税为：787.5＋43.75＝831.25(万元)

从以上分析可以看出，筹划后的纳税方案与筹划前相比，降低了所得税税负131.25

(=962.5−831.25)万元，降低率为13.64%(=131.25/962.5)，税收筹划的收益是相当大的。

4. (1) 同意该税收筹划方案，因为合并分立业务是一种有效的税收筹划方法。

(2) 考虑利用免税并购、免税分立等进行税收筹划。

5. 比较两种方案下A公司应纳的企业所得税：

方案1：

A公司生产、经营所得为100万元，税率为25%，应纳企业所得税=100×25%=25(万元)。

对于股息性收益，国家税务总局《关于企业股权投资业务若干所得税问题的通知》(国税发［2000］118号)规定：只要是被投资单位支付的分配额，而且是来自税后利润的分配，均应作为投资方的股息性所得。凡投资方适用的所得税税率高于被投资方适用的所得税税率的，除国家税收法规规定的定期减税、免税优惠以外，其取得的投资所得应按规定还原为税前收益后并入投资企业的应纳税所得额，依法补缴企业所得税。《企业所得税法》规定：自2008年1月1日起，内外资企业所得税法统一，不存在内外资企业所得税税率差异，所以即使投资方适用的所得税税率高于被投资方适用的所得税税率，投资方所收到的投资所得也不再补缴所得税。

国税发［2000］118号文件还规定：不论企业会计账务中对投资采用何种核算方法，被投资企业在会计账务上实际做利润分配处理时，投资方企业都应确认投资所得的实现。也就是说，如果被投资单位未进行利润分配，即使被投资单位有很多未分配利润，也不能推定为投资方企业的股息所得实现。

A公司分得股息收益105万元，不再补税。

股权转让所得=1 000−900−0.5=99.5(万元)

应纳所得税额=99.5×25%=24.88(万元)

因此，A公司2019年应纳企业所得税49.88(=25+24.88)万元。

方案2：

同理，A公司生产、经营所得应纳税额为25万元。

由于B公司保留盈余不分配，从而导致股息所得和资本利得发生转化，即当被投资企业有税后盈余而发生股权转让时，被投资企业的股价就会发生增值，如果此时发生股权转让，这个增值实质上就是投资者在被投资企业的股息所得转化为资本利得。因为企业保留利润不分配，才会导致股权转让价格升高。这种因股权转让而获得的收益应全额并入企业的应纳税所得额，依法缴纳企业所得税。

A公司资本转让所得为204.5(=1 105−900−0.5)万元，应纳所得税税额为51.13(=204.5×25%)万元。

A公司2019年合计应纳企业所得税为76.13(=25+51.13)万元。

方案1比方案2减轻了26.25(=76.13−49.88)万元税负，前者明显优于后者。其原因在于，A公司在股权转让之前获取了股息所得，有效防止了股息所得转变为股权转让所得，避免了重复征税。所以，A公司应该选择方案1。

6. 列表分析两种方案的税负（见表5-2）

表 5－2　两种方案的税负　　单位：万元

项目		甲	乙
第一年	应纳税所得	100－55＝45	100－70＝30
	应纳所得税	45×30％＝13.5	30×30％＝9
	现值	13.5×0.909＝12.27	9×0.909＝8.18
第二年	应纳税所得	100－65＝35	100－50＝50
	应纳所得税	35×30％＝10.5	50×30％＝15
	现值	10.5×0.826＝8.67	15×0.826＝12.39
两年应纳税合计		13.5＋10.5＝24	9＋15＝24
两年应纳税现值合计		12.27＋8.67＝20.94	8.18＋12.39＝20.57

如果单纯从账面价值来看，甲、乙两项目两年缴纳的企业所得税总额是一样的，均为 24 万元。但是考虑贴现因素后，乙项目第一年成本费用比甲项目数额大，应纳税所得额少，缴纳的所得税额较少；乙项目第二年成本费用比甲项目数额小，应纳税所得额较大，缴纳的所得税额较大。实际上是乙项目的一部分税款递延缴纳，降低了所缴纳税款的现值。

（七）案例分析题

【案例 5－1】　分析思路：

方案 1：

KANGDI 发展有限公司采用先进先出法。先进先出法是以先购入的存货先发出这样一种存货实物流转假设为前提，对发出存货进行计价的一种方法。采用这种方法，先购入的存货成本在后购入的存货成本之前转出，据此确定发出存货和期末存货的成本。

假设企业采用先进先出法，则货物的流转情况如表 5－3 所示。

表 5－3　先进先出法下原材料存货流转情况表

日期	购货			销货			存货		
	数量（吨）	单价（万元/吨）	金额（万元）	数量（吨）	单价（万元/吨）	金额（万元）	数量（吨）	单价（万元/吨）	金额（万元）
2 月 10 日	10 000	0.20	2 000				10 000	0.20	2 000
4 月 10 日				8 000	0.20	1 600	2 000	0.20	400
7 月 10 日	4 000	0.25	1 000				2 000 4 000	0.20 0.25	400 1 000
9 月 10 日	5 000	0.30	1 500				2 000 4 000 5 000	0.20 0.25 0.30	400 1 000 1 500
10 月 10 日	4 000	0.35	1 400				2 000 4 000 5 000 4 000	0.20 0.25 0.30 0.35	400 1 000 1 500 1 400
11 月 10 日				2 000 4 000 4 000	0.20 0.25 0.30	400 1 000 1 200	1 000 4 000	0.30 0.35	300 1 400

采用先进先出法：

KANGDI 发展有限公司销售收入：8 000×0.45+10 000×0.6=9 600(万元)

销售成本：8 000×(0.2+0.215)+2 000×(0.2+0.215)+4 000×(0.25+0.215)+4 000×(0.3+0.215)=8 070(万元)

销售毛利：9 600−8 070=1 530(万元)

期末存货成本：1 000×(0.3+0.215)+4 000×(0.35+0.215)=2 775.5(万元)

假设其他因素不变，企业所得税税率为15%，企业应纳所得税为：(1 530−660)×15%=870×15%=130.50(万元)

方案 2：

KANGDI 发展有限公司采用后进先出法，它对成本流转的假设与先进先出法相反，是以后购进的存货先发出为假定前提，对发出存货按最近购进的单价进行计价的一种方法。

表 5-4 所示为企业采取后进先出法时货物的流转情况。

表 5-4 后进先出法下原材料存货流转情况表

日期	购货			销货			存货		
	数量（吨）	单价（万元/吨）	金额（万元）	数量（吨）	单价（万元/吨）	金额（万元）	数量（吨）	单价（万元/吨）	金额（万元）
2月10日	10 000	0.20	2 000				10 000	0.20	2 000
4月10日				8 000	0.20	1 600	2 000	0.20	400
7月10日	4 000	0.25	1 000				2 000 4 000	0.20 0.25	400 1 000
9月10日	5 000	0.30	1 500				2 000 4 000 5 000	0.20 0.25 0.30	400 1 000 1 500
10月10日	4 000	0.35	1 400				2 000 4 000 5 000 4 000	0.20 0.25 0.30 0.35	400 1 000 1 500 1 400
11月10日				4 000 5 000 1 000	0.35 0.30 0.25	1 400 1 500 250	2 000 3 000	0.20 0.25	400 750

企业销售收入：8 000×0.45+10 000×0.6=9 600(万元)

销售成本：8 000×(0.2+0.215)+4 000×(0.35+0.215)+5 000×(0.3+0.215)+1 000×(0.25+0.215)=8 620(万元)

销售毛利：9 600−8 620=980(万元)

期末存货成本：2 000×(0.2+0.215)+3 000×(0.25+0.215)=2 225(万元)

企业应纳所得税：(980−660)×15%=320×15%=48(万元)

方案 3：

KANGDI 发展有限公司采用加权平均法，它以本月全部进货数量加月初存货数量作为权数，去除本月全部进货成本加月初存货成本，计算出存货的加权平均单位成本，从

而确定存货的发出和库存成本。按照这一方法，

加权平均单价：[10 000×(0.2+0.215)+4 000×(0.25+0.215)+5 000×(0.3+0.215)+4 000×(0.35+0.215)]/(10 000+4 000+5 000+4 000)=0.471 5(万元)

销售收入：8 000×0.45+10 000×0.6=9 600(万元)

销售成本：(8 000+10 000)×0.471 5=8 487(万元)

销售毛利：9 600−8 487=1 113(万元)

存货成本：5 000×0.471 5=2 357.5(万元)

企业应纳所得税：(1 113−660)×15%=453×15%=67.95(万元)

方案4：

KANGDI发展有限公司采用移动平均法，它以本次进货的成本加原有存货成本，除以本次进货数量加原有存货数量，据以计算加权单价，并对发出存货进行计价。

按照移动平均法：

4月10日发出存货成本：8 000×(0.20+0.215)=3 320(万元)

4月末存货成本：10 000×(0.2+0.215)−3 320=830(万元)

7月10日购货后存货的平均单价：[830+4 000×(0.25+0.215)]/6 000=0.448(万元)

9月10日存货的平均单价：[5 000×(0.3+0.215)+2 688]/(5 000+6 000)=0.479(万元)

10月10日收货后存货的平均单价：[4 000×(0.35+0.215)+5 263]/(4 000+11 000)=0.502(万元)

12月20日发出存货成本：10 000×0.50=5 000(万元)

12月末存货成本：5 000×0.50=2 500(万元)

本年度销售收入：8 000×0.45+10 000×0.60=9 600(万元)

本年度销售成本：3 320+5 000=8 320(万元)

本年度销售毛利：9 600−8 320=1 280(万元)

本年度存货成本：5 000×0.5=2 500(万元)

企业应纳所得税：(1 280−660)×15%=620×15%=93(万元)

表5-5是对各种存货计价方法下的应纳所得税情况所做的比较。

表5-5　不同存货计价方法下应纳所得税比较　　单位：万元

存货计价方法	期末存货	销售收入	销售成本	销售毛利	应纳所得税
先进先出法	2 775.5	9 600	8 070	1 530	130.50
后进先出法	2 225.0	9 600	8 620	980	48.00
加权平均法	2 357.5	9 600	8 487	1 113	67.95
移动平均法	2 500.0	9 600	8 320	1 280	93.00

【案例5-2】　分析思路：

第一种情况：假定企业处于正常纳税期

1. 平均年限法

预计净残值=400 000×3%=12 000(元)

每年折旧额＝(400 000－12 000)÷5＝77 600(元)

2. 双倍余额递减法

该项设备的年折旧率＝2÷5×100%＝40%

双倍余额递减法下每年应计提折旧额如表5-6所示。

表5-6 双倍余额递减法

年份	折旧率（%）	年折旧额（元）	账面净值（元）
第1年	40	160 000（＝400 000×40%）	240 000
第2年	40	96 000（＝240 000×40%）	144 000
第3年	40	57 600（＝144 000×40%）	86 400
第4年	40	37 200（＝74 400×50%）	49 200
第5年	40	37 200（＝74 400×50%）	12 000

表5-6中第4年、第5年折旧额＝(第3年末固定资产净值86 400－预计净残值12 000)÷2＝37 200(元)。

3. 年数总和法

每年应计提的折旧额如表5-7所示。

表5-7 年数总和法

年份	折旧率	年折旧额（元）	账面净值（元）
第1年	5/15	129 333（＝388 000×5/15）	270 667
第2年	4/15	103 467（＝388 000×4/15）	167 200
第3年	3/15	77 600（＝388 000×3/15）	89 600
第4年	2/15	51 733（＝388 000×2/15）	37 867
第5年	1/15	25 867（＝388 000×1/15）	12 000

假设该企业采用平均年限法计算折旧，每年的税前利润都是1 000 000元，那么就有：采用双倍余额递减法计算的税前利润＝采用平均年限法计算的税前利润(1 000 000元)＋平均年限折旧额(77 600元)－采用双倍余额递减法计算的折旧额。

由于采用不同的折旧方法，每年的折旧额均不相同，所以每年的税前利润和所得税额均不相同，如表5-8所示。

表5-8 减免税时折旧方法与所得税关系表　　单位：元

年份	平均年限法			双倍余额递减法			年数总和法		
	折旧额	税前利润	所得税额	折旧额	税前利润	所得税额	折旧额	税前利润	所得税额
第1年	77 600	1 000 000	250 000	160 000	917 600	229 400	129 333	948 267	237 066.75
第2年	77 600	1 000 000	250 000	96 000	981 600	245 400	103 467	974 133	243 533.25
第3年	77 600	1 000 000	250 000	57 600	1 020 000	255 000	77 600	1 000 000	250 000.00
第4年	77 600	1 000 000	250 000	37 200	1 040 400	260 100	51 733	1 025 867	256 466.75
第5年	77 600	1 000 000	250 000	37 200	1 040 400	260 100	25 867	1 051 733	262 933.25
合计	388 000	5 000 000	1 250 000	388 000	5 000 000	1 250 000	388 000	5 000 000	1 250 000

从表 5-8 中可知，不同折旧方法对不同年份的应纳税额产生了影响。以第 1 年为例，企业应纳所得税额在平均年限法、双倍余额递减法和年数总和法下分别为 250 000 元、229 400元、237 066.75 元。若选用双倍余额递减法，当年企业应纳税额最少。

其原理在于：在平均年限法下，计入各期的折旧额相同，从而使各年度之间的损益相对均衡。年数总和法的折旧额是逐年递减的，前期折旧多，后期折旧少，从而使前期利润相对减少，而后期利润相对增加。双倍余额递减法与年数总和法基本相似，只是折旧额的递减速度快于年数总和法，有加速折旧的特征，而且最后两年无论有多少都采取平均方式计入成本。如果不考虑其他因素，双倍余额递减法和年数总和法滞后了纳税期，可以取得递延纳税的好处。在这种情况下，优化纳税的折旧方式的选择顺序是：双倍余额递减法、年数总和法、平均年限法。

第二种情况：假设企业处于减免税期

如果企业前两年免税，从第 3 年起开始征收 25%的所得税，则其折旧方法与应纳所得税的关系与前面又有所不同，具体情况如表 5-9 所示。

表 5-9　免税时折旧方法与所得税关系表　　单位：元

年份	平均年限法			双倍余额递减法			年数总和法		
	折旧额	税前利润	所得税额	折旧额	税前利润	所得税额	折旧额	税前利润	所得税额
第 1 年	77 600	1 000 000	—	160 000	917 600	—	129 333	948 267	—
第 2 年	77 600	1 000 000	—	96 000	981 600	—	103 467	974 133	—
第 3 年	77 600	1 000 000	250 000	57 600	1 020 000	255 000	77 600	1 000 000	250 000.00
第 4 年	77 600	1 000 000	250 000	37 200	1 040 400	260 100	51 733	1 025 867	256 466.75
第 5 年	77 600	1 000 000	250 000	37 200	1 040 400	260 100	25 867	1 051 733	262 933.25
合计	388 000	5 000 000	750 000	388 000	5 000 000	775 200	388 000	5 000 000	769 400.00

从表 5-9 中可以看出，在头两年免税的情况下，加速折旧反而未给企业带来节税的效应，企业采用平均年限法，合计应纳税额比其他两种方法都要少。在这种情况下，采用加速折旧方法缩短折旧年限将更不可取。因为在免税、减税优惠期内，加速折旧将对企业产生以下几个不利影响：

第一，对经营者有利有弊。加速折旧使企业增加了所得税的支出，使经营者可以自主分配的资金减少，一部分资金以税款的形式流出企业；但加速折旧同时也向经营者提供了一项秘密资金，即已经提足折旧的固定资产仍在为企业服务，却没有占用企业的资金。这项秘密资金的存在为企业未来的经营亏损提供了避难所。因此，即使在免税、减税期间，许多企业的经营者也乐于采用加速折旧方法，为的是有一个较为宽松的财务环境。

第二，对所有者有弊无利。如果说加速折旧对经营者有利有弊的话，而对所有者来说则是无利可言。首先，所得税支出的增加减少了所有者应得的利益，使所有者权益减少。其次，加速折旧使企业税后利润递延。作为企业所有者，一般都希望企业在近期获得较高的利润，以尽快收回投资。固定资产折旧是固定资产投资的补偿，但企业不能将提取的折旧额分配给所有者，而是要留在企业直至投资期满。企业的加速折旧方法将所有者收益递延，势必延长所有者的投资回收期，使所有者的投资处于通货膨胀和企业经营风险之中。因此，从所有者的角度考虑，是不希望企业尤其是新建企业在税收减免期采用加速折旧方法的。

通过上述分析，可以得出这样的结论：如果纳税人在前期享受税收优惠，优化纳税的折旧选择顺序应该是：平均年限法、年数总和法、双倍余额递减法。

【案例5-3】 分析思路：

根据上述科研部门提出的技术开发费用预算，企业财务负责人分析计算如下：

企业因技术开发费用可抵扣的应纳税所得额为：

第一年发生的技术开发费用为300万元（因当年实际支出的技术开发费用已与应纳税所得额相等，企业当年应纳税所得额为0元），可税前扣除额为300万元；第二年发生的技术开发费用为360万元，加上可以加计扣除的75%即270万元，则可税前扣除额为630万元。两年累计可税前扣除额为930万元，可抵税930×25%=232.5(万元)。

企业财务负责人在与企业科研人员深入探讨后，在不影响企业技术开发效果的前提下，共同对技术开发费用预算进行了修改，即第一年预算为160万元，第二年预算为500万元。

对新技术开发费用预算分析计算如下：第一年发生的技术开发费用160万元，加上可加计扣除的75%即120万元，则可税前扣除额为280万元；第二年发生的技术开发费用500万元，加上可加计扣除的75%即375万元，则可税前扣除额为875万元。两年累计可税前扣除额为875+280=1 155(万元)，可抵税1 155×25%=288.75(万元)。

经比较得知，新方案比原方案多抵扣288.75−232.5=56.25(万元)，即企业多获得净利润56.25万元（此处未考虑资金的时间价值）。

第6章 个人所得税的税收筹划

一、本章教学大纲

6.1 个人所得税的基本法律规定

6.1.1 纳税人的法律界定

个人所得税是对个人（自然人）取得的各项应税所得征收的一种税。

6.1.1.1 居民个人纳税义务人

居民个人纳税义务人负有无限纳税义务，其所取得的应纳税所得，无论是来源于中国境内还是中国境外，都要在中国缴纳个人所得税。

6.1.1.2 非居民个人纳税义务人

非居民个人纳税义务人，是指不符合居民个人纳税义务人判定标准（条件）的纳税义务人。非居民个人纳税义务人承担有限纳税义务，即仅就其来源于中国境内的所得，向中国政府缴纳个人所得税。

6.1.2 征税范围的法律规定

6.1.2.1 工资、薪金所得

工资、薪金所得是指个人因任职或者受雇而取得的工资、薪金、奖金、年终加薪、

劳动分红、津贴、补贴以及与任职或者受雇有关的其他所得。

6.1.2.2 劳务报酬所得

劳务报酬所得是指个人独立从事非雇佣的各种劳务取得的所得。

6.1.2.3 稿酬所得

稿酬所得是指个人因其作品以图书、报刊等形式出版、发表而取得的所得。

6.1.2.4 特许权使用费所得

特许权使用费所得是指个人提供专利权、商标权、著作权、非专利技术以及其他特许权的使用权取得的所得。

6.1.2.5 经营所得

经营所得是指：（1）个体工商户从事生产、经营活动取得的所得，个人独资企业投资人、合伙企业的个人合伙人来源于境内注册的个人独资企业、合伙企业生产、经营的所得；（2）个人依法从事办学、医疗、咨询以及其他有偿服务活动取得的所得；（3）个人对企业、事业单位承包经营、承租经营以及转包、转租取得的所得；（4）个人从事其他生产、经营活动取得的所得。

6.1.2.6 利息、股息、红利所得

利息、股息、红利所得是指个人拥有债权、股权而取得的利息、股息、红利所得。

6.1.2.7 财产租赁所得

财产租赁所得是指个人出租不动产、机器设备以及其他财产取得的所得。

6.1.2.8 财产转让所得

财产转让所得是指个人转让有价证券、股权、合伙企业中的财产份额、不动产、机器设备、车船以及其他财产取得的所得。

6.1.2.9 偶然所得

偶然所得是指个人得奖、中奖、中彩以及其他偶然性质的所得。偶然所得应缴纳的个人所得税税款，一律由发奖单位或机构代扣代缴。

6.1.2.10 居民个人和非居民个人的征收区别

取得综合所得（包含工资薪金所得、劳务报酬所得、稿酬所得和特许权使用费所得），居民个人按年度合并适用七级累进税率；非居民个人按月或者按次分项计算个人所得税。取得除综合所得外的其他所得，分项计算个人所得税。

6.1.3 计税依据的法律规定

6.1.3.1 费用减除标准

（1）居民个人的综合所得，以每一纳税年度的收入额减除费用 6 万元以及专项扣除、专项附加扣除和依法确定的其他扣除后的余额，为应纳税所得额。

非居民个人的工资、薪金所得，以每月收入额减除费用 5 000 元后的余额为应纳税所得额；劳务报酬所得、稿酬所得、特许权使用费所得，以每次收入额为应纳税所得额。

（2）专项扣除，包括居民个人按照国家规定的范围和标准缴纳的基本养老保险、基本医疗保险、失业保险等社会保险费和住房公积金等。

（3）专项附加扣除，包括子女教育、继续教育、大病医疗、住房贷款利息、住房租金、赡养老人等 6 项支出。

（4）依法确定的其他扣除，包括个人缴付符合国家规定的企业年金、职业年金，个人购买符合国家规定的商业健康保险、税收递延型商业养老保险的支出，以及国务院规定可以扣除的其他项目。

（5）劳务报酬所得、稿酬所得、特许权使用费所得以收入减除 20%的费用后的余额为收入额。稿酬所得的收入额减按 70%计算。

（6）经营所得，以每一纳税年度的收入总额减除成本、费用以及损失后的余额为应纳税所得额。

（7）财产租赁所得，每次收入不超过 4 000 元的，减除费用 800 元；4 000 元以上的，减除 20%的费用，其余额为应纳税所得额。

（8）财产转让所得，以转让财产的收入额减除财产原值和合理费用后的余额为应纳税所得额。

（9）利息、股息、红利所得，偶然所得，以每次收入额为应纳税所得额。

6.1.3.2 每次收入的确定

（1）财产租赁所得，以一个月内取得的收入为一次。

（2）利息、股息、红利所得，以支付利息、股息、红利时取得的收入为一次。

（3）偶然所得，以每次取得该项收入为一次。

（4）劳务报酬所得、稿酬所得、特许权使用费所得，属于一次性收入的，以取得该项收入为一次；属于同一项目连续性收入的，以一个月内取得的收入为一次。

6.1.3.3 计税依据的其他规定

（1）个人捐赠。

（2）个人取得的应纳税所得，包括现金、实物和有价证券。

（3）居民个人从境外取得的所得中包含境外所纳税款，可以限额抵免。

（4）两个以上的个人共同取得同一项目收入，每个人的收入应分别依法纳税。

6.1.4 税率的法律规定

（1）居民个人取得综合所得，分别按不同项目预扣预缴税款，并在年终合并适用年度3%～45%的超额累进税率；取得全年度一次性奖金等特殊项目，在规定期限前适用月度3%～45%的超额累进税率。

（2）非居民个人取得工资薪金、劳务报酬、稿酬、特许权使用费等所得，按月（次）适用3%～45%的超额累进税率。

（3）经营所得，适用5%～35%的超额累进税率。

（4）财产租赁所得，财产转让所得，利息、股息、红利所得，偶然所得，适用比例税率，税率为20%。

6.2 个人所得税纳税人的税收筹划

6.2.1 居民个人与非居民个人的转换

个人所得税的纳税义务人根据纳税人的住所和其在中国境内居住的时间，分为居民个人和非居民个人。

6.2.2 通过人员的住所（居住地）变动降低税收负担

所谓人员的住所（居住地）变动，是指个人通过个人的住所或居住地跨越税境的迁移，也就是具体实施策划的当事人把自己的居所迁出某一国，但又不在任何地方取得住所，从而躲避所在国对其纳税人身份的确认，进而免除个人所得税的纳税义务。

6.2.3 通过人员流动降低税收负担

通过人员流动降低税收负担的思路，从本质上讲，与人员的住所变动大同小异。其区别主要表现在：前者是住所的变化，而后者则是人本身在不同的区域中位移。

6.2.4 企业所得税纳税义务人与个体工商户、个人独资企业、合伙企业纳税义务人的选择

一般来讲，在收入相同的情况下，个体工商户、个人独资企业、合伙企业、有限责任制企业的税负是不一样的，有限责任制企业的税负最重。

6.2.5 个体工商户与个人独资企业的转换

个人独资企业的投资者所承担的税负按年应纳税所得额及适用税率的不同而有所不同。一般情况下，应纳税所得额越少，对应的税率越低，税负也越轻。我们可以利用个体工商户与个人独资企业的转换，通过对税基大的应纳税所得额进行分解来获得税收利益。

6.3 对不同收入项目计税依据与税率的税收筹划

6.3.1 综合所得的税收筹划

6.3.1.1 工资、薪金福利化筹划

把纳税人现金性工资转为提供福利，照样可以增加其消费满足，却可少缴个人所得税。

1. 企业提供住所
2. 企业提供假期旅游津贴
3. 企业提供职工福利设施

（1）由企业提供免费膳食或者由企业直接支付搭伙管理费。

（2）使用企业提供的家具及住宅设备。

（3）由企业提供办公用品和设施。

（4）由企业提供车辆供职工使用，该车辆不可以再租给他人使用。

（5）企业为职工子女成立教育基金，提供奖学金给职工子女。

（6）使用由企业缔结合约提供给职工的公用设施，如水、电、煤气、电话等。

6.3.1.2 纳税项目转化与选择的筹划

（1）工资、薪金转化为劳务报酬。

（2）工资、薪金转化为稿酬。

（3）综合所得预扣预缴与年终汇算清缴制度的递延纳税和占用税款问题。

6.3.1.3 利用专项附加扣除进行筹划

只有取得综合所得的居民个人和取得经营所得的纳税人，才能享受专项附加扣除。纳税人享受专项附加扣除时，本年度扣除不完的额度不能结转到下一年；还需要纳税人的年度综合所得大于每年6万元的费用扣除额。纳税人可以通过选择扣除项目等方式，进行税收筹划。

（1）租房还是买房的筹划。

（2）子女教育费用专项附加扣除的筹划。

（3）利用继续教育专项附加扣除进行筹划。

（4）对年终奖的税收筹划。

6.3.1.4 利用其他扣除进行筹划

其他扣除是指个人缴付符合国家规定的企业年金、职业年金，个人购买符合国家规定的商业健康保险、税收递延型商业养老保险的支出等等。纳税人可以利用这些其他扣除项目，合理降低税收负担。

（1）利用企业年金、职业年金进行税收筹划。

（2）购买符合规定的商业健康保险。

（3）利用税收递延型商业养老保险实现纳税递延。

6.3.1.5 利用“削山头”法进行筹划

对于适用于累进税率的纳税项目，应纳税的计税依据在各期分布越平均，越有利于节省纳税支出。

（1）劳务报酬跨年分次支付筹划。

（2）稿酬的分期筹划。

6.3.1.6 利用费用转移进行筹划

为他人提供劳务以取得报酬的个人可以考虑由对方提供一定的福利，将本应由自己承担的费用改由对方提供，以达到规避个人所得税的目的。

6.3.2 利息、股息、红利所得的税收筹划

6.3.2.1 专项基金筹划法

财税字［1999］267号文规定：根据国务院《对储蓄存款利息所得征收个人所得税的实施办法》第五条“对个人取得的教育储蓄存款利息所得以及国务院财政部门确定的其他专项储蓄存款或者储蓄性专项基金存款的利息所得，免征个人所得税”的规定，为保

证和支持社会保障制度与住房制度改革顺利实施，先明确按照国家或各级地方政府规定的比例交付的下列专项基金或资金存入银行个人账户所取得的利息收入免征个人所得税：(1) 住房公积金；(2) 医疗保险金；(3) 基本养老保险金；(4) 失业保险基金。

6.3.2.2 所得再投资筹划法

对于个人因持有某公司的股票、债券而取得的股息、红利所得，税法规定予以征收个人所得税。但为了鼓励企业和个人进行投资和再投资，各国都不对企业留存未分配利润征收所得税。如果个人对企业的前景看好，就可以将本该领取的股息、红利所得留在企业，作为对企业的再投资，而企业则可以将这部分所得以股票或债券的形式记在个人名下。这种做法既可以避免缴纳个人所得税，又可以更好地促进企业的发展，使得持有人的股票价值更加可观。

6.3.2.3 投资方式筹划法

个人进行投资决策时，最重要的因素就是投资的净收益。如果一项投资的表面收益很高，但要缴纳的税收和规费同样很高，则净收益不一定能够吸引人；相反，虽然某项投资的表面收益不是很高，但是其净收益较高，则这项投资也会吸引众多投资者。

6.3.3 经营所得的纳税筹划

6.3.3.1 增加费用支出

(1) 尽可能地把一些收入转换成费用开支。

(2) 如果使用自己的房产进行经营，可以采用收取租金的方法扩大经营费用支出。

(3) 通过向家庭成员支付工资的办法扩大工资等费用支出。

6.3.3.2 分散、推后收益实现

(1) 合理使用原材料核算的计价方法。

(2) 在可以预见的若干年内合理地安排有关费用，一般以平均分摊为原则。

(3) 合理安排预缴税款，使应纳所得税尽可能推迟实现。

(4) 在必要的时候采取捐赠的手段，从而收到既降低税收负担、又扩大纳税人的社会影响的效果。

6.3.3.3 承包、承租经营所得的税收筹划

通过推迟或提前获得收入，或通过改变收入支付方式，使收入尽可能在各个纳税期限内保持均衡，不仅避免了在某些月份被课以较高税率的重税，还能分享繁重月份税法

所提供的费用扣除和费用宽免等优惠，从而在总体上达到了减轻纳税义务的节税效果。

6.3.3.4 专利权节税筹划

在出卖专利或自办企业间做出合理决策。

6.3.4 股权所得的税收筹划

6.3.4.1 个人取得股权的税收筹划

（1）符合条件的非上市公司股票期权、股权期权、限制性股票和股权奖励实行递延纳税。

（2）居民个人从上市公司取得的股权激励所得，在规定期限内可单独适用综合所得税率表计税。

（3）个人以非货币性资产投资取得股权。

（4）企业转赠股本。

（5）企业改组改制过程中个人取得量化资产。

6.3.4.2 个人转让股权的税收筹划

（1）雇员行使认股权（或股票期权）后，将认购的股票转让。

（2）个人转让限售股。

（3）个人转让全国中小企业股份转让系统（新三板）挂牌公司股票。

（4）纳税人收回转让的股权。

（5）税务部门核定股权转让收入。

6.4 个人所得税优惠政策的税收筹划

6.4.1 优惠政策的有关规定

包括以下四个方面：

（1）免纳个人所得税的项目。

（2）经批准可以减征个人所得税的情形。

（3）暂免征收个人所得税的所得。

（4）优惠政策的特殊规定。

6.4.2 扣除境外已纳税额

（1）纳税义务人从中国境外取得的所得，准予其在应纳税额中扣除已在境外缴纳的个人所得税税额。

（2）但扣除额不得超过该纳税人境外所得依照本国法计算的应纳税额。

（3）超过该国家或者地区扣除限额的，其超过部分不得在本纳税年度的应纳税额中扣除。

（4）补扣期限最长不得超过五年。

6.5 个人所得税的反避税规定

税务机关有权进行纳税调整的情形有：

（1）个人与其关联方之间的业务往来不符合独立交易原则而减少本人或者其关联方应纳税额。

（2）居民个人控制的，或者居民个人和居民企业共同控制的设立在实际税负明显偏低的国家（地区）的企业，无合理经营需要，对应当归属于居民个人的利润不进行分配或者减少分配。

（3）个人实施其他不具有合理商业目的的安排而获取不当税收利益。

二、本章教学重点与难点

【教学重点】

1. 个人所得税纳税人的税收筹划；
2. 个人所得税计税依据的税收筹划；
3. 个人所得税税收优惠的税收筹划。

【教学难点】

1. 对综合所得的税收筹划，如年终一次性奖金发放问题；
2. 对不同组织形式如个体工商户及个人独资企业的选择与税收筹划；
3. 对个人所得税税收优惠政策的运用问题。

三、本章关键术语

居民个人——为了有效地行使税收管辖权，我国根据国际惯例，对居民个人和非居民个人的划分采用了各国常用的住所和居住时间两个判定标准。居民个人是指在中国境内有住所或者无住所而一个纳税年度内在中国境内居住累计满183天的个人。居民个人承担无限纳税义务，就其来源于中国境内和境外的所得，向我国缴纳个人所得税。

非居民个人——非居民个人，即不符合居民纳税义务人判定标准的纳税义务人。也就是说，非居民个人纳税义务人，是指习惯性居住地不在中国境内，而且不在中国居住，或者在一个纳税年度内，在中国境内居住累计不满183天的个人。非居民个人承担有限纳税义务，对我国来说，仅就其来源于中国境内的所得，向我国缴纳个人所得税。

征税范围——也称"征收范围"或"课税范围"。税法规定的征税对象和纳税人的具体内容或范围，即税款征收的界限。凡是列入征税范围的，都应征税，不列入征税范围的不征税。

计税依据——是指计算应纳税额的根据。计税依据是课税对象的量的表现。计税依据的数额同税额成正比，计税依据的数额越多，应纳税额也越多。

"削山头"法——对于适用累进税率的纳税项目，应纳税的计税依据在各期分布越平均，越有利于节省纳税支出。利用"削山头"法，将纳税人的工资、薪金所得在各期进行分摊，可以起到降低边际税率、节约纳税的目的。

免征额——是税法规定的课税对象全部数额中免予征税的数额，即从课税对象数额中扣除的免予征税的数额。

工资、薪金福利化——包含工资、薪金在内的综合所得个人所得税税率是累进的，当累进到一定程度时，新增薪金带给纳税人的可支配现金将会逐步减少，所以，把纳税人的现金性工资转化为提供福利，照样可以增加其消费满足，却可少缴个人所得税。

四、补充练习题

(一) 名词解释

1. 居民个人与非居民个人的转换筹划法
2. 劳务报酬费用转移筹划法
3. "削山头"法
4. 工资、薪金福利化

(二) 填空题

1. 根据《中华人民共和国个人所得税法》(以下简称《个人所得税法》)的规定，居民个人是指在中国境内有住所，或者无住所而一个纳税年度内在中国境内累计居住满________天的个人。

2. 在中国境内无住所，但一个纳税年度内在中国境内居住累计不超过________天的个人，其来源于中国境内的所得，由境外雇主支付并且不由该雇主在中国境内的机构、场所负担的部分，免予缴纳个人所得税。

3. 从事生产、经营的纳税义务人未提供完整、准确的纳税资料，不能正确计算应纳税所得额的，由主管税务机关＿＿＿＿其应纳税所得额。

4. A 国公民甲在我国境内无住所，甲于 2019 年 10 月 10 日来华，并在某公司担任技术指导，按月取得报酬。2020 年 2 月 2 日离开中国，再未返回。甲在华期间所取得的所得缴纳个人所得税时应按照＿＿＿＿纳税人身份处理。

（三）单选题

1. W 某、X 某及 Y 某出资成立了一个个人合伙企业，三位合伙人各占 1/3 的股份，全年盈利 180 000 元，企业利润平分，三位合伙人的工资为每人每月 3 000 元且没有其他收入，在不考虑专项扣除、专项附加扣除和依法确定的其他扣除情况下，按《个人所得税法》的现行规定，W 某的所得税实际负担率是（　　）。

A. 35.00%　　B. 33.33%　　C. 33.55%　　D. 3.5%

2. 李某在一家晚报上连载某小说半年，前三个月每月月末报社支付稿酬 10 000 元；后三个月每月月末报社支付稿酬 5 000 元。李某所获稿酬应预扣预缴的个人所得税税额为（　　）元。

A. 3 688　　B. 4 500　　C. 4 980　　D. 5 040

3. 个体工商户的生产经营所得，以每一纳税年度的收入总额减除成本、费用以及损失后的余额，为应纳税所得额。其中对于个体工商户捐赠支出的扣除，说法错误的是：（　　）。

A. 捐赠手段在必要时可以达到税收筹划的效果，从而收到既降低税收负担，又扩大纳税人的社会影响的效果

B. 捐赠必须是间接捐赠，主要是指个人将其所得通过中国境内的社会团体、国家机关向教育和其他社会公共事业及遭受严重自然灾害地区、贫困地区捐赠

C. 捐赠额未超过纳税人申报的应纳税所得额 30%的部分，可以从其应纳税所得额中扣除

D. 纳税人发生的纯公益性捐赠支出可以在税前从应税所得额中全额扣除

4. 下列不属于免纳个人所得税项目的是：（　　）。

A. 国债和国家发行的金融债券利息

B. 按照国家统一规定发给的补贴、津贴

C. 依照我国有关法律规定应予免税的各国驻华使馆、领事馆的外交代表、领事官员和其他人员的所得

D. 个人转让自用达 5 年以上并且是唯一的家庭居住用房取得的所得

5. 我国税法规定，纳税义务人从中国境外取得的所得，准予其在应纳税额中扣除已在境外缴纳的个人所得税税额。关于该规定的具体执行，下列说法错误的是：（　　）。

A. 扣除额不得超过该纳税人境外所得依照税法规定计算的应纳税额

B. 已在境外缴纳的个人所得税税款，是指纳税人从中国境外取得的所得，依照该所得来源国家或者地区的法律应当缴纳并且实际已经缴纳的税款

C. 依照税法规定计算的应纳税额，是指纳税人从中国境外取得的所得，区别不同国家或者地区，但不区分应税项目，依照税法规定的费用减除标准和适用税率计算的应纳税额

D. 纳税人在中国境外一个国家或者地区实际已经缴纳的个人所得税税额，超过该国

家或者地区扣除限额的，其超过部分不得在本纳税年度的应纳税额中扣除，但是可以在以后不超过五个纳税年度的该国家或者地区扣除限额的余额中补扣

（四）多选题

1. 下列关于《个人所得税法》中稿酬所得纳税的规定，说法正确的是：（　　）。

A. 同一作品再版取得的所得，应视作另一次稿酬所得计征个人所得税

B. 同一作品先在报刊上连载，再出版，或先出版，再在报刊上连载的，应视为两次稿酬所得征税。即连载作为一次，出版作为另一次

C. 同一作品在报刊上连载取得收入的，以连载完成后取得的所有收入合并为一次，计征个人所得税

D. 同一作品在出版和发表时，以预付稿酬或分次支付稿酬等形式取得的稿酬收入，应合并计算为一次

E. 同一作品出版、发表后，因添加印数而追加稿酬的，应与以前出版、发表时取得的稿酬合并计算为一次，计征个人所得税

2. 下列关于《个人所得税法》中规定的专项附加扣除标准，正确的是：（　　）。

A. 纳税人年满 3 岁的子女接受学前教育和学历教育的相关支出，按照每个子女每年 12 000 元（1 000 元/月）的标准定额扣除

B. 纳税人在境内接受学历（学位）继续教育的支出，在学历（学位）教育期间按照每年 3 600 元（300 元/月）定额扣除

C. 纳税人在一个纳税年度内发生了与基本医保相关的医药费用支出，扣除医保报销后个人负担累计超过 15 000 元的部分，由纳税人在办理年度汇算清缴时，在 80 000 元限额内据实扣除

D. 纳税人可以同时享受住房贷款利息专项附加扣除和住房租金专项附加扣除

E. 独生子女纳税人父母其中之一年满 60 周岁的，纳税人可以享受每年 24 000 元的标准定额扣除

3. 下列关于各项所得计算个人所得税时的费用减除标准，说法错误的是：（　　）。

A. 非居民取得工资、薪金所得现执行的标准是每月收入额减除 5 000 元后的余额为应纳税所得额

B. 个体工商户的经营所得，以每一纳税年度的收入总额减除成本、费用以及损失后的余额为应纳税所得额

C. 劳务报酬所得、对企事业单位的承包经营承租经营所得、稿酬所得、特许权使用费所得、财产租赁所得，每次收入不超过 4 000 元的，减除费用 800 元；4 000 元以上的，减除 20%的费用，其余额为应纳税所得额

D. 财产转让所得，以转让财产的收入额减除财产原值和合理费用后的余额为应纳税所得额

E. 利息、股息、红利所得，偶然所得和其他所得，以每次收入额减除各项手续费后的余额为应纳税所得额

4. 下列属于按照“福利化”方法进行个人所得税税收筹划的是：（　　）。

A. 将纳税人一部分现金性工资转为免费提供住房或仅收取部分租金

B. 由企业支付旅游费用，提供假期旅游津贴，同时降低个人的薪金

C. 将工资薪金所得转化为劳务报酬所得，以主动适用较低的计税收入额

D. 将现金奖金转换为由企业缔结合约购买水、电、煤气、电话等公用设施和服务，并免费提供给职工

E. 派出本企业职工为他人提供劳务，将取得的一部分报酬转为由对方承担本应由己方承担的费用

5. 下列关于《个人所得税法》中对利息、股息和红利所得设定的税收优惠，说法错误的是：（　　）。

A. 个人取得的国债和国有金融企业发行的债券利息所得免税

B. 国家发行的金融债券利息所得免税

C. 个人持有中国铁路建设债券而取得的利息所得免税

D. 对个人投资者买卖基金单位获得的差价收入，在对个人买卖股票的差价收入未恢复征收个人所得税以前，暂不征收个人所得税

E. 对投资者从基金分配中获得的国债利息和个人买卖股票差价收入，在国债利息收入和个人买卖股票差价收入未恢复征收个人所得税以前，暂不征收个人所得税

（五）判断题

1. 在中国境内无住所，但是在境内居住累计满 183 天的年度连续不满 6 年的个人，其来源于中国境外的所得，经向主管税务机关备案，可以免征个人所得税。（　　）

2. 在中国境内无住所的个人，在境内居住累计满 183 天的年度连续满 6 年的，且在 6 年间未发生单次离境超过 30 天情形的，从第 7 年起，继续在中国境内居住累计满 183 天的，应当就其来源于中国境外的全部所得缴纳个人所得税。（　　）

3. 个人担任董事职务所取得的董事费收入，属于工资、薪金所得性质，按照工资、薪金所得项目征收个人所得税。（　　）

4. 我国税法规定，居民个人从中国境外取得的所得，准予其在应纳税所得额中扣除已在境外缴纳的个人所得税税额，扣除额可以超过该居民境外所得依照我国税法规定计算的应纳税额。（　　）

5. 个人独资企业，其生产经营所得实行核定应税所得率征收方式的，不能享受个人所得税的优惠政策。（　　）

6. 个人将其所得通过中国境内的社会团体、国家机关向社会公益事业以及遭受严重自然灾害地区、贫困地区捐赠，捐赠额未超过纳税义务人申报的应纳税所得额 20%的部分，可以从其应纳税所得额中扣除。（　　）

7. 同一作品出版、发表后，因添加印数而追加稿酬的，应与以前出版、发表时取得的稿酬合并计算为一次，计征个人所得税。（　　）

8. 现行《个人所得税法》中居民个人纳税人身份判定的相关规定中，关于“中国境内”的概念，包括香港、澳门地区，但不包括台湾地区。（　　）

（六）简答题

1. 以我国税法为例，说明个人所得税纳税人取得跨国所得的情况下，应如何通过人员的住所（居住地）变动降低税收负担。

2. 简述个人对企事业单位的承包、承租经营所得的个人所得税处理。

(七) 材料分析题

1. W某、X某及Y某决定出资成立一个企业，各占1/3的股份，预计年盈利180 000元，企业利润平分，W某、X某及Y某的工资为每人每月3 000元。以所得税的负担率为切入点，从税收筹划的角度来看，开办的企业是采取合伙企业还是有限责任公司形式比较合适？(假设不考虑除每年6万元费用扣除以外的其他税前扣除因素。)

2. 中国公民甲某为A上市公司高级职员，2017年调入A公司。2019年1月31日被授予1 000股的股票期权，授予价为每股2元。2019年8月31日，甲某以每股2元的价格购买A公司股票1 000股，当日市价为每股10元。2019年9月10日，甲某以每股11元的价格将1 000股股票全部卖出。假设甲某获得的股票期权不符合税法中有关递延纳税的规定，请计算甲某应缴纳的个人所得税。根据这一资料给定的信息，以及从甲某该项股票期权收入应纳个人所得税额的计算过程所体现的特点来看，股票期权应采用何种税收筹划思路较为合适？

(八) 案例分析题

【案例6-1】 陈某为A咨询公司员工，每月扣除社保和住房公积金后工资收入为10 000元，此外无其他综合所得收入项目。

分析要求：如何进行税收筹划，以减少陈某该项收入的应纳税额（不考虑专项附加扣除和依法确定的其他扣除)？

【案例6-2】 美国公民约翰和查尔斯受雇于美国大型咨询公司，两人均在2018年年底被派往该公司在中国的分公司工作。2019年，因工作需要，约翰6—9月离境100天回国述职，10—12月又回国探亲90天。查尔斯在年内曾4次临时离境，每次均未超过30天，共计85天。2019年内，约翰从美国公司取得报酬2万美元，从中国公司取得人民币报酬15万元；查尔斯从美国公司取得报酬2万美元，从中国公司取得人民币报酬8万元。

分析要求：不考虑除每年6万元费用扣除外的其他扣除因素，试计算比较约翰和查尔斯各自应纳的个人所得税（假设美元对人民币汇率为1∶6.5)。

【案例6-3】 年终时节，按惯例企业会给员工发放年终奖金，但是年终奖金如何发放大有讲究。即使是税法最新规定给年终奖税收筹划划定了时间界限，但如果熟知个人所得税的有关政策并据此进行安排，仍然可以大大节税。

假设A公司的员工王某2019年的月薪为1万元，当年12月A公司向其发放年终奖金15万元（无其他综合所得，不考虑除每年6万元费用扣除外的其他扣除因素)。《财政部 国家税务总局关于个人所得税法修改后有关优惠政策衔接问题的通知》（财税[2018] 164号）规定：居民个人取得全年一次性奖金，符合《国家税务总局关于调整个人取得全年一次性奖金等计算征收个人所得税方法问题的通知》（国税发[2005] 9号）规定的，在2021年12月31日前，不并入当年综合所得，以全年一次性奖金收入除以12个月得到的数额，按照按月换算后的综合所得税率表（以下简称月度税率表)，确定适用税率和速算扣除数，单独计算纳税。居民个人取得全年一次性奖金，也可以选择并入当年综合所得计算纳税。根据这个规定，该员工选择将取得的年终奖单独计税，则全年应负担的个人所得税为：全年综合所得应纳税＝(120 000－60 000)×10%－2 520＝3 480

(元);年终奖全部分个人所得税=150 000×20%−1 410=28 590(元);共计 3 480+28 590=32 070(元)。

分析要求:对该笔奖金采用其他方式发放,是否可以起到节约纳税的目的?

【案例 6-4】 科技人员王某 2019 年发明了一种新技术,该技术获得了国家专利,专利权属个人所有。如果单纯将该专利转让,扣除增值税后可获转让收入 80 万元;如果将该专利折合股份投资,扣除相关税费后也可拥有相同价款的股权,当年可获取股息收入 8 万元。

分析要求:假设王某没有其他综合所得项目收入,在不考虑除每年 6 万元费用扣除以外的其他税前扣除因素的前提下,试问王某应当如何选择?

【案例 6-5】 张某为 A 公司的高级职员,每月收入共计 30 000 元,并由 A 公司每月为其代扣个人所得税。目前,假设张某每年仅享受 6 万元的费用扣除,其每年需要缴纳的个人所得税为:(30 000×12−60 000)×20%−16 920=43 080(元)。

因此,虽然名义上他每年有 360 000 元的收入,实际上拿到手的钱只有 316 920(=360 000−43 080)元。

分析要求:试进行税收筹划,减少张某的个人所得税应纳税额。(本题按当前的个人所得税税率规定计算。)

【案例 6-6】 周某在一段时期内为 A 企业提供相同的劳务服务,该单位每月或一年一次付给周某劳务报酬;与此同时,周某还从别的单位取得工资薪金收入。2019 年,假设年底 A 企业一次付给周某一年的咨询服务费 6 万元,当年度周某交完社保和住房公积金后每月获得工资 1 万元。已知周某可享受一个孩子的子女教育支出专项附加扣除和赡养老人专项附加扣除,此外再无别的税前扣除优惠。

分析要求:周某是否需要就 2019 年收入申请退税?应如何安排,周某才能够尽量降低自己的个人所得税税负(或者说减少税款被占用的时间价值)?

五、补充练习题答案

(一)名词解释

1. 居民个人与非居民个人的转换筹划法:个人所得税的纳税义务人根据纳税人的住所和其在中国境内居住的时间,分为居民个人和非居民个人。由于对这两种纳税人的税收政策不同,因此,纳税人应该把握这一尺度,合法筹划纳税。

2. 劳务报酬费用转移筹划法:为他人提供劳务以取得报酬的个人,可以考虑由对方提供一定的福利,将本应由自己承担的费用改由对方提供,以达到规避个人所得税的目的。

3. "削山头"法:对于适用累进税率的纳税项目,应纳税的计税依据在各期分布越平均,越有利于节省纳税支出。利用累进税率设计的这种特征进行税收筹划的方法通常被称为"削山头"法。

4. 工资、薪金福利化：工资、薪金的个人所得税税率是累进的，当累进到一定程度时，新增薪金带给纳税人的可支配现金将会逐步减少，所以，把纳税人的现金性工资转化为提供福利，照样可以增加其消费满足，却可少缴个人所得税。

（二）填空题

1. 183

2. 90

3. 核定

4. 非居民个人

（三）单选题

1. D。费用扣除标准为每人每月 5 000 元，则每人应税所得为 36 000 元，即（60 000＋3 000×12)－5 000×12＝36 000(元)。

适用 35％的所得税税率，应纳个人所得税税额为：36 000×10％－1 500＝3 600－1 500＝2 100(元)。

三位合伙人共计应纳税额为：2 100×3＝6 300(元)。

W、X、Y 三人的所得税负担率均为：6 300÷180 000×100％＝3.5％。

2. D。扣缴义务人在发放个人因同一作品在报刊上连载取得收入的，以连载完成后取得的所有收入合并为一次，预扣预缴个人所得税。李某该项稿酬所得应预扣预缴个人所得税额＝(10 000×3＋5 000×3)×(1－20％)×14％＝5 040(元)。

3. D。纳税人发生的纯公益性捐赠支出，可以在税前从应税所得额中全额扣除的说法不正确，尚无此项规定。

4. D。个人转让自用达 5 年以上并且是唯一的家庭居住用房取得的所得，属于暂免征收个人所得税的所得项目。

5. C。依照税法规定计算的应纳税额，是指纳税人从中国境外取得的所得，区别不同国家或者地区和不同应税项目，依照税法规定的费用减除标准和适用税率计算的应纳税额；同一国家或地区内不同应税项目的应纳税额之和，为该国家或者地区的扣除限额。

（四）多选题

1. ABCDE

2. ACE

3. CE。对企事业单位的承包经营、承租经营所得，以每一纳税年度的收入总额减除必要费用后的余额，为应纳税所得额。利息、股息、红利所得，偶然所得和其他所得，以每次收入额为应纳税所得额。

4. ABD。C 项属于纳税项目转化与选择的筹划。E 项属于费用转移筹划法。

5. AC。个人取得的国债和国家发行的金融债券利息所得免税，不包括企业债券利息。中国铁路建设债券属于企业债券，不属于财政部发行的债券和经国务院批准发行的金融债券。因此，个人持有中国铁路建设债券而取得的利息所得，不属于可以免纳个人所得税的“国债和国家发行的金融债券利息”的范围，必须缴纳个人所得税。财税字［1998］55 号文件规定：对个人投资者买卖基金单位获得的差价收入，在对个人买卖股票的差价收入未恢复征收个人所得税以前，暂不征收个人所得税；对投资者从基金分配中获得的国债利息、储蓄存款利息以及买卖股票价差收入，在国债利息收入、个人储蓄存款利息收入以及个人买卖股票差价收入未恢复征收所得税以前，暂不征收所得税。

（五）判断题

1. ×。在中国境内无住所，在境内居住累计满 183 天的年度连续不满 6 年的个人，经向主管税务机关备案，可以就其来源于中国境外且由境外单位或者个人支付的所得，免予缴纳个人所得税。

2. √

3. ×。个人担任董事职务所取得的董事费收入，属于劳务报酬所得性质，按照劳务报酬所得项目征收个人所得税。

4. ×。我国税法规定，居民个人从中国境外取得的所得，准予其在应纳税额中扣除已在境外缴纳的个人所得税税额，但扣除额不得超过该居民境外所得依照我国税法规定计算的应纳税额。

5. √

6. ×。个人将其所得通过中国境内的社会团体、国家机关向社会公益事业以及遭受严重自然灾害地区、贫困地区捐赠，捐赠额未超过纳税义务人申报的应纳税所得额 30% 的部分，可以从其应纳税所得额中扣除。

7. √

8. ×。现行《个人所得税法》中居民个人纳税人身份判定的相关规定中，关于“中国境内”的概念，是指中国内地（大陆）地区，目前还不包括香港、澳门和台湾地区。

（六）简答题

1. 答：通过人员的住所（居住地）变动降低税收负担，是指个人通过个人的住所或居住地跨越税境的迁移躲避所在国对其纳税人身份的确认，进而免除个人所得税的纳税义务。《个人所得税法》第一条规定：“在中国境内有住所，或者无住所而一个纳税年度内在中国境内居住累计满一百八十三天的个人，为居民个人。居民个人从中国境内和境外取得的所得，依照本法规定缴纳个人所得税。在中国境内无住所又不居住，或者无住所而一个纳税年度内在中国境内居住累计不满一百八十三天的个人，为非居民个人。非居民个人从中国境内取得的所得，依照本法规定缴纳个人所得税。”一个自然人在一个纳税年度内在我国居住的时间只要累计不满 183 天（在其他国家居住，其时间只要不满该国有关所得税法所规定的期限），就不用就其全部收入缴纳个人所得税，事实上免除了部分纳税义务，从而达到了降低税收负担的目的。我国税法规定：在中国境内无住所的个人，在中国境内居住累计满 183 天的年度连续不满 6 年的，经向主管税务机关备案，其来源于中国境外且由境外单位或者个人支付的所得，免予缴纳个人所得税；在中国境内居住累计满 183 天的任一年度中有一次离境超过 30 天的，其在中国境内居住累计满 183 天的年度的连续年限重新起算；在中国境内无住所的个人，在一个纳税年度内在中国境内居住累计不超过 90 天的，其来源于中国境内的所得，由境外雇主支付并且不由该雇主在中国境内的机构、场所负担的部分，免予缴纳个人所得税。

2. 答：个人对企事业单位的承包、承租经营形式较多，分配方式也不尽相同。《国家税务总局关于个人对企事业单位实行承包经营、承租经营取得所得征税问题的通知》（国税发［1994］179号）对此做了适当分类并规定了相应的税务处理方法：

（1）个人对企事业单位承包、承租经营后，工商登记改为个体工商户的，应按个体工商户的生产、经营所得计征个人所得税，不再征收企业所得税。

（2）个人对企事业单位承包、承租经营后，工商登记仍为企业的，不论其分配方式如何，均应先按照企业所得税的有关规定缴纳企业所得税，然后根据承包、承租经营者按合同（协议）规定取得的所得，依照《个人所得税法》的有关规定缴纳个人所得税。具体为：

①承包、承租人对企业经营成果不拥有所有权，仅按合同（协议）规定取得一定所得的，应按工资、薪金所得征收个人所得税。

②承包、承租人按合同（协议）规定只向发包方、出租人缴纳一定费用，缴纳承包、承租费后的企业的经营成果归承包、承租人所有的，其取得的所得，按企事业单位承包经营、承租经营所得征收个人所得税。

（七）材料分析题

1. a. 合伙企业形式

在合伙企业形式下，按规定，费用扣除标准为每人每月5 000元，则每人应税所得为(60 000＋3 000×12)－5 000×12＝36 000(元)，适用10%的所得税税率，应纳个人所得税税额为：36 000×10%－1 500＝2 100(元)，三位合伙人共计应纳税额为：2 100×3＝6 300(元)。

所得税负担率为：6 300÷180 000×100%＝3.5%。

b. 有限责任公司形式

根据税法的最新规定，有限责任公司性质的私营企业是企业所得税的纳税义务人，从2019年1月1日至2021年12月31日，从事国家非限制和禁止行业，且同时符合年度应纳税所得额不超过300万元、从业人数不超过300人、资产总额不超过5 000万元等三个条件的企业（小型微利企业），无论适用查账征收还是核定征收，均可享受：年应纳税所得额在100万元（含）以下的，实际税率为5%；年应纳税所得额为100万元至300万元（含）的，实际税率为10%。因此，应纳所得税税额＝180 000×5%＝9 000(元)。税后净利润＝180 000－9 000＝171 000(元)。

若企业税后利润分配给投资者，则还要按“利息、股息、红利所得”税目计算缴纳个人所得税，适用税率为20%。三位投资者应纳个人所得税税额＝171 000×20%＝34 200(元)。

共计负担所得税税款为：9 000＋34 200＝43 200(元)。

所得税负担率为：43 200÷180 000×100%＝24%。

由以上计算得知，采取有限责任公司形式比采取合伙企业形式多负担的税款为：43 200－6 300＝36 900(元)。

所得税负担率高出20.5%(＝24%－3.5%)。

综合来看，企业采取合伙企业形式更有利于获得税收利益。

2. 企业员工股票期权是指公司按照规定的程序授予本公司及其控股企业员工的一项权利，该权利允许被授权员工在未来时间内以某一特定价格购买本公司一定数量的股票。

根据《个人所得税法》现行规定，对不适用递延纳税优惠规定的员工股票期权的税务处理主要有如下要点：

a. 施权时，不征税。

b. 员工行权时，按施权价低于购买日公平市价（当日收盘价）的差额，按工资、薪金所得征收个人所得税；在行权日之前转让股票期权的，以转让净收益，按工资、薪金缴纳个人所得税。

c. 行权后股票再转让，获得差价，暂免征收个人所得税。

（注意：本条款只适用于员工拥有的境内上市公司股票；对于员工转让境外上市公司股票，不免税，按财产转让所得征税。）

d. 因拥有股权，参与税后利润分配所得，按“利息、股息、红利所得”征收个人所得税。

e. 员工因参加股票期权计划而从中国境内取得的所得，按规定应按工资、薪金所得计算纳税的，在2021年12月31日前，对该股票期权形式的工资、薪金所得不并入当年综合所得，全额单独适用综合所得税率表，计算纳税。计算公式为：

应纳税额＝股权激励收入×适用税率－速算扣除数

居民个人一个纳税年度内取得两次以上（含两次）股权激励的，应合并按上述规定计算纳税。

根据上述各点，甲某此项股票期权所得的个人所得税计算过程如下：

（1）2019年1月31日授予股票期权时不缴纳个人所得税。

（2）2019年8月31日，王某行权时应按工资、薪金所得计税，应纳税所得额＝(10－2)×1 000＝8 000(元)。

（3）应纳税额＝股权激励收入×适用税率－速算扣除数＝8 000×3%－0＝240(元)。

（4）交易溢价收益暂免征收个人所得税。

由上可知，可以在如下几点上发掘股票期权收益的税收筹划空间：

首先，由于股票期权收益可与当期其他综合所得分开单独计税，使纳税人得到又一次适用较低税率的机会，故有条件的企业应该尽量采用此种方式。

其次，从我国税收法律法规的有关规定可以看出，由于股票期权在行权时征税，而卖出股票时暂免征税，因此，应尽可能在该股票市价较低时行权，在市价较高时再卖出股票，以享受降低税负的好处。

最后，从上市公司取得个人股票期权，计税分摊的最长期限是12个月，因此按一年一期设计股票期权会使纳税人在其他条件相同的情况下税负最轻。

（八）案例分析题

【案例6-1】　分析思路：

如果陈某与A公司没有固定的雇佣关系，则按照税法规定，其收入应按劳务报酬所得计入综合所得征税。其年度应纳税额为：（12×10 000×80%－60 000）×3%＝1 080（元）。

如果陈某与A公司建立起合同制的雇佣关系，来源于A公司的所得则可作为工资、薪

金所得计入综合所得计算缴纳个人所得税，其年度应纳税额为：(12×10 000－60 000)×10%－2 520＝3 480(元)。

可采用的方案为：陈某与 A 公司解除聘用合同，每月领取劳务报酬，每年可节税 2 400(＝3 480－1 080)元。

【案例 6-2】　分析思路：

(1) 约翰在 2019 年度两次离境，累计超过 182 天。因此，约翰属一个纳税年度内在境内居住累计不满 183 天的非居民个人。根据《个人所得税法》，非居民个人对我国仅负有有限的纳税义务，就其来源于中国境内的所得，缴纳个人所得税。

约翰应纳个人所得税税额＝[(150 000÷12－5 000)×10%－210]×12
＝6 480(元)

(2) 查尔斯在 2019 年 4 次临时离境，共计 85 天，当年已在境内居住累计超过 183 天。因此，查尔斯属于居民个人。按照我国税法的规定，居民个人对我国负有无限的纳税义务，就其来源于中国境内和境外的全部所得缴纳个人所得税。

查尔斯应纳个人所得税税额＝(20 000×6.5＋80 000－60 000)×20%－16 920
＝13 080(元)

(3) 约翰比查尔斯少纳个人所得税税额＝13 080－6 480＝6 600(元)。

约翰比查尔斯的收入多 7(＝15－8)万元，但个人所得税却少纳 6 600 元，其原因就在于两人的身份不同。查尔斯要想减轻自己的税收负担，就得设法将居民纳税人的身份变成非居民纳税人，即查尔斯单次或多次出境累计超过 182 天。纳税人利用离境导致达不到居民个人判定的时间标准的税务筹划还要进行成本-收益分析，如果节省的税收额还不够自己进行税收筹划的成本，就没有必要了。本例没有考虑纳税人在国外纳税的限额抵补问题。如果国外的税率低于中国的税率，则作为非居民纳税人可以节税；相反，如果国外的税率高于或等于我国国内税率，则这种筹划就没有必要。

【案例 6-3】　分析思路：

方案 1：

将年终奖金分成两部分发放：一部分 1 万元作为工资薪金，即在 2019 年 12 月对王某涨薪 1 万元，这样王某当年计入综合所得的工资薪金为 13 万元；其余的 14 万元继续作为年终奖，并单独计税。则其全年应负担的个人所得税为：[(130 000－60 000)×10%－2 520]＋(140 000×10%－210)＝18 270(元)，节税 32 070－18 270＝13 800(元)。

方案 2：

不发放年终奖金，而是将奖金平摊到各月中，每月工资 1 万元，奖金 1.25 万元（如果该员工工作业绩未达要求，则在第四季度逐步扣发工资、奖金），则其全年应负担的个人所得税为：(22 500×12－60 000)×20%－16 920＝25 080(元)，这时王某享受的税收待遇与选择将年终奖与当年综合所得合并征税一致，节税 32 070－25 080＝6 990(元)。

由此可见，个人所得税规定的是超额累进税率，因而综合所得的个人所得税筹划最基本的思路是通过“削山头”法将收入平均实现，以避开高税率。

但事情并不是绝对的，有时情况恰恰相反。假设王某月薪 1 万元不变，但年终奖金只有6万元，则全年负担的个人所得税为：每月工资、薪金应纳税不变：(120 000－60 000)×10％－2 520＝3 480(元)；年终奖金部分个人所得税：60 000×10％－210＝5 790(元)；共计3 480＋5 790＝9 270(元)。

按上例方案1的思路筹划：年终奖金分解为1万元的加薪和5万元的年终奖，那么其全年应负担的个人所得税为：[(130 000－60 000)×10％－2 520]＋(50 000×10％－210)＝4 480＋4 790＝9 270(元)，税负没有变化；但再按上例方案2的思路筹划，将奖金平摊到各月中，每月奖金5 000元，则其全年应负担的个人所得税为：(15 000×12－60 000)×10％－2 520＝9 480(元)，反而需要多纳税210(＝9 480－9 270)元。

同样的筹划方法，在年终奖金金额不同的时候产生了截然相反的结果。这是因为，15万元奖金适用20％的高税率，与1万元月薪适用10％的税率相差悬殊，拉平收入差距有利于节税。而6万元奖金也适用10％的税率，奖金单独作为一个月的工资计税，可多计一次速算扣除数，将奖金收入平均到12个月之中，反而少了一次速算扣除数，自然就导致了应纳税额的增加。

【案例6-4】　分析思路：

方案1：

根据《个人所得税法》的有关规定，转让专利使用权属特许权使用费收入，应缴纳个人所得税。特许权使用费收入以个人每次取得的收入，定额或定率减除规定费用后的余额计入当年综合所得计税。王某的该项收入应减除20％的费用，所以应纳个人所得税为121 080[＝(800 000×80％－60 000)×30％－52 920]元。缴纳个人所得税之后的实际所得为67.892(＝80－12.108)万元。

方案2：

将专利折合成股份。《个人所得税法》规定，拥有股权所取得的股息和红利，应按20％的比例税率缴纳个人所得税。那么，当年应纳个人所得税为1.6(＝8×20％)万元，税后所得为6.4(＝8－1.6)万元。

通过专利投资，当年仅需负担1.6万元的税款。如果每年都可获取股息收入8万元，那么经营10年，就可以收回全部转让收入，而且可得到80万元的股份。

两种方案利弊很明显，方案1没有什么风险，缴税之后，就已实实在在地拥有个人所得，但它是一次性收入，税负太重，而且收入是固定的，没有升值的希望；方案2虽然缴税少，而且有升值的可能性，但风险也大，收入是不确定的。如果希望这项专利能在相当长的时间内获取收益，还是选择投资经营为好。

【案例6-5】　分析思路：

张某可以通过注册一个公司来实现税收筹划，具体步骤为：

(1) 张某新注册一个B公司，并设法与A公司达成协议，A公司将张某每月工资中的25 000元以资讯费等名义打入B公司的账户，张某每月只从A公司领取5 000元的工资。

(2) 张某可以自由支配B公司账户中的资金。因此，张某使用这25 000元资金，分别为其父母、妻子等3个家庭成员每月支付5 000元工资，并为其代扣个人所得税，其余10 000元用于各种日常消费的报销。

筹划的结果是，张某每个月取得 5 000 元工资，其 3 个家人每人每月取得 5 000 元工资，每人应纳个人所得税为 0 元。

这样，张某的全部收入就无须缴纳个人所得税，每年比筹划前减少了 43 080 元的税收负担。

【案例 6－6】　分析思路：

税法规定：扣缴义务人（即向个人支付所得的单位或者个人）向个人支付应税款项时，应当依照个人所得税法规定预扣或者代扣税款，按时缴库，并专项记载备查。此外，扣缴义务人向居民个人支付工资、薪金所得时，应当按照累计预扣法计算预扣税款，并按月办理扣缴申报。如果纳税人在一个纳税年度内没有取得除工资薪金外的其他收入，又没有发生超过 1.5 万元的医疗费用，累计扣缴制度驱使扣缴义务人每月对纳税人的所得进行汇算清缴，在纳税人收入不是特别高的情况下一般不会带来被预扣预缴税额不等于全年实际应纳税额的问题（工资收入较高或税前扣除项目较少使得应纳税所得额较高的，会出现一年中前期纳税额较低而后期纳税额较高的情况，反而能享受递延纳税的好处）。但如果居民个人在取得工资收入之外还取得其他计入综合所得项目的收入，由于预扣预缴税款的计算方法不一样，就可能会产生税务部门占用税款的问题。纳税人只有等到对当年收入汇算清缴时，才能就被多预扣预缴的税款申请退税。占用的税款越多，纳税人对被占用税款损失的时间价值越大。

此外，个人所得税法对居民个人取得的劳务报酬所得、稿酬所得、特许权使用费所得，预扣预缴税款时都是明确应当按次计算征税的。由于扣除费用依据每次应纳税所得额的大小分别规定了定额和定率两种标准，从维护纳税义务人的合法利益的角度看，准确划分“次”变得十分重要。

对于只有一次性收入的劳务报酬，以取得该项收入为一次。例如，接受客户委托从事设计装潢，完成后取得的收入为一次。属于同一事项连续取得劳务报酬的，以一个月内取得的收入为一次。同一作品再版取得的所得，应视为另一次稿酬所得计征个人所得税。同一作品先在报刊上连载，再出版，或先出版，再在报刊上连载的，应视为两次稿酬所得缴税，即连载作为一次，出版作为另一次。

本例中，周某除有工资收入外还取得劳务报酬，工资收入的预扣预缴并不会产生占用税款问题，但劳务报酬则不同。

假设该单位年底一次付给周某一年的咨询服务费 6 万元之后，按一次预扣预缴税款，其全年预扣预缴税款情况如下：

1 月，工资收入预扣预缴税额＝(10 000－5 000－1 000－2 000)×3%＝60(元)

2 月，工资收入预扣预缴税额＝(20 000－10 000－2 000－ 4 000)×3%－60＝60(元)

3 月，工资收入预扣预缴税额＝(30 000－15 000－3 000－6 000)×3%－120＝60(元)

…………

6 月，工资收入预扣预缴税额＝(60 000－30 000－6 000－12 000)×3%－300＝60(元)

…………

12 月，工资收入预扣预缴税额＝(120 000－60 000－12 000－24 000)×3%－660＝60(元)

12 月，劳务报酬预扣预缴应纳税所得额＝60 000－60 000×20%＝48 000(元)

属于劳务报酬一次收入畸高，应适用40%税率和7 000的速算扣除数，预扣预缴税额如下：

劳务报酬预扣预缴税额＝48 000×40%－7 000＝12 200(元)

2019年全年预扣预缴税额＝60×12＋12 200＝12 920(元)

周某2019年全年综合所得应纳税额＝(120 000＋48 000－60 000－12 000－24 000)×10%－2 520＝4 680(元)

因此，周某被多预扣税款8 240(＝12 920－4 680)元，应在汇算清缴时申请退税。

如果A企业向周某以每个月的平均收入5 000元发放劳务报酬，其每月预扣预缴税额和全年应纳税额如下：

工资收入1—12月每月预扣预缴税额＝60(元)

劳务报酬1—12月每月预扣预缴税额＝5 000×(1－20%)×20%＝800(元)

全年合计预扣预缴税额＝60×12＋800×12＝10 320(元)

全年应纳税额仍为4 680元，需申请退税5 640(＝10 320－4 680)元。

由此可见，若A企业按月平均发放劳务报酬按月纳税，2019年周某可减少税款被占用2 600(＝8 240－5 640)元。

另外，如果周某能够和A企业商量，将一次性发放的劳务报酬6万元，分别从A企业和其关联企业B处领取，假设各3万元，则由于税法对于个人兼有不同的劳务报酬所得，允许分别减除费用，计算缴纳个人所得税，这样将利用“削山头”法适用较低的预扣率，也会有利于周某降低税款被占用的时间价值。

第7章 关税及其他税种的税收筹划

一、本章教学大纲

7.1 关税的税收筹划

7.1.1 关税的法律界定

关税是海关按照国家制定的关税政策、税法和进出口税则，对进出关境的货物和物品征收的一种流转税。

7.1.1.1 关税的征税对象和纳税义务人

关税的征税对象是准许进出境的货物和物品。货物是指贸易性商品；物品是指入境旅客随身携带的行李物品、个人邮递物品、各种运输工具上的服务人员携带进口的自用物品、馈赠物品以及以其他方式进境的个人物品。

关税的纳税义务人包括进口货物的收货人、出口货物的发货人、进出境物品的所有人和推定所有人（携带人、收件人、寄件人或托运人等）。

7.1.1.2 关税的税则、税目

目前，我国实施以《商品名称及编码协调制度》为基础的进出口税则。为适应科学技术进步、产业结构调整、贸易结构优化、加强进出口管理的需要，2018 年我国调整了部分税则税目，调整后税则税目总数为 8 549 个。

继2017年12月1日降低部分消费品进口关税之后，自2018年1月1日起，我国还对其他进出口关税进行了部分调整。调整方向将继续支持创新驱动发展和供给侧结构性改革，鼓励国内急需的先进设备、关键零部件和能源原材料进口，以进口暂定税率方式降低数字化X射线摄影系统平板探测器、多臂机或提花机、动力电池正极材料、先进医药原料、椰糠等商品的进口关税；并适当扩大汽车进口模具暂定税率的适用范围。

7.1.1.3 关税的税率

我国进口税则设有最惠国税率、协定税率、特惠税率、普通税率和关税配额税率等税率形式。

《中华人民共和国进出口关税条例》规定：适用最惠国税率的进口货物有暂定税率的，应当适用暂定税率。适用特惠税率、协定税率的进口货物有暂定税率的，应当从低适用税率。适用普通税率的进口货物，不适用暂定税率。

7.1.1.4 关税的原产地规定

我国原产地规定基本上采用了“全部产地生产标准”和“实质性加工标准”两种国际上通用的原产地标准。

全部产地生产标准是指进口货物完全在一个国家内生产或制造，生产国或制造国即为该货物的原产国。

实质性加工标准是适用于确定有两个或两个以上国家参与生产的产品的原产国的标准，以最后一个对货物进行经济上可以视为实质性加工的国家作为有关货物的原产国。实质性加工是指符合以下两个条件之一：

（1）加工后，进出口税则4位数税号一级的税则归类发生改变。例如，从南非购买的钻石（7102），在意大利镶嵌成铂金镶钻首饰（7113），铂金镶钻首饰的原产国就是意大利。

（2）加工增值部分占新产品总值比例为30%及以上的。例如，意大利从南非购买100万欧元钻石，简单切割后对外销售获得140万欧元，税号前4位7102不变，增值部分占新产品总值的比例＝40/140＝28.6%，则钻石的原产国是南非。如果经意大利简单切割后对外销售150万欧元，50/150＝33.3%，则钻石的原产国是意大利。

7.1.1.5 关税完税价格

《中华人民共和国海关法》（以下简称《海关法》）规定，进出口货物的完税价格由海关以该货物的成交价格为基础审查确定。成交价格不能确定时，完税价格由海关依法估定。自我国加入世界贸易组织后，我国海关已全面实施《世界贸易组织估价协定》。

1. 一般进口货物的完税价格

进口货物的完税价格包括货物的货价、货物运抵我国境内输入地点起卸前的运输及其相关费用、保险费。货物的货价以成交价格为基础。

2. 出口货物的完税价格

出口货物的完税价格由海关以该货物向境外销售的成交价格为基础审查确定，并应包括货物运至我国境内输出地点装载前的运输及其相关费用、保险费，但其中包含的出口关税税额应当扣除。

7.1.1.6 关税减免

关税减免是对某些纳税人和征税对象给予鼓励和照顾的一种特殊调节手段，是贯彻国家关税政策的一项重要措施。关税减免分为法定减免税、特定减免税和临时减免税。

7.1.1.7 行李和邮递物品进口税

行李和邮递物品进口税简称“行邮税”，是海关对入境旅客行李物品和个人邮递物品（不包括汽车、摩托车及其配件，这些物品应该按照货物进口程序办理报关验放手续）征收的进口税，其中包含了在进口环节征收的增值税和消费税。

行邮税采用从价计征，完税价格由海关参照该项物品的境外正常零售平均价格确定。

7.1.2 关税的筹划空间

7.1.2.1 关税优惠政策的应用

关税优惠是纳税人进行税收筹划的重点。合理合法地利用法定减免税的优惠政策，在不影响交易实质的前提下通过改变商品性质、商品价格以及企业性质的方式使交易尽可能符合减免税的规定，是关税税收筹划的重要手段。

7.1.2.2 合理控制完税价格

完税价格的确定是关税弹性较大的一环。在同一税率下，完税价格如果高，从价计征的税负则重；如果低，税负则轻。而且在许多情况下，完税价格的高低还会影响关税的税率。

7.1.2.3 充分利用原产地标准

正确合理地运用原产地标准，选择合适的地点，将企业产品的原产地确定在低税率国家，就可达到税收筹划的效果。

7.1.2.4 利用保税制度进行税收筹划

保税区是在海关监控管理下存放和加工保税货物的特定区域。保税区内复运出口的进口货物通常免征进口关税和进口环节税。

7.1.2.5 选择货物的进口方式进行税收筹划

境内纳税人进口货物除了采用一般方式报关进口外，还可以采取其他特殊方式进口货物，这时报关的完税价格也有区别。不同的货物进口方式选择就为纳税人提供了筹划空间。

特殊进出口方式的货物或违规货物的税率规定见表7-1。

表7-1 特殊进出口方式的货物或违规货物的税率规定

具体情况	适用税率
进口货物到达之前，经海关核准先行申报的	装载此货物的运输工具申报进境之日实施的税率
进口转关运输货物	指运地海关接受该货物申报进口之日实施的税率；货物运抵指运地之前，经海关核准先行申报的，应当适用装载该货物的运输工具抵达指运地之日实施的税率
出口转关运输货物	启运地海关接受该货物申报出口之日实施的税率
经海关批准，实行集中申报的进出口货物	每次货物进出口时海关接受该货物申报之日实施的税率
因超过规定期限未申报而由海关依法变卖的进口货物	装载该货物的运输工具申报进境之日实施的税率
因纳税义务人违反规定需要追征税款的进出口货物	违反规定的行为发生之日实施的税率；行为发生之日不能确定的，适用海关发现该行为之日实施的税率

7.1.2.6 选择货物的运输方式进行税收筹划

运输及其相关费用、保险费的计算在进出口货物的完税价格中占有很大一部分，对运输方式的选择形成关税的筹划空间。

表7-2罗列了关于运费及其相关费用、保险费的一些规定。

表7-2 关于运费及其相关费用、保险费的规定

进出口运载或成交方式		运费及相关费用的规定	保险费的确定
一般进口	实际支付了运费	进口货物的运输及相关费用，应当按照由买方实际支付或者应当支付的费用计算	进口货物的保险费，应当按照实际支付的费用计算
	运费无法确定；保险费无法确定或未实际发生	海关应当按照该货物进口同期的正常运输成本审查确定	(货价+运费)×3‰
运输工具作为进口货物，利用自身动力进境的		海关在审查确定完税价格时，不再另行计入运输及其相关费用	参照一般进口规定
邮运进口的货物		应当以邮费作为运输及其相关费用、保险费	

7.1.2.7 行邮税的税收筹划

行邮税的税率有60%、30%和15%三个档次。

7.1.2.8 反倾销税的税收筹划

我国廉价能源、原材料、劳动力竞争优势下的合理低成本、低出口价常常被认为是"倾销"，国内企业因而不得不承受高额的反倾销税。可见，对如何避免不公平的反倾销税进行筹划十分有必要。

7.1.2.9 关税法律救济的税收筹划

在处理纠纷时，纳税人也不是完全被动的，他们有权分析产生税务纠纷的原因、纠纷会带来多大的损失、纠纷的解决途径、纠纷的胜算率等，从而采取主动，以便尽量减少损失，或者通过法律途径维护自己的合法权益。这被称作关税法律救济的税收筹划。

7.2 其他税种的税收筹划

7.2.1 土地增值税的税收筹划

7.2.1.1 土地增值税的法律界定

土地增值税是对在我国境内有偿转让国有土地使用权及地上建筑物和其他附着物的产权、取得增值性收入的单位与个人征收的一种税。该税种有较大的筹划空间。

土地增值税的纳税人是转让国有土地使用权及地上建筑物和其他附着物的产权取得增值性收入的单位与个人。课税对象是转让国有土地使用权及地上建筑物和其他附着物的产权所取得的增值额。

需要注意的是，全面“营改增”之后，土地增值税纳税人转让房地产取得的收入为不含增值税收入。

7.2.1.2 土地增值税的筹划空间

1. 利用房地产转移方式进行税收筹划
2. 通过控制增值额进行税收筹划
3. 利用税收优惠进行税收筹划

7.2.2 资源税的税收筹划

7.2.2.1 资源税的法律界定

资源税是以各种自然资源为课税对象，为调节资源级差收入并体现国有资源有偿使用而征收的一种税。

我国对资源税的改革在不断推进中。1994 年征收资源税时，是按照“普遍征收、级差调节”的原则，就资源赋税情况、开采条件、资源等级、地理位置等客观条件的差异规定了幅度税额，为每一个课税矿区规定了适用税率。这一规定考虑了资源条件优劣的差别，对级差收益进行了有效调节。从 2010 年 6 月起，国家在新疆对原油、天然气进行了从价计征的改革试点；2014 年 12 月又对煤炭资源税由从量计征改为从价计征；2016 年 7 月 1 日起全面推进资源税改革，资源税的计税依据为应税产品的销售额或销售量，但对经营分散、多为现金交易且难以控管的黏土、砂石，按照便利征管的原则，仍实行从量定额计征。同时在河北省开征水资源税试点工作，采取水资源费改税方式，将地表水和地下水纳入征税范围，实行从量定额计征；并探索逐步将其他自然资源纳入征税范围。

7.2.2.2 资源税的筹划空间

1. 利用综合回收率和选矿比进行筹划
2. 利用伴选精矿免税规定筹划
3. 准确核算筹划法

7.2.3 房产税的税收筹划

7.2.3.1 房产税的法律界定

房产税是以房产为征税对象，依据房产价格或房产租金收入向房产所有人或经营人征收的一种税。

房产税的纳税义务人是房屋的产权所有人或经营管理单位、承典人、房产代管人或者使用人。征税对象是房产。征税范围为城市、县城、建制镇和工矿区。

房产税的计税依据分为从价计征和从租计征。

7.2.3.2 房产税的筹划空间

1. 利用税收优惠筹划
2. 合理确定房产原值筹划
3. 房产修理、更新改造的筹划
4. 房产税投资联营的筹划

7.2.4 城镇土地使用税的税收筹划

7.2.4.1 城镇土地使用税的法律界定

城镇土地使用税是以城镇土地为征税对象，对拥有土地使用权的单位和个人征收的一种税。

城镇土地使用税的征收范围包括城市、县城、建制镇、工矿区内的国家所有和集体所有的土地。

纳税义务人为拥有土地使用权的单位和个人或是土地的实际使用人和代管人。

城镇土地使用税实行从量定额征收，以纳税人实际占用的土地面积为计税依据，土地面积的计量标准为每平方米。

7.2.4.2 城镇土地使用税的筹划空间

1. 利用改造废弃土地进行筹划
2. 利用土地级别的不同进行筹划
3. 准确核算用地进行筹划

7.2.5 城市维护建设税的税收筹划

7.2.5.1 城建税的法律界定

城市维护建设税（简称城建税）是国家对缴纳增值税、消费税的单位及个人以其实际缴纳的增值税和消费税税额为计税依据而征收的一种税。

凡缴纳增值税、消费税的单位和个人，除税法另有规定外，都属于城市维护建设税的征税范围。

城建税以纳税人实际缴纳的增值税、消费税税额为计税依据。增值税和消费税仅指正税，不包括对纳税人加收的滞纳金、罚款等非税收款项。但是，纳税人被税务机关查补的增值税和消费税以及被处以罚款时，应同时对其偷漏的城建税进行补税和罚款。

城建税采取地区差别比例税率。

7.2.5.2 城建税的筹划空间

1. 利用委托加工进行筹划
2. 利用计税依据进行筹划
3. 利用货物进口进行筹划

7.2.6 印花税的税收筹划

7.2.6.1 印花税的法律界定

印花税是对经济活动和经济交往中书立、使用、领受具有法律效力的凭证的单位和个人征收的一种税。

印花税的纳税义务人，按照书立、使用、领受应税凭证的不同，可以分别确定为立合同人、立据人、立账簿人、领受人和使用人五种。

印花税共有购销合同、加工承揽合同、建设工程勘察设计合同、建筑安装工程承包合同、财产租赁合同、货物运输合同、仓储保管合同、借款合同、财产保险合同、技术合同、产权转移书据、营业账簿、权利许可证照等税目。

印花税的税率有两种形式，即比例税率和定额税率。

7.2.6.2 印花税的筹划空间

1. 充分利用印花税优惠规定筹划
2. 分项核算筹划
3. 利用不确定金额和保守金额进行筹划
4. 利用不同借款方式筹划

7.2.7 车船税的税收筹划

7.2.7.1 车船税的法律界定

车船税指对在我国境内应依法到公安、交通、农业、渔业、军事等管理部门办理登记的车辆、船舶，根据其种类，按照规定的计税依据和年纳税额标准计算征收的一种财产税。

车船税的纳税人，是在中华人民共和国境内拥有车船的单位和个人。征税对象是行驶于境内公共道路的车辆和航行于境内河流、湖泊或者领海的船舶，对车辆和船舶的所有人或管理人征税。

车船税采用幅度定额税率。

7.2.7.2 车船税的筹划空间

1. 利用税率临界点进行筹划
2. 利用特殊规定筹划

7.2.8 契税的税收筹划

7.2.8.1 契税的法律界定

契税是对在我国境内转移土地使用权和房屋所有权时，根据当事人双方签订的契约合同，以所有权发生转移变动的不动产为征税对象，向产权承受人征收的一种财产税。

契税的课税对象是发生权属转移并签订转移契约的土地和房屋。征收范围包括所有在我国境内的单位和个人转移土地、房屋权属的行为。

契税实行3%～5%的幅度比例税率，计税依据是土地、房屋权属转移时，当事人双方签订的契约上载明的不动产价格。

7.2.8.2 契税的筹划空间

1. 对企业合并、分立、改组的契税筹划
2. 利用房屋交换进行筹划
3. 充分利用税收优惠进行筹划

二、本章教学重点与难点

【教学重点】

1. 关税的税收筹划；
2. 土地增值税的税收筹划；
3. 资源税的税收筹划；
4. 房产税的税收筹划；
5. 城镇土地使用税的税收筹划；
6. 城市维护建设税的税收筹划；
7. 印花税的税收筹划；
8. 车船税的税收筹划；
9. 契税的税收筹划。

【教学难点】

1. 关税的原产地规定；
2. 土地增值税的筹划空间；
3. 资源税的筹划空间；
4. 房产税的法律界定；
5. 城镇土地使用税的筹划空间；
6. 印花税的法律界定；
7. 车船税的筹划空间。

三、本章关键术语

关税——是海关按照国家制定的关税政策、税法和进出口税则，对进出关境的货物和物品征收的一种流转税。

完税价格——是海关计算关税的依据。完税价格由海关以进出口货物的成交价格为基础审查确定。进口货物的完税价格包括货物的货价、货物运抵我国境内输入地点起卸前的运输及其相关费用、保险费。出口货物的完税价格包括货物运至我国境内输出地点装载前的运输及其相关费用、保险费，但不包含出口关税税额。

土地增值税——是对在我国境内有偿转让国有土地使用权及地上建筑物和其他附着物的产权、取得增值性收入的单位和个人征收的一种税。

资源税——是以各种自然资源为课税对象，为调节资源级差收入并体现国有资源有偿使用而征收的一种税。

房产税——是以房产为征税对象，依据房产价格或房产租金收入向房产所有人或经营人征收的一种税。

城镇土地使用税——是以城镇土地为征税对象，对拥有土地使用权的单位和个人征收的一种税。

城市维护建设税——简称城建税，是国家对缴纳增值税、消费税的单位和个人以其实际缴纳的税额为计税依据而征收的一种税。

印花税——是对经济活动和经济交往中书立、使用、领受具有法律效力的凭证的单位和个人征收的一种税。

车船税——指对在我国境内应依法到公安、交通、农业、渔业、军事等管理部门办理登记的车辆、船舶，根据其种类，按照规定的计税依据和年纳税额标准计算征收的一种财产税。

契税——是对在我国境内转移土地使用权和房屋所有权时，根据当事人双方签订的契约合同，以所有权发生转移变动的不动产为征税对象，向产权承受人征收的一种财产税。

四、补充练习题

（一）名词解释

1. 法定减免税
2. 特定减免税
3. 临时减免税
4. 最惠国税率
5. 保税区

（二）填空题

1. 关税的征税对象是准许进出境的________和________。
2. 我国进口税则设有五档，它们分别是________、________、________、________

和________。

3. 在我国，除了设置进口关税和出口关税以外，同时也采用特别关税政策。在我国特别关税包括________、________、________和________。

4. 为了正确运用进口税则的各栏税率，必须确定进境货物的原产国。在我国原产地规定基本上采用了________和________两种国际上通用的原产地标准。

5.《海关法》规定，进口货物的完税价格包括________、________、货物运抵我国境内输入地点起卸前的运输及其相关费用。货物的货价以________为基础。

6. 如果出现进口货物的价格不符合成交价格条件或者成交价格不能确定的情况，海关应当依次以________、________、________、________等合理方法确定价格，然后估定完税价格。

7. 凡在我国境内有偿转让________及________并取得增值性收入的单位和个人，均应按规定缴纳土地增值税。

8. 土地增值税实行 4 级________税率。

9. 土地增值额未超过扣除项目金额 50%的部分，税率为________，速算扣除率为________。

10. 纳税人建造普通标准住宅出售，其土地增值额未超过扣除项目金额________的予以免税。

11. 我国现行资源税范围只限于________和________。

12. 征收资源税的矿产品资源包括________、________、________、________和________。

13. 房产税的征税范围为城市、________、________和________。

14. 房产税的计税依据是________和________。

15. 城镇土地使用税以纳税人________为计税依据，________计算征收。

16. 城镇土地使用税在城市、________、________、________内开征。

17. 城镇土地使用税的纳税义务人为拥有土地使用权的单位和个人或是土地的________和________。

18. 城市维护建设税按纳税人所在地不同分别规定不同的税率，纳税人所在地为市区的，税率为________，在县城、镇的，税率为________，不在市区、县城或者镇的，税率为________。

19. 印花税的纳税义务人，按照书立、使用、领受应税凭证的不同，可以分别确定为________、________、________、________和________五种。

20. 有些合同在签订时无法确定计税金额，对这类合同，可在签订时先按定额________贴花，以后结算时再按________计税补贴印花。

21. 印花税的税率有两种形式，即________和________。

22. 契税是在转让土地、房屋权属订立契约时，由________缴纳的一种税。

23. 契税的征税范围是转移________、________而订立的契约。

（三）判断题

1. 在出口货物成交价格的计算中如果含有支付给境外的佣金，则一律扣除。（　　）

2. 在税率确定的情况下，完税价格的高低就决定了关税的轻重，所以可以通过降低申报价格来进行关税筹划。（　）

3. 在货物进口以后发生的基建、安装、维修和技术服务费用，无论如何也不能计入完税价格中。（　）

4. 利用控制完税价格进行税收筹划，就要选择同类产品中成交价格比较低的，运输、杂项费用相对小的货物进口或出口。（　）

5. 如果跨国公司想利用原产地标准来合理避税，那么最后组装成最终产品的地点（即原产国）就非常重要，一般应选择在同进口国签订有优惠税率的国家和地区，避开进口国征收特别关税的国家和地区。（　）

6. 成交价格的核心内容是货物本身的价格（即不包括运、保、杂费的货物价格）。该价格只包括货物的生产、销售等成本费用。（　）

7. 完税价格的高低决定了关税的轻重，而完税价格的确定是关税弹性较大的一环，所以，关税筹划的另一个切入点就是合理控制完税价格。（　）

8. 进口货物有 CIF、FOB、CFR 等方式；出口货物也有 CIF、FOB、CFR 以及 CIFC 等方式。不同的外贸运输方式，计算完税价格的方式也不同，故而具有一定的税收筹划空间。（　）

9. 土地增值税只对新建房屋建筑物的转让征税，而对已使用过的房屋建筑物的转让不征土地增值税。（　）

10. 纳税人建造普通标准住宅出售，增值额未超过扣除项目金额 20%的，免征土地增值税；增值额超过扣除项目金额 20%的，应就其超过 20%的部分计算征收土地增值税。（　）

11. 土地增值税的纳税义务人为转让国有土地使用权、地上建筑物及其附着物并取得收入的单位和个人。单位包括各类企业单位、事业单位，但不包括学校、医院。个人包括个体经营者。（　）

12. 增值额未超过扣除项目金额 20%的房地产开发项目，一律免征增值税。（　）

13. 个人转让、交换自有居住用房，经税务机关核准同意，可免征土地增值税。（　）

14. 个人因工作调动和改善居住条件而转让原自有住房，经向税务机关申报核准，凡居住满 3 年未满 5 年的，免征土地增值税。（　）

15. 对于连续加工前无法正确计算原煤动用量的，可按加工产品的综合回收率，将加工产品实际销量折算成原煤动用量作为课税数量。（　）

16. 水塔和围墙这类建筑不征房产税。（　）

17. 民政部门举办的安置残疾人占一定比例的福利工厂用地，免征城镇土地使用税。（　）

18. 城市维护建设税本身没有特定和独立的征税对象。（　）

19. 发生增值税、消费税减征时，不减征城市维护建设税。（　）

20. 印花税是对经济活动和经济交往中书立、领受的一切凭证征收的一种税。（　）

21. 同一应税凭证载有两项经济事项，并分别记载金额，应按两项合计和最高适用税

率计税贴花。(　　)

22. 财产所有人将财产赠给学校所立的书据，可以免征印花税。(　　)

23. 契税的纳税人为在中国境内转移土地、房屋权属的单位和个人。(　　)

24. 由于国家机关、事业单位、社会团体、军事单位属于非生产性单位，在承受土地、房屋权属时免征契税。(　　)

(四) 选择题 (不定项)

1. 下列单位、个人中不用缴纳关税的有(　　)。

A. 进口货物的收货人　　B. 出口货物的发货人

C. 出入境物品的所有人　　D. 在商场购买进口商品的消费者

2. 进出口货物完税价格的确定权属于(　　)。

A. 国务院　　B. 财政部门

C. 税务部门　　D. 海关

3. 进口货物的完税价格是指货物的(　　)。

A. 成交价格　　B. 到岸价格

C. 以成交价格为基础的到岸价格　　D. 以到岸价格为基础的成交价格

4. 如果跨国公司想利用原产地标准来合理避税，那么最后组装成最终产品的地点(即原产国)就非常重要，一般应选择在(　　)。

A. 同进口国签订有优惠税率的国家　　B. 进口国征收一般关税的国家

C. 进口国征收特别关税的国家　　D. 以上选择均可以

5. 以下存在关税筹划空间的是(　　)。

A. 关税优惠政策　　B. 完税价格

C. 原产地标准　　D. 进出口方式

6. 我国的进口税则设有的税率档次是(　　)。

A. 最惠国税率　　B. 协定税率

C. 特惠税率　　D. 普通税率

7. 在运输费用和保险费用的计量中，以下说法正确的是(　　)。

A. 邮运的进口货物，以邮费作为运输及其相关费用、保险费

B. 邮运的进口货物，以邮费的115%作为运输及其相关费用、保险费

C. 以境外边境口岸价格条件成交的铁路或公路运输进口货物，海关按照该货物进口同期的正常运输成本审查确定，保险费按照货价和运费之和的3.5‰确定

D. 以境外边境口岸价格条件成交的铁路或公路运输进口货物，海关按照该货物进口同期的正常运输成本审查确定，保险费按照货价和运费之和的3‰确定

8. 为了充分利用原产地标准来进行纳税筹划，必须知道我国对于原产地的确认使用了(　　)。

A. 部分产地标准　　B. 全部产地标准

C. 实质性加工标准　　D. 以上都是

9. 行邮税的税率档次为(　　)。

A. 60%　　B. 30%　　C. 10%　　D. 15%

10. 以下属于合理合法的税收筹划的做法有（　　）。

A. 从事货物进口或出口时，选择同类产品中成交价格比较低的，运输、杂项费用相对小的

B. 积极在保税区内投资设厂

C. 隐瞒真实价格，降低申报价格，从而使完税价格大大降低

D. 选择最佳的进出口货物运输方式

11. 下列应征土地增值税的项目为（　　）。

A. 合作建房，建成后自用　　B. 以房地产进行联营投资

C. 企业进行房地产交换　　D. 国家征用房地产

12. 居民个人转让房地产需要缴纳土地增值税的有（　　）。

A. 个人互换自有住房　　B. 继承房产

C. 将房产赠与直系亲属　　D. 转让居住 4 年的私房

13. 纳税人建造普通标准住宅出售，增值额超过扣除项目金额 20%的，应就其（　　）按规定计算缴纳土地增值税。

A. 超过部分的金额　　B. 全部增值额

C. 扣除项目金额　　D. 出售金额

14. 土地增值税实行四级超率累进税率。增值额超过扣除项目金额 50%、未超过扣除项目金额 100%的部分，税率为（　　）。

A. 30%　　B. 40%　　C. 50%　　D. 60%

15. 下列各项需要缴纳土地增值税的有（　　）。

A. 出让国有土地使用权　　B. 转让国有土地使用权

C. 房地产的继承　　D. 出租房地产

16. 土地增值税按照纳税人转让房地产所取得的（　　）和规定的税率计算征收。

A. 收入额　　B. 所得额　　C. 增值额　　D. 利润额

17. 个人转让原自有居住（　　）的住房，需按规定缴纳土地增值税。

A. 未满 3 年　　B. 满 3 年未满 5 年

C. 满 5 年未满 10 年　　D. 10 年以上

18. 土地增值税的纳税人隐瞒、虚报房地产成交价格的，按照（　　）计算征收。

A. 隐瞒、虚报的房地产成交价格加倍

B. 提供的扣除项目金额加倍

C. 最高一档税率

D. 房地产评估价格

19. 纳税人转让房地产，有（　　）情形的，按照房地产评估价格计算征收土地增值税。

A. 隐瞒、虚报房地产成交价格　　B. 因偷税被税务机关给予两次行政处罚

C. 房地产成交价格在 1 亿元以上　　D. 提供扣除项目金额不实

20. 《中华人民共和国土地增值税暂行条例》规定的计算增值额的扣除项目有（　　）。

A. 取得土地使用权所支付的金额　　B. 开发土地的成本、费用

C. 与转让房地产有关的税金　　　D. 新建房及配套设施的成本、费用

21. 下列情形中，需按房地产评估价格计征土地增值税的有（　　）。

A. 少报房地产成交价格　　　B. 少报房地产扣除项目金额

C. 多报房地产扣除项目金额　　　D. 房地产成交价格过低，又无正当理由的

22. 土地增值税的征税范围包括（　　）。

A. 转让国有土地使用权

B. 出让国有土地使用权

C. 地上建筑物及附着物连同国有土地使用权一并转让

D. 以赠与方式转让房地产

23. 下列不免征土地增值税的项目有（　　）。

A. 个人因工作调动而转让居住 7 年的自用住房

B. 转让写字楼的增值额未超过扣除项目金额 20%的项目

C. 建造普通标准住宅出售，增值额占扣除项目金额的 21%

D. 2009 年年底签订的房地产开发合同，2012 年年底建成后第 2 次转让

24. 以下资源中，属于资源税应税产品的是（　　）。

A. 加热、修井原油　　　B. 柴油

C. 人造石油　　　D. 天然原油

25. 某油田 10 月份开采原油 9 000 吨，其中用于加热、修井 500 吨，已销售 8 000 吨，其余待销售。另与原油同时开采的天然气 40 000 立方米全部售出。该油田适用的单位税额为每吨 12 元，天然气每千立方米 8 元，其 10 月份应纳资源税税额为（　　）。

A. 96 000 元　　B. 96 320 元　　C. 102 000 元　　D. 102 320 元

26. 某煤矿 3 月份生产销售煤炭 10 万吨，天然气 5 000 万立方米。已知该煤矿适用的单位税额为 1.5 元/吨，煤矿邻近的某石油管理局天然气适用的单位税额为 8 元/千立方米。煤矿 3 月份应纳的资源税为（　　）。

A. 55 万元　　B. 40 万元　　C. 15 万元　　D. 25 万元

27. 江西省铜矿 6 月份将开采的三等铜矿加工成铜精矿，因特殊原因税务机关无法准确掌握入选精矿时移送使用的原矿数量，只知入选后的精矿数量为 500 吨，选矿比为 1∶32，三等铜矿单位税额为每吨 1.4 元。该铜矿 6 月份应纳资源税税额为（　　）。

A. 22 元　　B. 500 元　　C. 700 元　　D. 22 400 元

28. 某油田 1 月份生产原油 10 000 吨，其中已销售 8 000 吨，已自用 1 500 吨（不是用于加热、修井），另有 500 吨待销售。该油田适用的单位税额为每吨 8 元，其 1 月份应纳的资源税税额为（　　）。

A. 80 000 元　　B. 64 999 元　　C. 12 000 元　　D. 76 000 元

29. 下列油类产品中，应征收资源税的为（　　）。

A. 人造石油　　B. 天然原油　　C. 汽油　　D. 柴油

30. 在资源税中，煤炭的征收范围包括（　　）。

A. 洗煤　　B. 选煤　　C. 煤炭制品　　D. 原煤

31. 对独立矿山应纳的铁矿石资源减征（　　）。

A. 60%　B. 40%　C. 30%　D. 50%

32. 资源税的税目共有5个，其中包括（　）。

A. 天然气　B. 天然矿泉水　C. 其他非金属矿　D. 煤炭制品

33. 以下资源中，属于资源税的应税产品有（　）。

A. 与原油同时开采的天然气　B. 锰矿原矿

C. 天然矿泉水　D. 卤水

34. 以下煤炭资源中不征收资源税的有（　）。

A. 开采并出口的原煤　B. 洗煤

C. 进口原煤　D. 选煤

35. 下列属于房产税的征税对象的有（　）。

A. 玻璃暖房　B. 房屋　C. 室外游泳池　D. 围墙

36. 我国不征收房产税的地方有（　）。

A. 城市的市区　B. 县城　C. 建制镇和工矿区　D. 农村

37. 按照房产租金收入计算房产税所适用的税率是（　）。

A. 1.2%　B. 12%　C. 10%　D. 20%

38. 房产税的从价计征方式按房产的原值减除（　）后的余值计算缴纳。

A. 10%～20%　B. 10%～30%

C. 20%～30%　D. 5%～20%

39. 属于房产税纳税人的有（　）。

A. 经营管理单位　B. 出典人　C. 房产使用人　D. 房产代管人

40. 免纳房产税的房产包括（　）。

A. 国家机关、人民团体、军队的房产

B. 个人所有非营业用的房产

C. 宗教寺庙、公园、名胜古迹的房产

D. 经财政部批准免税的其他房产

41. 房产税的计税依据有（　）。

A. 房产净值　B. 房产余值　C. 租金收入　D. 房产市价

42. 城镇土地使用税纳税人以（　）的土地面积为计税依据。

A. 自用　B. 拥有　C. 实际占用　D. 被税务机关认定

43. 城镇土地使用税采用（　）税率。

A. 全省统一的定额　B. 有幅度差别的定额

C. 全县（区）统一的定额　D. 有幅度差别的比例

44. 税法规定的城镇土地使用税税率为（　）。

A. 大城市0.5～20元　B. 中等城市0.4～12元

C. 小城市0.9～18元　D. 县城、建制镇、工矿区0.6～12元

45. 免缴城镇土地使用税的土地包括（　）。

A. 直接用于农、林、牧、渔业的生产用地

B. 公园内附设照相馆使用的土地

C. 国家机关自用的土地

D. 生产企业闲置的土地

46. 城镇土地使用税的纳税人包括（　　）。

A. 拥有土地使用权的单位和个人　B. 土地的实际使用人

C. 土地的代管人　　　　　　　　D. 土地使用权共有的各方

47. 城市维护建设税的计税依据是（　　）。

A. 纳税人应缴的增值税、消费税税额

B. 纳税人实缴的增值税、消费税税额

C. 纳税人欠缴的增值税、消费税税额

D. 纳税人违法行为的罚款

48. 纳税人所在地在县城、镇的，其适用的城市维护建设税税率为（　　）。

A. 5%　　B. 3%　　C. 10%　　D. 7%

49. 由受托方代征代扣增值税、消费税的单位和个人，其代征代扣的城市维护建设税按（　　）适用税率。

A. 受托方所在地　　　　B. 纳税义务人所在地

C. 7%　　　　　　　　　D. 5%

50. 以下情况符合城市维护建设税计征规定的有（　　）。

A. 对出口产品退还增值税、消费税的，也一并退还已纳城市维护建设税

B. 纳税人享受增值税、消费税的免征优惠时，也同时免征城市维护建设税

C. 税务机关对纳税人违反增值税、消费税有关税法而加收的滞纳金和罚款，也作为城市维护建设税的计税依据

D. 海关对进口产品代征的增值税、消费税，不征收城市维护建设税

51. 某企业下列凭证中免纳印花税的有（　　）。

A. 与某公司签订的房屋租赁合同　B. 与供销部门签订的物资收购合同

C. 与某企业签订的加工合同　　　D. 与银行签订的贴息贷款合同

52. 税法关于印花税的规定对权利许可证和其他营业账簿按件定额贴花（　　）。

A. 5元　　B. 10元　　C. 1元　　D. 50元

53. 下列凭证中免纳印花税的是（　　）。

A. 无息、贴息贷款合同

B. 建筑安装工程承包合同

C. 工商营业执照

D. 外国政府向我国政府提供优惠贷款所书立的合同

54. 下列凭证中免纳印花税的有（　　）。

A. 已纳印花税凭证的副本或抄本

B. 财产所有人将财产赠给政府所立的书据

C. 财产所有人将财产赠给社会福利单位和社会团体所立的书据

D. 国家指定收购部门与农民个人书立的农副产品收购合同

55. 印花税税目共有13个。下列各项属于13个税目之一的有（　　）。

A. 加工承揽合同　　B. 财产租赁合同
C. 财产保险合同　　D. 营业账簿

56. 下列需缴纳印花税的证照有（　　）。
A. 房产证　　B. 土地使用证
C. 商标注册证　　D. 税务登记证

57. 财产所有人将财产赠给（　　）所立的书据，免纳印花税。
A. 中外合资企业　　B. 国有企业
C. 政府　　D. 社会福利单位

58. 车船税实行（　　）。
A. 比例税率　　B. 累进税率
C. 定额税率　　D. 差别比例税率

59. 以“自重吨位”为计税依据，计算车船税的是（　　）。
A. 载货汽车　　B. 机动船　　C. 畜力车　　D. 三轮汽车

60. 船舶以（　　）为车船税计税依据。
A. 净吨位　　B. 载重吨位　　C. 吨位　　D. 定额吨位

61. 不需要缴纳车船税的是（　　）。
A. 机动车　　B. 非机动车
C. 非机动船　　D. 已购置尚未使用的车船

62. 下列属于我国车船税中规定的计税依据的有（　　）。
A. 净吨位　　B. 辆　　C. 自重吨位　　D. 吨

63. 契税采用（　　）。
A. 累进税率　　B. 比例税率　　C. 定额税率　　D. 其他税率

64.《中华人民共和国契税暂行条例》（以下简称《契税暂行条例》）规定，可以享受减免契税优惠待遇的是（　　）。
A. 城镇职工购买公有住房
B. 房屋交换
C. 取得荒山、荒沟、荒丘、荒滩土地使用权，用于工业园建设的
D. 因不可抗力灭失住房而重新购买住房的

65. 契税的税率是（　　）。
A. 3%～5%　　B. 1%～3%　　C. 3%～10%　　D. 5%～10%

66. 土地使用权交换、房屋交换的计税依据为（　　）。
A. 成交价格
B. 市场价格
C. 所交换的土地使用权、房屋价格的差额
D. 评估价格

67. 契税的征税对象是境内转移土地、房屋权属，具体包括（　　）。
A. 国有土地使用权出让　　B. 承包土地
C. 房屋买卖　　D. 房屋赠与

68. 契税的计税依据有（　　）。

A. 土地价值　　B. 成交价格

C. 市场价格　　D. 交换的土地使用权、房屋的价格差额

69. 符合（　　）条件的纳税人，可以得到契税的减免税优惠。

A. 社会团体承受土地、房屋，用于科研

B. 事业单位承受房屋，用于医疗

C. 城镇职工按规定第一次购买公有住房

D. 因不可抗力灭失住房而重新购买住房的

70. 某企业在市区拥有一块地，尚未由有关部门组织测量面积，但持有政府部门核发的土地使用证书。下列关于该企业履行城镇土地使用税纳税义务的表述中，正确的是(　　)。

A. 暂缓履行纳税义务

B. 以证书确认的土地面积作为计税依据履行纳税义务

C. 自行测量土地面积并履行纳税义务

D. 待将来的有关部门测定完土地面积后再履行纳税义务

71. 居民甲 2019 年购置一套新住房，价值 200 万元。将其原有的一套住房出售给居民乙，成交价格为 100 万元；将另一套价值 160 万元的自有住房与居民丙的住房等价交换。若当地契税为 4%，则居民甲 2019 年应缴纳契税(　　)万元。

A. 8　　B. 12　　C. 14.4　　D. 18.4

72. 2019 年 8 月，某市甲企业实际缴纳消费税 56 万元，并于当月委托某县乙企业加工应税消费品，乙企业代扣代缴消费税 30 万元。甲企业当月应当缴纳（含被代扣代缴）城市维护建设税(　　)万元。

A. 3.92　　B. 1.50　　C. 5.42　　D. 2.62

73. 下列税费中，应计入进口货物关税完税价格的有(　　)。

A. 进口环节缴纳的消费税

B. 单独支付的境内技术培训费

C. 由买方负担的境外包装材料费

D. 由买方负担的与该货物视为一体的容器费用

（五）简答题

1. 什么是税则归类？税则归类的步骤是什么？

2. 要正确运用进口税则的各栏税率，必须确定进境货物的原产国。针对我国而言，关税的原产地规定采用什么标准？

3. 简要说明如何利用一个国家的保税制度来进行关税的税收筹划。

4. 简述房屋的继承与赠与在什么情况下不征收土地增值税。

（六）材料分析题

1. 我国海南省的东方家具生产公司（以下简称东方公司）于 2019 年 1 月从美国进口一批木材，并向当地海关申请保税。其报关表上填写的单耗计量单位为 200 块/套，即做成一套家具需耗用 200 块木材，而该公司由于近期引进先进设备，目前做成一套家具只需

用150块木材，但这是难以测量的，海关认为东方公司信誉良好，给予批准。8个月后，东方公司将成品复运出口，完成了一个保税过程。现假设东方公司进口木材10万块，每块价格100元，海关关税税率为50%，请计算其避税的成果。

2. 海外华侨回国探亲时往往随身携带馈赠物品。看看进口税率表，就可以发现在众多可以作为探亲礼品的物品中，如金银及其制品、包金饰品、纺织品和制成品、电器用具、照相机、手表、化妆品、录像机、烟、酒等，其进口税率各不相同，而且差异很大，有免税的，也有征收高额关税的。对比研究一下所带礼品为300美元名酒、400美元电视摄像机、700美元瑞士名表时和带上1 400美元金银首饰时所缴纳的关税有多大区别。

3. 南铁公司需要进口一批铁矿石5吨，可以选择两家单位：一家是巴西的，其价格为9万美元/吨，运费为12万美元；另一家是印度的，价格为10万美元/吨，运费为5万美元。其他的费用，巴西的也比印度的高。此时，南铁公司该从哪国进口呢？

4. 某纳税人取得转让房地产收入200万元，其扣除项目金额为120万元。请计算该纳税人应纳的土地增值税税额。

5. 某花园别墅有限公司2019年拥有24幢别墅小楼，已售出其中的20幢，每幢建造成本为40万元，地价款为14万元，分摊的开发费用为8万元（全部可以扣除）。每幢售价140万元，已按规定缴纳了有关税费（转让不动产增值税适用税率9%，城市维护建设税税率7%，印花税税率5‰，教育费附加征收率3%）。请计算该公司应缴纳的土地增值税税额。

6. 某房地产开发公司2019年的商品房销售收入为1.5亿元，其中普通住宅的销售额为1亿元，豪华住宅的销售额为5 000万元。税法规定的可扣除项目金额为1.1亿元，其中普通住宅的可扣除项目金额为8 000万元，豪华住宅的可扣除项目金额为3 000万元。请问该房地产开发公司应如何筹划，才能使本年度缴纳的土地增值税较少？

7. 某铜矿厂用原矿入选铜精矿，因特殊原因税务部门无法准确掌握入选精矿时移送使用的原矿数量，只知其入选后精矿量为7 000吨，选矿比为1∶32，该铜矿资源等级属于五等，其适用的单位税额为每吨1.2元。请计算该铜矿应纳的资源税税额。

8. 某盐场2019年生产销售原盐10万吨，此外，用生产的原盐加工成粉洗盐15万吨，粉精盐20万吨，精制盐20万吨。已知该厂1吨原盐可加工0.8吨粉洗盐，或可加工0.75吨粉精盐，或可加工0.6吨精制盐，另知该盐场的单位税额为25元/吨。请计算该盐场2019年应纳资源税税额。

9. 山西省某煤矿2019年6月生产销售煤炭1 000吨，生产天然气20万立方米。已知该煤矿适用的税率为1.2元/吨，煤矿附近的某石油管理局天然气适用的税率为4元/千立方米。如果进行筹划，将石油和天然气分开核算，将节省多少资源税税金？

10. 某企业2019年自用营业用房的原值为400万元，当地规定允许减除房产原值的20%；企业将自有办公楼一幢租给另一公司，年租金收入为50万元，将自有房屋租给某饭店，协议商定按饭店营业收入的10%收取房租，饭店全年营业收入为100万元。请计算该企业全年应纳房产税税额。

11. 某居民有一栋旧楼房，共22间，其中用于生活居住6间，用于开设餐馆6间（经核房屋原值为50 000元），另外10间出租给某服装厂，每月租金1 000元。请计算该居民当年应缴纳的房产税（该地区规定按房产原值一次扣除20%后的余值计税）。

12. A企业用原价为500万元的房产与B企业联营。如果A企业每年能分回60万元利润，则只从减少房产税的角度出发，A企业是采取承担风险的合作方式还是非承担风险的合作方式划算?

13. 某市某购物中心实行统一核算。土地使用证上载明，该企业实际占用土地情况为：中心店占地8 200平方米，一分店占地3 600平方米，二分店占地5 800平方米，企业仓库占地6 300平方米，企业自办托儿所占地360平方米。经税务机关确定，该企业所占用的土地分别适用市政府确定的以下税额：

(1) 中心店位于一等土地地段，每平方米年纳税额为7元。

(2) 一分店和托儿所位于二等土地地段，每平方米年纳税额为5元。

(3) 二分店位于三等土地地段，每平方米年纳税额为4元。

(4) 仓库位于五等土地地段，每平方米年纳税额为1元。

(5) 另外，该市政府规定，企业自办托儿所、幼儿园、学校用地免征城镇土地使用税。

请计算该购物中心年应纳城镇土地使用税税额。

14. 某企业设在县城，2019年6月缴纳增值税51万元、消费税15万元。另外，因违反税法规定被加收滞纳金和被处以罚款合计11万元。请计算该企业2019年6月应缴纳的城市维护建设税税额。

15. 某企业2019年4月开业，领受房产证、工商营业执照、土地使用证各一份，与其他企业订立转移专用技术使用书据一份，所载金额为100万元；订立产品购销合同一份，所载金额为200万元；订立借款合同一份，所载金额为50万元。此外，企业的营业账簿中“实收资本”科目载有资金400万元，其他账簿8本。该年年底该企业“实收资本”所载资金为450万元。计算该企业2009年4月应纳印花税税额和12月应补纳税额。

16. 某运输公司有载重汽车120辆（4.7吨的80辆，8吨的40辆），载重汽车拖车20辆（3吨的10辆，4.3吨的10辆），大客车4辆（50座），小客车3辆（8座2辆，13座1辆）。该省规定的年纳税额如下：载人汽车10人以下的每辆180元，11～13人的每辆240元，31人以上的每辆300元，载货汽车每吨60元。计算该公司应纳车船税税额。

17. 某企业2019年度有关资料如下：

(1) 购买土地使用权，出让金额为1 000万元；

(2) 外单位用房屋抵偿债务，房屋价值300万元，现值400万元；

(3) 企业用价值100万元的房屋与另一企业价值180万元的房屋交换；

(4) 接受某企业房屋捐赠，双方协商价值为120万元，市场同类房屋价值为150万元；

(5) 购买房屋一幢，成交价格为6 000万元。

当地规定的契税税率为4%。请计算该企业当年应纳契税税额。

18. 某市一内资房地产开发公司2019年在本市区开发一个项目，有关经营情况如下：

(1) 该项目商品房全部销售，取得销售收入4 000万元，并签订了销售合同。

(2) 签订土地购买合同，支付与该项目相关的土地使用权价款600万元，相关税费50万元。

(3) 发生拆迁补偿费 200 万元，前期工程费 100 万元，支付工程价款 750 万元，基础设施及公共配套设施费共计 150 万元，开发间接费用 60 万元。

(4) 发生销售费用 100 万元，财务费用 60 万元，管理费用 80 万元。

(5) 该房地产开发公司不能按转让房地产项目分摊利息，当地政府规定的开发费用扣除比例为 10%。

要求：根据上述资料，回答以下问题：

(1) 计算该房地产开发公司应缴纳的印花税。

(2) 计算该房地产开发公司计算土地增值税时准予扣除的与转让房地产相关的税金。

(3) 计算该房地产开发公司计算土地增值税时准予扣除项目的合计金额。

(4) 计算该房地产开发公司应当缴纳的土地增值税。

19. 某企业 2019 年度共拥有土地 65 000 平方米，其中子弟学校占地 2 500 平方米、幼儿园占地 1 700 平方米、企业内部绿化占地 2 000 平方米。2019 年度的上半年企业共有房产原值 4 000 万元（不含子弟学校、幼儿园的房产原值），7 月 1 日起将原值 200 万元、占地面积 400 平方米的一栋仓库出租给某商场存放货物，租期 1 年，每月租金 1.5 万元。8 月 10 日对委托施工单位建设的生产车间办理验收手续，由在建工程转入固定资产原值 500 万元。（城镇土地使用税年纳税额为 4 元/平方米；房产税计算余值的扣除比例为 20%。）

要求：

(1) 2019 年度，企业应当缴纳多少城镇土地使用税？

(2) 2019 年度，企业应当缴纳多少房产税？

(七) 案例分析题

【案例 7-1】 某钢铁公司 2019 年需要进口铁矿石 300 万吨，可供选择的进货厂商有两家：一家在澳大利亚，另一家在加拿大。澳大利亚的铁矿石品位较高，价格为每吨 20 美元，运费为 180 万美元；加拿大的铁矿石品位较低，价格为每吨 19 美元，运费为 720 万美元。已知进口铁矿石的关税税率为 20%。若暂不考虑其他条件，从税收筹划角度来看，该钢铁公司应该选择从哪一个国家进口铁矿石？

【案例 7-2】 某房地产开发公司 2019 年预计商品房销售收入为 30 000 万元，其中普通住宅的销售额为 20 000 万元，豪华住宅的销售额为 10 000 万元。根据税法规定，可扣除项目金额应为 22 000 万元，其中普通住宅的可扣除项目金额为 16 000 万元，豪华住宅的可扣除项目金额为 6 000 万元。从税收的角度讲，该公司应如何操作才能实现利益最大化？在具体筹划过程中应该注意什么问题？

【案例 7-3】 某煤矿以生产煤炭、原煤为主，同时也小规模生产洗煤和选煤。2019 年 6 月该煤矿发生如下业务：

(1) 外销原煤 10 000 吨，销售价为每吨 600 元；

(2) 销售原煤 4 000 吨，销售价为每吨 550 元；

(3) 销售本月生产的选煤 200 吨，选煤回收率为 70%，销售价为每吨 1 200 元；

(4) 移送加工煤制品用原煤 3 000 吨；

(5) 用本月生产的 160 吨选煤支付发电厂电费。

当月煤矿购进原材料及辅助材料准予抵扣的进项税额为 500 000 元。

该煤矿原煤资源税单位税额为每吨 0.5 元，月底煤矿计算出的应纳资源税和增值税为：

应纳资源税课税数量＝10 000＋4 000＋200＋3 000＋160＝17 360(吨)

应纳资源税税额＝17 360×0.5＝8 680(元)

增值税销项税额＝(10 000×600＋4 000×550＋200×1 200＋160×1 200＋3 000×550)×13%＝1 336 660(元)

应纳增值税税额＝1 336 660－500 000＝836 660(元)

根据《资源税暂行条例》的规定，该煤矿计算出的应纳资源税和增值税正确吗？你能帮助该煤矿正确计算应纳资源税和增值税税额吗？

【案例 7-4】 某房地产开发公司开发销售公寓、办公用房和商业用房，注册资本为 6 000 万元，有在职员工 60 人。2019 年度销售商品房收入 11 000 万元，利润为 210 万元。

2019 年 1 月，该公司与某建筑工程公司签订财大工程施工合同，金额为 13 000 万元，合同签订后，印花税即已缴纳。该工程于 2019 年 11 月竣工。由于工程建筑图纸经过重大修改，原办公楼由七层改为五层，实际工程决算金额为 9 600 万元。该公司 2019 年 12 月签订交大工程建筑施工合同，合同金额为 16 000 万元，并以财大工程多缴印花税为由，直接冲减合同金额 3 400 万元，然后计算缴纳印花税。交大工程还有建筑设计合同金额 400 万元、电力安装工程合同金额 800 万元、消防安装合同金额 600 万元、建筑技术咨询合同金额 40 万元，均尚未申报缴纳印花税。

根据我国现行《印花税暂行条例》的规定，该公司计算缴纳印花税的做法正确吗？怎样才能做到既不额外增加税负，又不偷税漏税？你能帮助该公司正确计算应纳印花税税额吗？

【案例 7-5】 有甲、乙、丙三位经济当事人，甲和丙均拥有一套价值 500 万元的房屋，乙想购买甲的房屋，甲也想购入丙的房屋后出售自己的房屋。问如何筹划才能使三人的总税负最少（契税税率为 5%）？

【案例 7-6】 某公司 2018 年购进一处房产，2019 年年初将该房产用于投资联营。现有两种方案可供选择：方案 1 为参与投资利润分红，共担风险，每年取得收入 290 万元；方案 2 为只收取固定收入，当年取得收入 300 万元。该房产原值 3 000 万元，当地政府规定的减除幅度为 30%。若只考虑房产税，该公司应该选择哪一种方案？

五、补充练习题答案

（一）名词解释

1. 法定减免税：是依照关税基本法规的规定，对列举的课税对象给予的减免。纳税人无须提出申请，海关可按照规定直接予以执行。海关对法定减免税货物一般不进行后续管理。适用这类减免税优惠的货物、物品有：关税税额在人民币50元以下的一票货物；无商业价值的广告品和货样；外国政府、国际组织无偿赠送的物资；进出境运输工具装载途中必需的燃料、物料和饮食用品；在海关放行前损失的货物，根据海关认定的受损程度减征关税；我国缔结或者参加的国际条约规定减征、免征关税的货物、物品；法律规定减征、免征关税的其他货物、物品；等等。

2. 特定减免税：也称政策性减免税。特定减免税货物一般有地区、企业和用途的限制，海关需要进行后续管理。这类货物、物品主要有：科教用品；残疾人专用品；扶贫、慈善性捐赠物资；加工贸易产品（加工装配和补偿贸易、进料加工等）；边境贸易进口物资；保税区进出口货物；出口加工区进出口货物；进口设备；特定行业或用途的减免税；等等。

3. 临时减免税：指在法定和特定减免税以外，由国务院运用一案一批原则，针对某个单位、某类商品、某个项目或某批进出口货物的特殊情况，给予特别照顾，临时给予的减免。这类政策一般对可减免的商品列有具体清单，如为支持我国海洋和陆上特定地区石油、天然气开采作业，对相关项目进口国内不能生产或性能不能满足要求的，直接用于开采作业的设备、仪器、零附件、专用工具，免征进口关税和进口环节增值税。

4. 最惠国税率：是最惠国待遇条款规定使用的优惠税率，它适用于以下几种情况：(1) 原产于与我国共同使用最惠国待遇条款的WTO成员方或地区的进口货物。(2) 原产于与我国签订有相互给予最惠国待遇条款的双边贸易协定的国家或地区的进口货物。

5. 保税区：是在一国海关监控管理下存放和加工保税货物的特定区域。保税区内复运出口的进口货物通常免征进口关税和进口环节税。国家在境内设立保税区，通常是为了创造完善的投资、运营环境。

（二）填空题

1. 货物　物品
2. 最惠国税率　协定税率　特惠税率　普通税率　关税配额税率
3. 报复性关税　反倾销税　反补贴税　保障性关税
4. 全部产地生产标准　实质性加工标准
5. 货物的货价　保险费　成交价格
6. 相同货物成交价格方法　类似货物成交价格方法　倒扣价格方法　计算价格方法
7. 国有土地使用权　地上建筑物和其他附着物的产权
8. 超率累进
9. 30%　0
10. 20%
11. 矿产品资源　盐资源
12. 原油　天然气　煤炭　金属矿　其他非金属矿
13. 县城　建制镇　工矿区
14. 房产余值　房租收入
15. 实际占用的土地面积　从量定额

16. 县城　建制镇　工矿区

17. 实际使用人　代管人

18. 7%　5%　1%

19. 立合同人　立据人　立账簿人　领受人　使用人

20. 5元　实际金额

21. 比例税率　定额税率

22. 承受人

23. 土地使用权　房屋所有权

(三) 判断题

1. ×。只有在该佣金单独列明的情况下才允许其扣除。

2. ×。不能把完税价格的筹划方法片面地理解为降低申报价格。如果为了少缴关税而降低申报价格，就会构成偷税。

3. ×。货物进口后的基建、安装、维修和技术服务费用，如能与该货物实付或者应付价格区分，不得计入完税价格。

4. √

5. √

6. ×。成交价格除包括货物的生产、销售等成本费用外，还包括买方在成交价格之外另行向卖方支付的佣金。

7. √

8. √

9. ×。土地增值税是对在我国境内有偿转让国有土地使用权及地上建筑物和其他附着物产权、取得增值性收入的单位和个人征收的一种税。凡符合上述条件的均征收土地增值税，与房屋的新建与否并无关系。

10. ×。纳税人建造普通标准住宅出售，增值额未超过扣除项目金额20%的，免征土地增值税；增值额超过扣除项目金额20%的，应就其全部增值额计算征收土地增值税。

11. ×。土地增值税的纳税义务人为转让国有土地使用权、地上建筑物及其附着物并取得收入的单位和个人。单位包括学校、医院。

12. ×。必须是建造普通标准住宅出售，此项优惠政策才可以实施。

13. ×。个人之间互换自有住房不征收土地增值税，但转让照常征收。

14. ×。个人因工作调动和改善居住条件而转让原自有住房，经向税务机关申报核准，凡居住满3年未满5年的，减半征收土地增值税，居住满5年或5年以上的，免征土地增值税。

15. √

16. √

17. ×。民政部门举办的安置残疾人占一定比例的福利工厂用地，由省、自治区、直辖市地方税务机关确定减免城镇土地使用税，并非一定免税。

18. √

19. ×。税法规定，发生增值税、消费税减征时，同时减征城市维护建设税。

20. ×。印花税是对经济活动和经济交往中书立、使用、领受具有法律效力的凭证的单位和个人征收的一种税，而并非对所有的凭证都征收印花税。

21. ×。同一应税凭证载有两项经济事项，并分别记载金额，应分别计算应纳税额，相加后按合计税额贴花。

22. √

23. ×。契税是对在我国境内转移土地使用权和房屋所有权时，根据当事人双方签订的契约合同，以所有权发生转移变动的不动产为征税对象，向产权承受人征收的一种财产税。

24. ×。国家机关、事业单位、社会团体、军事单位承受土地、房屋，只有用于办公、教学、医疗、科研和军事设施时，才可以免纳契税。

(四) 选择题 (不定项)

1. D。关税的纳税义务人包括进口货物的收货人、出口货物的发货人、出入境物品的所有人。

2. D。《海关法》规定：进出口货物的完税价格，由海关以该货物的成交价格为基础审查确定。成交价格不能确定时，完税价格由海关依法估定。自我国加入世界贸易组织后，我国海关已全面实施《世界贸易组织估价协定》。

3. C。进口货物的完税价格包括货物的货价、货物运抵我国境内输入地点起卸前的运输及其相关费用、保险费。货物的货价以成交价格为基础。

4. A。目前许多跨国公司在全球不同国家设立了分支机构，这些机构在某种商品的生产过程中承担了一定的角色，可以说，成品是用在不同国家生产的零部件组装起来的，那么最后组装成最终产品的地点（即原产国）就非常重要，一般应选择在同进口国签订有优惠税率的国家或地区，避开进口国征收特别关税的国家和地区。

5. ABCD。关税的筹划空间包括：关税优惠政策的应用、合理控制完税价格、充分利用原产地标准、利用保税制度进行税收筹划、选择货物的进口方式进行税收筹划、选择货物的运输方式进行税收筹划、行邮税的税收筹划、反倾销税的税收筹划和关税法律救济的税收筹划。

6. ABCD。我国进口税则设有最惠国税率、协定税率、特惠税率、普通税率和关税配额税率等税率形式。

7. AD。一般进口运费无法确定，保险费无法确定或未实际发生的，海关应按照该货物同期的正常运输成本审查确定，保险费按照货价和运费之和的3‰确定。若用其他运输方式进口货物，运费和保险费的计算有所不同：邮运的进口货物，以邮费作为运输及其相关费用、保险费。

8. BC。关于原产地的确认，我国设定了全部产地标准和实质性加工标准。

9. ABD。行邮税的税率有60%、30%和15%三个档次。

10. ABD。利用控制完税价格进行税收筹划，就要选择同类产品中成交价格比较低的，运输、杂项费用相对小的货物进口或出口，故A正确。利用保税制度进行税收筹划，纳税人就要积极在保税区内投资设厂，开展为出口贸易服务的加工整理、保障、运输、仓储、商品展出和转口贸易，以获取豁免进出口关税的好处，故B正确。运输及其相关费用、保险费的计算在进出口货物的完税价格中占有很大一部分，对运输方式的选择形成关税的筹划空间，故D正确。当然，不能把完税价格的筹划方法片面地理解为降低申报价格。如果为了少缴关税而降低申报价格，就会构成偷税，故C错误。

11. C。征收土地增值税必须满足三个判定标准：仅对转让国有土地使用权及其地上建筑物和附着物的行为征税；仅对产权发生转让的行为征税；仅对转让房地产并取得收入的行为征税。

房地产所有人可以通过避免符合以上三个判定标准来避免成为土地增值税的征税对象。比如，所有人通过境内非营利的社会团体、国家机关将房屋产权、土地使用权赠与教育、民政和其他社会福利、公益事业，将房产、土地使用权租赁给承租人使用，由承租人向出租人支付租金，将房地产作价入股进行投资或作为联营条件等，均可免征土地增值税。

12. D。居民个人转让私有房产五年以上的免交土地增值税。

13. B。纳税人建造普通标准住宅（不包括高级公寓、别墅、度假村等）出售，增值额未超过扣除项目金额20%的，免征土地增值税。增值额超过扣除项目金额20%的，应就其全部增值额按规定计算缴纳土地增值税。

14. B。增值额超过扣除项目金额50%、未超过扣除项目金额100%的部分，税率为40%，速算扣除系数为5%。

15. B。征收土地增值税必须满足三个判定标准：仅对转让国有土地使用权及其地上建筑物和附着物的行为征税；仅对产权发生转让的行为征税；仅对转让房地产并取得收入的行为征税。故只有B需要缴纳土地增值税。

16. C。土地增值税的课税对象是转让国有土地使用权及地上建筑物和其他附着物的产权所取得的增值额。

17. A。个人转让原自有居住未满3年的住房，需按规定缴纳土地增值税。

18. D。纳税人有下列情形之一的，按照房地产评估价格计算征收：隐瞒、虚报房地产成交价格的；提供扣除项目金额不实的；转让房地产价格低于房地产评估价格又无正当理由的。

19. AD。纳税人有下列情形之一的，按照房地产评估价格计算征收：隐瞒、虚报房地产成交价格的；提供扣除项目金额不实的；转让房地产价格低于房地产评估价格又无正当理由的。

20. ABCD。计算增值额的扣除项目包括：取得土地使用权所支付的金额；开发土地的成本、费用；新建房及配套设施的成本、费用，或者旧房及建筑物的评估价格；与转让房地产有关的税金；财政部规定的其他扣除项目。

21. ACD。纳税人有下列情形之一的，按照房地产评估价格计算征收：隐瞒、虚报房地产成交价格的；提供扣除项目金额不实的；转让房地产价格低于房地产评估价格又无正当理由的。

22. AC。土地增值税的纳税人是转让国有土地使用权及地上建筑物和其他附着物的产权取得增值性收入的单位和个人。课税对象是转让国有土地使用权及地上建筑物和其他附着物的产权所取得的增值额。

23. BCD。土地增值税的税收优惠主要包括：(1) 纳税人建造普通标准住宅（不包括高级公寓、别墅、度假村等）出售，增值额未超过扣除项目金额20%的，免征土地增值税。(2) 因国家建设需要依法征用、收回的房地产，免征土地增值税。(3) 自2008年11月1日起，对个人销售住房暂免征收土地增值税。

24. D。资源税的征税范围包括原油、天然气、煤炭、金属矿和其他非金属矿。

25. B。开采原油过程中用于加热、修井的原油免税。因此，应纳资源税税额为8 000×12+40×8=96 320(元)。

26. C。应纳资源税税额为10×1.5=15(万元)。

27. D。应纳资源税税额为500×32×1.4=22 400(元)。

28. D。应纳资源税税额为 (8 000+1 500)×8=76 000(元)。

29. B。资源税的征税范围包括原油、天然气、煤炭、金属矿和其他非金属矿。

30. D。煤炭包括原煤和以未税原煤加工的洗选煤，不包括已税原煤加工的洗选煤、其他煤炭制品。

31. A。资源税的减免优惠政策包括：

(1) 开采原油过程中用于加热、修井的原油免税；

(2) 对独立矿山应纳的铁矿石资源税减征60%，对有色金属矿的资源税在规定税额的基础上减征30%；

(3) 纳税人开采或者生产应税产品过程中，因意外事故或者自然灾害等原因遭受重大损失的，由省、自治区、直辖市人民政府酌情决定减税或者免税。

32. AC。资源税征税范围包括原油、天然气、煤炭、金属矿和其他非金属矿。

33. ABD。资源税征税范围包括原油、天然气、煤炭、金属矿和其他非金属矿。

34. BCD。资源税征税范围包括原油、天然气、煤炭、金属矿和其他非金属矿。

35. B。房产税是以房产为征税对象，依据房产价格或房产租金收入向房产所有人或经营人征收的一种税。

36. D。房产税征税范围为城市、县城、建制镇和工矿区。

37. B。房产税的计税依据分为从价计征和从租计征。从价计征即依照房产原值一次减除10%～30%后的余值计算缴纳，税率为1.2%；从租计征即房产出租的以租金收入为计税依据，税率为12%。

38. B。房产税的计税依据分为从价计征和从租计征。从价计征即依照房产原值一次减除10%～30%后的余值计算缴纳，税率为1.2%；从租计征即房产出租的以租金收入为计税依据，税率为12%。

39. ACD。房产税的纳税义务人是房屋的产权所有人或经营管理单位、承典人、房产代管人或者使用人。

40. BD。房产税的税收优惠政策包括：

(1) 国家机关、人民团体、军队自用的房产，免征房产税。

(2) 由国家财政部门拨付事业经费的单位自用的房产免税。

(3) 宗教寺庙、公园、名胜古迹自用的房产免税。

(4) 个人所有非营业用的房产免税。

(5) 自2008年3月1日起，对个人出租住房，减按4%的税率征收房产税。对企事业单位、社会团体以及其他组织按市场价格向个人出租用于居住的住房，减按4%的税率征收房产税。

(6) 经财政部批准免税的其他房产，如房产大修停用半年以上的，经纳税人申请，税务机关审核，在大修期间可免征房产税。

41. BC。房产税是依据房产价格或房产租金收入向房产所有人或经营人征收的一种税。

42. C。城镇土地使用税实行从量定额征收，以纳税人实际占用的土地面积为计税依据，土地面积的计量标准为每平方米。纳税人实际占用的土地面积是指由省、自治区、直辖市人民政府确定的单位组织测量的土地面积。

43. B。城镇土地使用税采用分类定额幅度税率。

44. CD。城镇土地使用税税率见表7-3。

表7-3 城镇土地使用税税率表

级别	每平方米税额（元）
大城市	1.5～30
中等城市	1.2～24
小城市	0.9～18
县城、建制镇、工矿区	0.6～12

45. AC。土地使用税的税收优惠主要有：

(一) 法定免税项目

(1) 国家机关、人民团体、军队自用的土地。

(2) 由国家财政部门拨付事业经费的单位自用的土地。

(3) 宗教寺庙、公园、名胜古迹自用的土地。

(4) 市政街道、广场、绿化地带等公共用地。

(5) 直接用于农、林、牧、渔业的生产用地。

(6) 经批准开山填海整治的土地和改造的废弃土地，从使用的月份起免缴土地使用税5年至10年。

(7) 对非营利性医疗机构、疾病控制机构和妇幼保健机构等卫生机构自用的土地，免征城镇土地使用税。

(8) 企业办的学校、医院、托儿所、幼儿园，其用地能与企业其他用地明确区分的，免征城镇土地使用税。

(9) 免税单位无偿使用纳税单位的土地，免征城镇土地使用税。纳税单位无偿使用免税单位的土地，纳税单位应照章缴纳城镇土地使用税。纳税单位与免税单位共同使用共有使用权土地上的多层建筑，对纳税单位可按其占用的建筑面积占建筑总面积的比例计征城镇土地使用税。

(10) 对行使国家行政管理职能的中国人民银行总行（含国家外汇管理局）所属分支机构自用的土地，免征城镇土地使用税。

（11）对石油、电力、煤炭等能源用地，民用港口、铁路等交通用地和水利设施用地，三线调整企业、盐业、采石场、邮电等一些特殊用地划分了征免税界限和给予政策性减免税照顾：

①对石油天然气生产建设中用于地下勘探、钻井、井下作业、油气田地面工程等施工临时用地暂免征收城镇土地使用税。

②对企业的铁路专用线、公路等用地，在厂区以外、与社会公用地段未加隔离的，暂免征收城镇土地使用税。

③对企业厂区以外的公共绿化用地和向社会开放的公园用地，暂免征收城镇土地使用税。

④对盐场的盐滩、盐矿的矿井用地，暂免征收城镇土地使用税。

（12）自2016年1月1日至2018年12月31日，对专门经营农产品的农产品批发市场、农贸市场使用的房产、土地，暂免征收房产税和城镇土地使用税。

（二）由省、自治区、直辖市地方税务机关确定的减免税项目

（1）个人所有的居住房屋及院落用地；

（2）房产管理部门在房租调整改革前经租的居民住房用地；

（3）免税单位职工家属的宿舍用地；

（4）集体和个人办的各类学校、医院、托儿所、幼儿园用地。

46. ABCD。城镇土地使用税的纳税义务人为拥有土地使用权的单位和个人或是土地的实际使用人和代管人。

47. B。城市维护建设税（简称城建税）是国家对缴纳增值税、消费税的单位和个人以其实际缴纳的税额为计税依据而征收的一种税。

48. A。城建税采取地区差别比例税率：纳税人所在地为市区的，税率为7%；纳税人所在地为县城、镇的，税率为5%；纳税人所在地不在市区、县城或者镇的，税率为1%。

49. A。税法规定，由受托方代征代扣增值税和消费税的单位和个人，其代征代扣的城建税按受托方所在地适用税率。

50. BD。城建税原则上不单独减免，随增值税和消费税的减免而减免，对个别缴纳城建税确有困难的企业和个人，由县（市）级人民政府审批，酌情给予减免税照顾。

城建税以纳税人实际缴纳的增值税、消费税税额为计税依据，这里的增值税和消费税仅指正税，不包括对纳税人加收的滞纳金、罚款等非税收款项。但是，纳税人被税务机关查补增值税和消费税与被处以罚款时，应同时对其偷漏的城建税进行补税和罚款。

海关对进口产品代征的增值税、消费税，不征收城建税。

51. D。印花税的税收优惠政策主要有：

（1）对已缴纳印花税的凭证的副本或者抄本免税；

（2）对财产所有人将财产赠给政府、社会福利单位、学校所立的书据免税；

（3）对国家指定的收购部门与村民委员会、农民个人书立的农副产品收购合同免税；

（4）对无息、贴息贷款合同免税；

（5）对外国政府或者国际金融组织向我国政府及国家金融机构提供优惠贷款所书立的合同免税；

（6）对房地产管理部门与个人签订的用于生活居住的租赁合同免税；

（7）对农牧业保险合同免税；

（8）对特殊货运凭证免税，如军事物资运输凭证、抢险救灾物资运输凭证、新建铁路的工程临管线运输凭证等。

52. A。“权利许可证照”和“营业账簿”税目中的其他账簿，使用定额税率，每件5元。

53. AD。印花税的税收优惠政策主要有：

（1）对已缴纳印花税的凭证的副本或者抄本免税；

（2）对财产所有人将财产赠给政府、社会福利单位、学校所立的书据免税；

（3）对国家指定的收购部门与村民委员会、农民个人书立的农副产品收购合同免税；

（4）对无息、贴息贷款合同免税；

（5）对外国政府或者国际金融组织向我国政府及国家金融机构提供优惠贷款所书立的合同免税；

（6）对房地产管理部门与个人签订的用于生活居住的租赁合同免税；

（7）对农牧业保险合同免税；

（8）对特殊货运凭证免税，如军事物资运输凭证、抢险救灾物资运输凭证、新建铁路的工程临管线运输凭证等。

54. ABD。见上题答案。

55. ABCD。印花税共有购销合同、加工承揽合同、建设工程勘察设计合同、建筑安装工程承包合同、财产租赁合同、货物运输合同、仓储保管合同、借款合同、财产保险合同、技术合同、产权转移书据、营业账簿、权利许可证照13个税目。

56. ABC。印花税共有购销合同、加工承揽合同、建设工程勘察设计合同、建筑安装工程承包合同、财产租赁合同、货物运输合同、仓储保管合同、借款合同、财产保险合同、技术合同、产权转移书据、营业账簿、权利许可证照13个税目。

57. CD。对财产所有人将财产赠给政府、社会福利单位、学校所立的书据免征印花税。

58. C。车船税采用幅度定额税率。

59. AD。载客汽车、摩托车，以“辆”为计税依据；载货汽车、三轮汽车、低速货车，以“自重吨位”为计税依据；船舶，以“净吨位”为计税依据。

60. A。载客汽车、摩托车，以“辆”为计税依据；载货汽车、三轮汽车、低速货车，以“自重吨位”为计税依据；船舶，以“净吨位”为计税依据。

61. BC。下列车船免征车船税：

（1）非机动车船（不包括非机动驳船）；

（2）拖拉机；

（3）捕捞、养殖渔船；

（4）军队、武警专用的车船；

（5）警用车船；

（6）按照有关规定已经缴纳船舶吨税的船舶；

（7）依照我国有关法律和我国缔结或者参加的国际条约的规定应当予以免税的外国驻华使馆、领事馆和国际组织驻华机构及其有关人员的车船。

62. ABC。载客汽车、摩托车，以“辆”为计税依据；载货汽车、三轮汽车、低速货车，以“自重吨位”为计税依据；船舶，以“净吨位”为计税依据。

63. B。契税实行3%～5%的幅度比例税率。

64. D。契税的税收优惠政策主要有：

（1）国家机关、事业单位、社会团体、军事单位承受土地、房屋用于办公、教学、医疗、科研和军事设施的，免税；

（2）城镇职工按规定第一次购买公有住房，免税；

（3）因不可抗力灭失住房而重新购买住房的，酌情减免；

（4）承受荒山、荒沟、荒丘、荒滩土地使用权，并用于农、林、牧、渔业生产的，免税；

（5）财政部规定的其他减征、免征契税的项目。

65. A。契税实行3%～5%的幅度比例税率。

66. C。《契税暂行条例》规定，土地使用权交换、房屋交换，以所交换土地使用权、房屋价格的差额为计税依据。

67. ACD。契税的课税对象是发生权属转移并签订转移契约的土地和房屋。征收范围包括所有在我国境内的单位和个人转移土地、房屋权属的行为，包括：国有土地使用权出让；土地使用权转让；房屋买卖；房屋赠与；房屋交换。承受土地、房屋权属行为的单位和个人为契税的纳税人。

68. BCD。契税实行3%～5%的幅度比例税率，计税依据是土地、房屋权属转移时，当事人双方签订的契约上载明的不动产价格。

69. ABCD。契税的税收优惠政策主要有：

（1）国家机关、事业单位、社会团体、军事单位承受土地、房屋用于办公、教学、医疗、科研和军事设施的，免税；

（2）城镇职工按规定第一次购买公有住房，免税；

（3）因不可抗力灭失住房而重新购买住房的，酌情减免；

（4）承受荒山、荒沟、荒丘、荒滩土地使用权，并用于农、林、牧、渔业生产的，免税；

（5）财政部规定的其他减征、免征契税的项目。

70. B。按照规定，城镇土地使用税以纳税人实际占用的土地面积为计税依据。纳税人实际占用的土地面积按照下列办法确定：

（1）由省、自治区、直辖市人民政府确定的单位组织测定土地面积的，以测定的面积为准；

（2）尚未组织测量，但纳税人持有政府部门核发的土地使用证书的，以证书确定的面积为准；

（3）尚未核发土地使用证书的，应由纳税人据实申报土地面积，据以纳税，待核发土地使用证以后再做调整。

71. A。契税以受让方为纳税人。等价交换住房免征契税。

甲应缴纳契税＝200×4%＝8(万元)

72. C。甲企业自身应缴纳税金按照该企业所在地适用的税率（市区7%）计算；由受托方代扣代缴消费税，城建税依据代扣代缴企业所在地适用税率（县城5%）计算。应纳城建税＝56×7%＋30×5%＝3.92＋1.5＝5.42(万元)。

73. CD。进口货物的完税价格包括货物的货价、货物运抵我国输入地点起卸前的运输及相关费用、保险费。应当包括包装材料费和视为一体的容器费，但不应包括进口环节缴纳的税金和单独支付的境内技术培训费。

（五）简答题

1. 答：税则归类，就是按照税则的规定，将每项具体进出口商品按其特性在税则中找出其最适合的某一个税号，以便确定其适用的税率，计算关税税负。税则归类一般按以下步骤进行：

（1）了解需要归类的具体进出口商品的构成、材料属性、成分组成、特性、用途和功能。

（2）查找有关商品在税则中拟归入的类、章及税号。对于原材料性质的货品，应首先考虑按其属性归类；对于制成品，应首先考虑按其用途归类。

（3）将考虑采用的有关类、章及税号进行比较，筛选出最合适的税号。

（4）通过以上方法也难以确定的税则归类商品，可运用归类总规则的有关条款来确定其税号。如进口地海关无法解决的税则归类问题，应报海关总署明确。

2. 答：我国原产地规定基本上采用了“全部产地生产标准”和“实质性加工标准”两种国际上通用的原产地标准。

全部产地生产标准是指进口货物完全在一个国家内生产或制造，生产或制造国即为该货物的原产国。

实质性加工标准是适用于确定有两个或两个以上国家参与生产的产品的原产国的标准，经过几个国家加工、制造的进口货物，以最后一个对货物进行经济上可以视为实质性加工的国家作为有关货物的原产国。实质性加工是指产品加工后，在进出口税则中税则归类已经有了改变或者加工增值部分所占新产品总值的比例已占30%及以上的。对机器、仪器、器材或车辆所用零件、部件、配件、备件及工具，如与主件同时进口且数量合理的，其原产地按主件的原产地确定，分别进口的则按各自的原产地确定。

3. 答：国际上许多国家通过设立保税区来创造完善的投资、运营环境。保税区就是在海关监控管理下存放和加工保税货物的特定区域。

要利用保税制度进行税收筹划，首先，纳税人要积极在保税区内投资设厂，开展为出口贸易服务的加工、运输和转口贸易等活动，因为在保税区内复运出口的进口货物通常免征进口关税和进口环节税，这样就可以获取豁免进出口关税的好处 。其次，纳税人若能将进口货物向海关申请为保税货物，待该批货物向保税区外销售时再补纳进口关税，则纳税人可在批准日到补缴税款之间的时段内占有该笔税款的时间价值，同样达到筹划目的。

另外，在保税货物复运进出口这两个环节中，纳税人在报关时要填写报关表，其中有单耗计量单位一栏，税收筹划的突破口就是这个栏目。所谓单耗计量单位，即生产一个单位成品耗费几个单位原料，通常有以下几种形式：一种是“度量衡单位/度量衡单位”，如米/米、吨/立方米等；一种是“度量衡单位/自然单位”，如吨/块、米/套等；还有一种是“自然单位/自然单位”，如件/套、匹/件等。度量衡单位容易测量，而自然单位要具体测量则很困难，所以纳税人可以利用“自然单位/自然单位”形式进行税收筹划。

4. 答：房地产的继承不属于土地增值税的征税范围，不征收土地增值税（无收入）。房地产的赠与满足下列两种情况之一，则不属于土地增值税的征税范围：(1) 房地产所有人、土地使用权所有人将房屋产权、土地使用权赠与直系亲属或承担直接赡养义务人的行为；(2) 房地产所有人、土地使用权所有人通过中国境内非营利的社会团体、国家机关将房屋产权、土地使用权赠与教育、民政和其他社会福利、公益事业的行为。除此以外的房屋赠与行为，均需缴纳土地增值税。

(六) 材料分析题

1. 东方家具生产公司的避税成果为：

$$[100\ 000-(100\ 000/200)\times150]\times100\times50\%=1\ 250\ 000(\text{元})$$

东方家具生产公司灵活运用单耗计量单位成功地避税 1 250 000 元。

点评：此例说明的是如何利用保税制度进行税收筹划，具体就是在保税货物复运进出口这两个环节中，纳税人在报关时要填写报关表，其中有单耗计量单位一栏，该单位通常有以下几种形式：一种是“度量衡单位/度量衡单位”，如米/米、吨/立方米等；一种是“度量衡单位/自然单位”，如吨/块、米/套等；还有一种是“自然单位/自然单位”，如件/套、匹/件等。度量衡单位容易测量，而自然单位要具体测量则很困难，所以纳税人可以利用“自然单位/自然单位”形式进行税收筹划。

2. 查看进口税率表，可以发现酒、电视摄像机和名牌手表的关税税率分别为 60%、30%和 60%，对比之下金银首饰的税率为 15%。所以，可以计算出如果带上金银首饰，而不是同等价值的名酒、电视摄像机和名牌手表，就可以合理避税：

$$\begin{aligned}&300\times60\%+400\times30\%+700\times60\%-1\ 400\times15\%\\&=180+120+420-210\\&=510(\text{美元})\end{aligned}$$

点评：行邮税的纳税人可在入境时选择携带低税率的物品，以避免被征高税。

3. **方案 1**：

如果从巴西进口，

$$\text{铁矿石的完税价格}=9\times5+12+\text{其他}=57(\text{万美元})+\text{其他}$$

方案 2：

如果从印度进口，

$$\text{铁矿石的完税价格}=10\times5+5+\text{其他}=55(\text{万美元})+\text{其他}$$

假如进口关税为 20%，那么从印度进口至少可以节省：(57−55)×20%=0.4(万美元)。

点评：由此可以看出，利用控制完税价格进行税收筹划，就要选择同类产品中成交价格比较低的，运输、杂项费用相对小的货物进口或出口。

4.（1）增值额=200−120=80(万元)。

（2）增值额占扣除项目金额的比率=80÷120≈67%。

（3）应纳税额=80×40%−120×5%=26(万元)。

5.（1）转让收入=140×20=2 800(万元)。

（2）扣除项目金额：

①取得土地使用权支付的地价款=14×20=280(万元)。

②出售房地产的建造成本=40×20=800(万元)。

③出售房地产的开发费用=8×20=160(万元)。

④与转让房地产有关的税金=2 800÷(1+9%)×9%×(7%+3%)=23.12(万元)。

⑤从事房地产开发企业的加计扣除金额=(280+800)×20%=216(万元)。

⑥扣除项目金额合计=280+800+160+23.12+216=1 479.12(万元)。

（3）增值额=2 800−1 479.12=1 320.88(万元)。

（4）增值额占扣除项目金额的比率=1 320.88÷1 479.12=89.3%。

（5）应纳土地增值税税额=1 320.88×40%−1 479.12×5%=454.40(万元)。

6. 纳税人可以选择将普通住宅和豪华住宅放在一起核算或是独立核算。

（1）不分开核算。

由于增值额与扣除项目金额的比例为(15 000−11 000)÷11 000×100%=36%，因此该企业适用30%的税率，应缴纳土地增值税(15 000−11 000)×30%=1 200(万元)。

（2）独立核算。

普通住宅：由于增值率为(10 000−8 000)÷8 000×100%=25%，因此，适用30%的税率，应缴纳土地增值税(10 000−8 000)×30%=600(万元)。

豪华住宅：由于增值率为(5 000−3 000)÷3 000×100%=67%，因此该企业适用40%的税率，应缴纳土地增值税(5 000−3 000)×40%−3 000×5%=650(万元)。

二者合计为1 250万元。可以不分开核算，但独立核算比不分开核算多支出税金50万元。

7. 应纳资源税税额=7 000×32×1.2=268 800(元)。

8. 应纳资源税税额=(10×25)+(15÷0.8×25)+(20÷0.75×25)+(20÷0.6×25)=2 218.75(万元)。

9. 根据税法，煤炭开采时产生的天然气免税，如此进行筹划，则仅缴纳资源税税金1.2×1 000=1 200(元)，节省税款：4×200=800(元)。

10.（1）自用营业性用房按房产余值计征房产税，应纳房产税税额为：400×(1−20%)×1.2%=3.84(万元)。

（2）出租房产按租金收入计征房产税，应纳房产税税额为：(50+100×10%)×12%=7.2（万元)。

全年应纳房产税税额为：3.84+7.2=11.04(万元)。

11. 该居民的房屋应分解计税。按规定，个人非营业用房产免税，个人营业用房和出租房产征税。

具体计算如下：

（1）个人营业用的房屋。

年应纳税额＝50 000×(1－20％)×1.2％＝480(元)

（2）居民出租房屋。

年应纳税额＝1 000×12×12％＝1 440(元)

该居民当年应纳税额合计为 480＋1 440＝1 920(元)。

12. （1）如果A企业采取承担风险的合作方式，则按从价计征的方法计征房产税，年应纳房产税为：500×(1－30％)×1.2％＝4.2(万元)。

（2）如果A企业采取非承担风险的合作方式，则按从租计征的方法计征房产税，年应纳房产税为：60×12％＝7.2(万元)。

由此可见，如果A企业采取承担风险的合作方式与他人合作，虽然可能增加风险，但每年的房产税就可以获得利益 7.2－4.2＝3(万元)。

13. （1）中心店占地应纳税额＝8 200×7＝57 400(元)。

（2）一分店占地应纳税额＝3 600×5＝18 000(元)。

（3）二分店占地应纳税额＝5 800×4＝23 200(元)。

（4）仓库占地应纳税额＝6 300×1＝6 300(元)。

（5）托儿所免税。

该企业全年应纳城镇土地使用税＝57 400＋18 000＋23 200＋6 300＝104 900（元）

14. (51＋15)×5％＝3.3(万元)。

15. （1）领受权利许可证应纳税额＝3×5＝15(元)。

（2）订立产权转移书据应纳税额＝1 000 000×0.5‰＝500(元)。

（3）订立购销合同应纳税额＝2 000 000×0.3‰＝600(元)。

（4）订立借款合同应纳税额＝500 000×0.05‰＝25(元)。

（5）营业账簿中“实收资本”所载资金应纳税额＝4 000 000×0.5‰＝2 000(元)。

（6）其他营业账簿应纳税额＝8×5＝40(元)。

该企业在4月应纳印花税税额＝15＋500＋600＋25＋2 000＋40＝3 180(元)。

该企业在12月资金账簿应补纳税额＝(4 500 000－4 000 000)×0.5‰＝250(元)。

16. （1）4.7吨的载货汽车净吨位尾数超过0.5吨，按5吨计算，所以4.7吨载货汽车应纳税额为：60×5×80＝24 000(元)。

（2）8吨载货汽车应纳税额为：60×8×40＝19 200(元)。

（3）3吨载重汽车拖车应纳税额为：(60×70％)×10×3＝1 260(元)。

（4）4.3吨载重汽车拖车净吨位在0.5吨以下，按4.5吨计算，所以4.3吨载重汽车拖车应纳税额为：(60×70％)×4.5×10＝1 890(元)。

（5）大客车应纳税额为：300×4＝1 200(元)。

（6）小客车应纳税额为：180×2＋240×1＝600(元)。

全年应纳税额为：24 000＋19 200＋1 260＋1 890＋1 200＋600＝48 150(元)。

17. （1）购买土地使用权应纳契税为：1 000×4%＝40(万元)。

（2）抵债房屋，按房屋现值计征，应纳契税为：400×4%＝16(万元)。

（3）房屋交换应纳契税为：(180－100)×4%＝3.2(万元)。

（4）接受赠与的房屋，按市场同类房屋价值计征，应纳契税为：150×4%＝6(万元)。

（5）购买房屋应纳契税为：6 000×4%＝240(万元)。

（6）该企业 2019 年应纳契税总额为：40＋16＋3.2＋6＋240＝305.2(万元)。

18. （1）该房地产开发公司应缴纳的印花税＝4 000×0.5‰＋600×0.5‰＝2.30(万元)。

（2）该房地产开发公司计算土地增值税时准予扣除的与转让房地产相关的税金＝4 000×9%÷(1＋9%)×(7%＋3%)＝33.03(万元)。

（3）准予扣除的取得土地使用权支付的金额＝600＋50＝650(万元)；准予扣除的房地产开发成本＝200＋100＋750＋150＋60＝1 260(万元)；准予扣除的房地产开发费用＝(650＋1 260)×10%＝191(万元)；准予扣除的“其他扣除项目”金额＝(650＋1 260)×20%＝382(万元)。

该房地产开发公司计算土地增值税时准予扣除项目的合计金额＝650＋1 260＋191＋382＋33.03＝2 516.03(万元)。

（4）收入额＝4 000(万元)；增值额＝4 000－2 516.03＝1 483.97(万元)；增值率＝增值额/扣除项目＝1 483.97/2 516.03＝58.98%，适用的增值税税率为 40%，速算扣除系数为 5%。该房地产开发公司应当缴纳的土地增值税＝1 483.97×40%－2 516.03×5%＝467.79(万元)。

19. （1）2019 年应缴纳的城镇土地使用税：

企业办的学校、幼儿园，其用地能与企业其他用地明确区分的，可免缴城镇土地使用税，但企业内部绿化用地照章征收城镇土地使用税，应纳税额＝(65 000－2 500－1 700)×4/10 000＝24.32(万元)。

（2）2019 年企业应当缴纳房产税：

第一步：房产原值（不含委托建设的生产车间的原值）扣除出租部分，再按 20%的扣除比例从价计税：

(4 000－200)×(1－20%)×1.2%＝36.48(万元)

第二步：下半年出租房产，则上半年 1 至 6 月共 6 个月的使用期按计税余值计税：

200×(1－20%)×1.2%÷12×6＝0.96(万元)

第三步：企业出租房产按 7 月至当年年底共 6 个月租金收入计税：

1.5×6×12%＝1.08(万元)

第四步：在建工程完工转入的房产应自办理验收手续次月起计税，故应从 9 月计至年底共 4 个月：

500×(1－20%)×1.2%÷12×4＝1.6(万元)

2019 年企业应当缴纳房产税＝36.48＋0.96＋1.08＋1.6＝40.12(万元)。

（七）案例分析题

【案例7-1】　分析思路：

方案1：从澳大利亚进口

铁矿石的完税价格=(20×3 000 000+1 800 000)/10 000=6 180(万美元)

方案2：从加拿大进口

铁矿石的完税价格=(19×3000 000+7 200 000)/10 000=6 420(万美元)

进口关税税率为20%，那么从澳大利亚进口可以节省：

(6 420−6 180)×20%=48(万美元)

该钢铁公司应该选择从澳大利亚进口铁矿石。

【案例7-2】　分析思路：

纳税人可以选择将普通住宅和豪华住宅放在一起核算或是独立核算。

(1) 不分开核算：

由于增值额与扣除项目金额的比例为(30 000−22 000)÷22 000×100%=36.36%，因此该企业适用30%的税率，应缴纳土地增值税为：

(30 000−22 000)×30%=2 400(万元)

(2) 独立核算：

普通住宅：由于增值率为(20 000−16 000)÷16 000×100%=25%，因此，适用30%的税率，应缴纳土地增值税为：

(20 000−16 000)×30%=1 200(万元)

豪华住宅：由于增值率为(10 000−6 000)÷6 000×100%=66.7%，因此，适用40%的税率，应缴纳土地增值税为：

(10 000−6 000)×40%−6 000×5%=1 300(万元)

二者合计2 500万元。所以，独立核算比不分开核算多支出税金100万元，因此纳税人应将普通住宅和豪华住宅放在一起核算，可以实现利益最大化。

【案例7-3】　分析思路：

根据税法的规定，该煤矿计算缴纳的资源税和增值税都不正确。

(1) 资源税部分，选煤应该按选煤回收率折算还原为原煤数量，即应税原煤数量=销售或移送的洗煤数量÷选矿比。则

应纳资源税课税数量=10 000+4 000+200÷70%+3 000+160÷70%
=17 514.29(吨)

应纳资源税税额=17 514.29×0.5=8 757.15(元)

(2) 增值税部分，自产自用产品应按纳税人最近时期同类货物的平均销售价格确定，即为 (600+550)÷2=575(元/吨)，则

增值税销项税额=(10 000×600+4 000×550+200×1 200+160×1 200+3 000×575)×13%=1 346 410(元)

应纳增值税税额=1 346 410－500 000=846 410(元)

【案例7-4】 分析思路：

根据我国现行《印花税暂行条例》的规定，该公司计算缴纳印花税的做法不正确。

税法规定，对已履行并贴花的合同，所载金额与合同履行后实际结算金额不一致的，只要双方未修改合同金额，一般不再办理完税手续。因此，财大工程施工合同多缴印花税不能直接冲减交大的工程建筑合同金额，交大工程建筑合同应按合同金额缴纳印花税。

16 000×3‰=48(万元)

建筑技术合同、电力安装工程合同、消防安装合同和建筑技术咨询合同应缴的印花税计算如下：

400×3‰=1.2(万元)

(800+600)×3‰=4.2(万元)

因此，该公司应纳印花税税额为：48+1.2+4.2=53.4(万元)。

为避免由于合同履行实际金额小于合同所载金额产生的额外印花税负担，可以利用不确定金额和保守金额进行税收筹划。税法规定：对于在签订时无法确定计税金额的合同，可在签订时先按定额5元贴花，以后结算时再按实际金额计税，补贴印花。该项规定提供了利用不确定金额筹划的可能性。

纳税人在签订金额较大的合同时，可有意识地使合同中所载金额不能明确，从而在签订时先按定额5元贴花，以达到少缴印花税税款的目的。

或者双方在订立合同时，充分考虑以后经济交往中可能会遇到的种种情况，确定比较合理、保守的金额，防止所载金额大于合同履行后的实际结算金额。

【案例7-5】 分析思路：

如果不进行筹划，甲购买丙的住房，应纳契税为：500×5%=25(万元)。同样，甲向乙出售其住所，乙也应缴纳契税，税款为25万元。三方可以进行以下调整：先由甲和丙交换房屋，再由丙将房屋出售给乙，这样不仅可以达到上述买卖同样的结果，而且整个经济交易活动只是丙将房屋出售给乙时，乙缴纳25万元契税，总税额节省了25万元。

【案例7-6】 分析思路：

方案1：

应纳房产税=3 000×(1－30%)×1.2%=25.2(万元)

方案1税后收入=290－25.2=264.8(万元)

方案2：

应纳房产税=300×12%=36(万元)

方案2税后收入=300－36=264(万元)

因此，应该选择方案1。

第8章 跨国税收筹划概述

一、本章教学大纲

8.1 跨国税收筹划的概念

1. 税收筹划的定义
2. 跨国税收筹划的定义

8.2 跨国税收筹划产生的条件

1. 主观条件
2. 客观条件

8.2.1 各国税制结构的差异

1. 经济发达国家：以直接税为主、以间接税为辅的税制体系
2. 广大发展中国家：以间接税为主、以直接税为辅的税制体系

8.2.2 各国税收管辖权和纳税义务确定标准的差异

几乎所有的国家都实行了收入来源地管辖权，即对来自本国境内的收入或发生在本国的经营活动行使征税权；多数国家则在实行收入来源地管辖权的同时，还兼行居民管辖权，即兼对从事经营活动的本国居民企业、经济组织和居民个人来自本国境内和境外的全部收入一并行使征税权；有些国家则在实行收入来源地管辖权的同时，兼行公民管

辖权，即兼对本国公民来自各国的收入行使征税权；有些国家只实行收入来源地管辖权；还有少数国家则兼行上述三种税收管辖权。

不仅如此，各国在行使税收管辖权时，对纳税义务的确定标准也有差异，除公民身份的认定是以是否拥有某国国籍来判定外，对收入来源地和居民的判别标准，各国税法均有自己的规定。

8.2.3 各国税基范围的差异

税收优惠越多，税基越小、越窄；反之，税收优惠越少，则税基越大、越宽。在税率确定的条件下，税基的大小、宽窄决定着税负的轻重。

8.2.4 各国税率的差异

税率上的差异具体表现在以下两方面：

一是税率高低的差异。

二是税率结构的差异。

8.2.5 税收优惠措施的差异及避税地的存在

在国际社会中客观存在的高税国（区）和低税国（区），已成为跨国纳税人税收筹划的重要信号导向。

8.2.6 避免国际双重征税方法的差异

为避免双重征税，建议采用：（1）抵免法；（2）免税法；（3）税收饶让。

8.2.7 征收管理水平的差异

西方国家不仅有比较完善的税收制度，而且有比较严密的税收征管制度。具体方法有：

（1）西方国家一般都有较健全的税收法制与税收征集制度。

（2）广泛实行依法纳税申报法，违者必究。

（3）建立离境人员清税制度。

（4）有明确的法律稽征时限规定。

（5）税收征管与审计分开，实行审计专门化。

（6）设立税务法庭或行政法庭。

（7）实行税收管理计算机化。

8.3 跨国税收筹划应注意的问题

应注意的问题包括：国家之间税制结构的差异、各国税收负担水平的差异、纳税义务的确定、经济性重叠征税对税负的影响、税收协定网络、各国优惠政策等。

8.3.1 必须关注不同国家税制结构的差异

世界各国存在着三种不同的税制结构模式：

（1）以直接税（所得税等）为主体的税制结构。

（2）以间接税（流转税或货物劳务税）为主体的税制结构。

（3）实行低税模式，其中一些国家和地区被人们称为避税地。

8.3.2 必须关注不同国家的税负

作为一个跨国投资者，衡量一个国家的税负轻重不能简单地看税种的多少，也不能以某个税种的负担轻重来代表税负总水平的高低。

通常，从宏观上看，国际公认的衡量一国税负高低的标准是税收总额（T）占国内生产总值（GDP）的比重。

8.3.3 必须关注纳税义务的确定

8.3.3.1 居民纳税人负无限的纳税义务

各国通行的自然人居民认定标准主要有三种：

（1）意愿标准，也称法律标准。

（2）住所标准，也称户籍标准。

（3）时间标准。

8.3.3.2 非居民纳税人负有限的纳税义务

（1）关于劳务报酬所得来源地的确定。

（2）关于投资所得来源地的确定。

（3）关于其他所得来源地的确定。

8.3.4 关注经济性重叠征税对税负的影响

在国际通行税制下，公司取得的经营利润，在公司层次要缴纳一次企业所得税；其税后利润作为股息分配给投资者时，在投资者——股东层次还要缴纳一次企业或个人所得税。这就是人们通常所说的经济性重叠征税。

8.3.5 必须关注税收协定网络

税收协定对缔约国的居民纳税人提供了许多优惠待遇。主要有：

(1) 对营业利润的征税以是否设有常设机构为限。

(2) 对投资所得的征税实行限制税率。

(3) 对个人劳务报酬和薪金所得限定条件征税。

(4) 对科学、文化、艺术等方面的所得实行免税。

(5) 对财产及其所得和收益通常由财产所在国征税。

(6) 消除双重征税乃至税收饶让。

8.3.6 充分利用各国优惠政策

世界上大多数国家一般都规定了各种税收优惠政策，包括投资抵免、差别税率、加速折旧、专项免税、亏损结转等。一般来说，发达国家税收优惠的重点放在高新技术的开发、能源的节约、环境的保护上。而包括我国在内的许多国家，特别是发展中国家，出于迅速发展本国经济，完善产业结构，解决普遍存在的资金匮乏和技术、管理水平较为落后的矛盾之目的，往往对某一地区或某一行业给予普遍优惠，进而达到调控经济发展、引导跨国投资方向的目的。我国跨国公司利用这些税收优惠，结合所得来源国之间签署的订有税收饶让条款的双边国际税收协定，借以减轻其在非居住国的纳税负担，减少纳税金额。

二、本章教学重点与难点

【教学重点】

1. 跨国税收筹划的概念及条件；
2. 跨国税收筹划应注意的问题；
3. 经济性重叠征税对税负的影响；
4. 跨国公司的税收筹划方法；
5. 跨国个人税收筹划方法。

【教学难点】

1. 避免国际双重征税方法的差别；
2. 利用国际控股公司和常设机构进行税收筹划；

3. 利用转让定价的方法进行税收筹划；
4. 利用避税地进行税收筹划。

三、本章关键术语

跨国税收筹划——是税收筹划活动在国际范围内的延伸和发展，是跨国纳税人利用各国税法规定的差别和漏洞，以种种公开的合法手段减轻国际税负的行为。很明显，它与跨国纳税人采取种种隐蔽的非法手段进行的国际逃税（偷、漏税）活动性质是不同的。

税制结构——是指一国税收体系的整体布局和总体结构，是国家根据当时经济条件和发展要求，在特定税收制度下，由税类、税种、税制要素和征收管理层次组成的，分主次、相互协调、相互补充的整体系统。

直接税——是指直接向个人或企业开征的税，包括对所得、劳动报酬和利润所征的税。直接税与间接税相对应：间接税是对商品和服务征收的，从而只是间接地以公众为征税对象。间接税包括销售税，还有对财产、酒类、进口产品和汽油等所征的税。

间接税——“直接税”的对称，政府税收的其中一个分类。是指纳税义务人不是税收的实际负担人，纳税义务人能够通过提高价格或提高收费标准等方法把税收负担转嫁给别人的税种。

税收管辖权——是指主权国家根据其法律所拥有和行使的征税权，是国际法公认的国家基本权利。除《维也纳外交关系公约》（1961）和《维也纳领事关系公约》（1963）对外国使、领馆官员的税收管辖权规定有限制的条款以外，主权国家有权按照各自政治、经济和社会制度，选择最适合本国权益的原则确定和行使其税收管辖权，规定纳税人、课税对象及应征税额，外国无权干涉。

国际双重征税——是指两个或两个以上的国家对同一跨国纳税人或不同纳税人的同一课税对象或税源同时征收相同或类似的税收。

税收饶让——也称“虚拟抵免”和“饶让抵免”，是指居住国政府对其居民在国外得到减免税优惠的那一部分，视同已经缴纳，同样给予税收抵免待遇，不再按居住国税法规定的税率予以补征。税收饶让是配合抵免方法的一种特殊方式，是税收抵免内容的附加。它是在抵免方法的规定基础上，为贯彻某种经济政策而采取的优惠措施。税收饶让这种优惠措施的实行，通常需要通过签订双边税收协定的方式予以确定。目前税收饶让抵免的方式主要有差额饶让抵免和定率饶让抵免两种。

税收协定——又称国际税收协定、国际税收条约，是指两个或两个以上主权国家，为了协调相互之间的税收管辖关系和处理有关税务问题，通过谈判缔结的书面协议。签署税收协定主要是为了促进跨国经济、技术交流，避免税收因素对跨国经济交往形成障碍。

四、补充练习题

（一）名词解释

1. 居民纳税人
2. 经济性重叠征税
3. 国际税收协定
4. 国际控股公司
5. 递延税收
6. 常设机构
7. 转让定价
8. 国际避税地
9. 虚构避税地营业
10. 外国基地公司
11. 信箱公司
12. 虚构避税地信托财产
13. 个人持股信托公司
14. 税收协定的滥用
15. 虚假迁移
16. 税收流亡
17. 国际投资公司
18. 国际金融公司
19. 内部保险公司
20. 资本弱化

（二）填空题

1. 当国际投资者的税收筹划活动超越一国的________范围时，这种税收筹划活动也就具有了国际意义。

2. 在各国的所得税制度中，采用的税率大致可以划分为________和________两种。

3. 为了避免双重征税，许多国家都采取了一定的方式，有的采用________，有的采用________，有的在某些税收协定中还规定了________。

4. 在公民身份的认定上，各国通常以________为标准区分公民和非公民。

5. 在居民身份的认定上，各国通行的自然人居民认定标准主要有________、________和________三种。

6. 居所是确定纳税义务的一个重要标志，所以在一些国家的税法中又被称为________。

7. OECD 成员采取的消除经济性重叠征税的方法主要有________和________两种。

8. ________是签订税收协定的重要内容，也是税收协定的主要任务。

9. 跨国公司税收筹划的主要方法是________，并在这个结构的范围内开展一系列使税收最小化的业务活动，包括________和________等。

10. 国际控股公司可以分为两种类型：________和________。

11. 许多国家的税法都规定，居民企业来源于境外的所得已在境外缴纳的所得税税款，准予在汇总纳税时从其应纳税额中扣除，但扣除额不得超过________。

12. 国际上避税地的特征主要有：________、________、________。

13. ________是国际上避税地最多的国家。

14. 虚设避税地信托财产的方法，主要有：________、________、________。

15. 利用国际租赁进行税务筹划的基本操作技巧有________和________两种。

16. 在国际经济生活中，建立________是跨国个人税收筹划的基础。

17. 各国对跨国个人居民身份的确定，一般采用三种标准：________、________、________。

18. 人的流动筹划法包括：________、________、________。

（三）选择题（不定项）

1. 跨国税收筹划产生的主观动机是（　　）。

A. 规避风险的需要　　B. 扩大规模的需要

C. 追求利润最大化的需要　　D. 各国税制及法律的差异

2. 当今世界各国行使的税收管辖权通常有（　　）。

A. 收入来源地管辖权　　B. 居民管辖权

C. 公司管辖权　　D. 公民管辖权

3. 世界各国存在的税制结构模式主要有（　　）。

A. 以直接税为主体的税制结构

B. 以间接税为主体的税制结构

C. 避税地

D. 以流转税和所得税为主体的双主体税制结构

4. 国际公认的衡量一国税负高低的标准是（　　）。

A. 资本回报率　　B. 税种的多少

C. 所占比重最大的税种的税负　　D. 税收总额占国内生产总值（GDP）的比重

5. 将下列国家按税负的轻重，由重到轻排列顺序为（　　）。

A. 中国　　B. 澳大利亚　　C. 瑞典　　D. 百慕大

6. 下列说法中，对居所的表述正确的是（　　）。

A. 永久性住处　　B. 习惯性住处

C. 长期居住的场所　　D. 临时居住的场所

7. 日本规定，在日本连续或累计居住 1 年以上不满 5 年的居民，应当（　　）。

A. 对其境内外取得的全部所得纳税

B. 仅对其境内的所得纳税

C. 对其境内的所得和境外所得的汇入部分纳税

D. 不承担任何纳税义务

8. 以下关于投资所得的说法中，正确的是（　　）。

A. 包括股息、利息、特许权使用费等

B. 以投资者所在地为收入来源地

C. 以被投资单位所在地为收入来源地

D. 以投资所得的支付者所在地为收入来源地

9. 以下关于财产所得的说法中，正确的是（　　）。

A. 不动产所得是指转让、出售不动产的所得

B. 不动产所得是指出租和使用不动产所取得的所得

C. 不动产所得通常以不动产的所在地或坐落地为其收入来源地

D. 不动产所得通常以不动产的转让者所在地为其收入来源地

10. 建立国际控股公司在税收上的主要利益有（　　）。

A. 少缴预提税

B. 回避外汇管制的约束

C. 递延缴纳股息收入的所得税和资本利得的所得税

D. 增加税收抵免限额

11. 跨国公司税收筹划的客体是（　　）。

A. 跨国公司　　B. 跨国公司的税收

C. 跨国公司的利润　　D. 跨国公司的组织机构

12. 下列属于《OECD 范本》中对常设机构判别标准的有（　　）。

A. 企业进行全部或部分营业的固定场所

B. 为储存、陈列或者交付本企业货物或者商品的目的而使用的设施

C. 专为本企业采购货物或者商品，或者搜集情报的目的所设的固定营业场所

D. 非居民在一国的代理人有代表该非居民经常签订合同、接受订单的权利，就可以认定该非居民在该国有常设机构

13. 下列各项中，属于转让定价作用的有（　　）。

A. 可以使关联企业避免或延迟缴纳企业所得税

B. 可以使关联企业减轻预提税税收负担

C. 可以使关联企业减少从价计征的关税

D. 减弱或消除政府货币和财政政策对关联企业的影响

14. 下列各项中，属于避税地作用的有（　　）。

A. 为公司财产、经营活动提供避税条件

B. 为跨国投资者提供跨国投资收益减免预提所得税

C. 在保险、信托投资、商业贸易等方面为跨国投资者提供便利条件

D. 为金融组织和机构从事金融活动提供特别的便利条件

15. 高税国甲国纳税人在避税地乙国设立一个信托子公司，然后把自己远离避税地的所得和财产委托给这个子公司，并通过契约或合同使受托人按自己的旨意行事，这种跨国税收筹划方法为（　　）。

A. 个人持股信托公司　　　　　　B. 转让定价
C. 虚设避税地信托财产　　　　　D. 虚构避税地营业

16. 利用电子商务进行跨国税务筹划可采取的主要形式有(　　)。
A. 网址上的“电话回复中心”　　B. 跨国公司的转让定价
C. 国际租赁　　　　　　　　　　D. 组建避税地虚拟公司

17. 下列属于人的非流动税收筹划法的有(　　)。
A. 税收最小化　　　　　　　　　B. 建立信托财产关系
C. 订立各种其他形式的信托合同　D. 建立其他信托关系

18. W是美国的非居民外国人，其居住国并未与美国签订税收协定。现W想在美国购买股票，其取得的股息要在美国缴纳30%的预提所得税。为躲避这项预提所得税，W在荷属安的列斯群岛建立了一个公司，并由这个公司购买美国的股票，那么，根据美国与荷属安的列斯群岛签订的税收协定，W通过这个公司取得的股息就只需缴纳15%的预提税，这种情况属于(　　)。
A. 人的流动筹划法　　　　　　　B. 税收协定的滥用
C. 利用国际租赁进行税收筹划　　D. 利用转让定价

19. 跨国个人税收筹划的方法有(　　)。
A. 临时离境　　　　　　　　　　B. 人的流动筹划法
C. 税收最小化　　　　　　　　　D. 人的非流动筹划法

20. 以下属于国际避税主要方式的有(　　)。
A. 利用转让定价转移利润　　　　B. 滥用国际税收协定
C. 利用信托方式转移财产　　　　D. 组建内部保险公司

21. 利用中介国际控股公司进行跨国税收筹划时，中介国际控股公司的选址应注意的问题包括：(　　)。
A. 中介国际控股公司所在国与子公司所在国不需有税收协定
B. 中介国际控股公司所在国对分回利润不课征很重税收
C. 中介国际控股公司所在国与母公司所在国应有税收协定
D. 中介国际控股公司所在国与母公司所在国不应有税收协定

22. 利用中介国际金融公司避税时，金融公司所在的第三国需具备的条件包括：(　　)。
A. 与跨国公司所在国有税收协定
B. 金融公司支付利息免征或少征预提税
C. 境外贷款者支付利息不能扣除
D. 境外贷款者支付利息允许扣除

23. 下列属于税基侵蚀和利润转移(BEPS)项目行动计划的是(　　)。
A.《应对数字经济的税收挑战》
B.《消除混合错配安排的影响》
C.《制定有效受控外国公司规则》
D.《考虑透明度和实质性因素　有效打击有害税收实践》

24. 下列有关国际避税与反避税的表述中，错误的是(　　)。

A. 转让定价税制不是某一税种的专门税制，而是国际税收中一种约定俗成的称谓

B. 不转移纳税主体的避税，是国际避税的基本方法之一

C. 转让定价税制的管辖对象是公司集团内部的关联交易

D. 确认关联交易是整个转让定价税制的核心内容

25. 国际避税的基本方式有(　　)。

A. 通过纳税主体的国际转移进行的国际避税

B. 不转移纳税主体的避税

C. 通过纳税客体的国际转移进行的国际避税

D. 不转移纳税客体的避税

26. 在国际避税方式中，客体转移成为跨国纳税人避税的重要方式之一。客体转移一般具有从动性，是伴随着纳税人做出的经营安排和所从事的交易活动进行的。但就客体转移本身的方式划分，可以分为(　　)。

A. 避免成为常设机构

B. 利用常设机构进行收入与费用的转移

C. 利用关联企业间的转让定价转移收入与费用

D. 通过避税地渠道实现客体的转移

(四) 判断题

1. 跨国纳税人采取隐蔽的非法手段进行的国际逃税（偷、漏税）活动也可称为税收筹划。(　　)

2. 当今世界上几乎所有国家都实行了收入来源地管辖权，即对本国公民来自各国的收入行使征税权。(　　)

3. 一般来说，税收优惠越多，税基越大、越宽；反之，税收优惠越少，则税基越小、越窄。(　　)

4. 当A国采用比例税率、B国采用累进税率时，在相同收入条件下，B国的实际税负要高于A国。(　　)

5. 跨国纳税人在进行跨国税收筹划时，不仅要考虑各国之间税制结构的差异，还要考虑一国国内税制结构的复杂程度。(　　)

6. 一般情况下，一个国家的税种越多，其税收负担也越重。(　　)

7. 在采取属人主义原则的国家，若纳税人为本国居民或公民，则对本国负有无限纳税义务，即对其来自本国和外国的全部所得，都要依照本国税法规定纳税。(　　)

8. 在美国，纳税人只要持有“绿卡”，在税收上就可以被认定为居民。(　　)

9. 劳务报酬收入来源地的确定，是以劳务报酬的支付者所在地为其收入来源地。(　　)

10. 投资所得来源地的确定，是以投资所得的支付者所在地为其收入来源地。(　　)

11. 跨国税收筹划是跨国纳税人事后制订的、用以减少跨国纳税义务的跨国投资经营计划，是一种违法行为。(　　)

12. 混合控股公司除了具备纯控股公司的功能以外，同时具有从事各种经营活动的功能。(　　)

13. 综合法要比分国法得到更多的抵免限额的好处。(   )

14. 假如母公司所在国的税率低于子公司，或者母公司所在国对境外汇入股息不征收所得税，母公司就没有必要累积子公司的境外所得。(   )

15. 在收购公司时，通常建议用集团总公司所在国的当地货币借款。(   )

16. 虚构避税地营业可以发生在各类企业之间。(   )

17. 跨国个人的税收筹划是仅指自然人的税收筹划。(   )

18. 人的流动包括两方面的含义：第一，这里所说的“人的流动”，不仅限于个人的国际迁移，也包括居民身份的改变；第二，这里所谓的“流动”，是指跨越“税境”而言，不一定非得是跨越国境。(   )

19. 转移住所的方法就是指居住在高税国或高税区的人设法移居到低税国(区)。(   )

20. 一个国家或地区若想成为避税地，不仅要实行低税或无税的政策，还要在政治上相对稳定，在法律上允许跨国投资者自由出入境，并满足其社会公共设施齐全、生活和工作环境良好等方面的要求。(   )

(五) 简答题

1. 不动产所得与财产收益有什么区别?

2. 税收协定对缔约国的居民纳税人提供的优惠待遇有哪些?

3. 如何利用个人住所和公司住所的变化进行税收筹划?

4. 什么是常设机构? 利用常设机构进行税收筹划的方法有哪些?

5. 什么是国际避税地? 国际上有哪几种类型的避税地?

6. 如何利用避税地进行税收筹划?

7. 什么是转让定价? 如何利用转让定价进行税收筹划?

8. 为什么 BEPS 项目在处理转让定价问题时仅考虑独立交易原则? 公式分配法等其他方法是否更合适?

(六) 材料分析题

1. 某跨国公司的母公司所在国属于高税国，它的子公司所在国与母公司所在国之间没有税收协定，母公司的资金在转入子公司的过程中，子公司所支付的利息必须缴纳预提税。子公司欲向母公司融资 1 500 万美元，利率为 15%，期限为一年，预提税税率为 20%。如果子公司直接向母公司融资，其结果是 225 万美元的利息，必须缴纳 45 万美元的预提税，母公司的净利息收入只有 180 万美元。从跨国税收筹划的角度来看，母公司如何进行税收筹划能减轻预提税的税负?

2. 甲国 A 公司是乙国 B 公司的母公司，A 公司控制 B 公司 100%的股权。甲国公司税率为 35%，乙国为 30%。A 公司对 B 公司销售一批半成品，由 B 公司加工后出售。A 公司的成本为 40 万元，B 公司的成本是在 A 公司的售价的基础上加 20 万元，A 公司对 B 公司的正常价格销售产品收入为 80 万元，但 A 公司以 55 万元的价格将半成品卖给 B 公司，B 公司加工后以 180 万元出售最终产品。试计算按正常价格计算的 A、B 两公司的税收和 A、B 两公司进行转移定价后实际缴纳的税收，以及两者之间的差额，并从税收筹划的角度分析原因。

3. 甲公司是A国的居民企业，A国的所得税税率为33%。甲公司准备分别在B国和C国投资进行跨国经营。为了决定在这些国家开办子公司还是分公司，甲公司对B国和C国的税收政策进行了了解：B国的所得税税率为15%，并对外资法人企业给予开业后3年免税期，A国在与B国签订的税收协定中承诺承担税收饶让义务；C国的所得税税率为35%，没有免税期，也没有与A国签订税收协定。甲公司预测，A国母公司在未来10年内都会保持盈利，在B国经营的前3年会有丰厚的盈利，而在C国经营的前3年将会产生一定的亏损。试从税收筹划的角度分析甲公司在B国和C国进行经营是采用分公司形式好还是子公司形式好。

4. 甲国A国际投资公司向乙国出售一批货物，销售收入为2 000万美元，销售成本为800万美元。甲国的所得税税率为30%。A公司在国际避税地巴哈马设立一子公司B，巴哈马作为避税地没有所得税、资本与财富税、资本利得税、遗产税和赠与税等。试问：A公司怎样进行税收筹划才能降低其税收负担？（在正常交易情况下，假设甲国行使居民管辖权，乙国行使地域管辖权。）

（七）案例分析题

【案例8-1】 本案例以某外商投资企业的外国投资者股权转让筹划为例。2013年，外国投资者甲公司与中国乙公司通过发起设立方式在中国某市经济技术开发区设立了外商投资企业丙，丙公司的注册资本为5 960万美元，折合人民币493 297 280元，甲公司、乙公司各投资2 980万美元，各拥有丙公司50%的股份。丙公司自2014年开始盈利。

2019年6月，因企业管理、税收安排的原因，甲公司决定将其全部股权转让给丁公司，丁公司为甲公司于2007年2月在香港注册成立的全资控股子公司，甲公司决定将其在中国设立的所有合资企业（包括丙公司）的全部股份转让给丁公司（丁公司设在香港，因其更了解中国的经济环境、社会环境，有利于其对甲公司设在内地的子公司进行管理）。丙公司于2019年7月24日召开董事会，同意甲公司将其拥有的丙公司全部50%的股权转让给其关联企业丁公司，并同意公司关于上述股权变更的对公司章程及合资经营合同的修改。

至2018年12月31日，丙公司的资产总额为1 062 104 610.41元，其负债合计411 438 466.55元，其股东权益合计650 666 143.76元（其中股本493 297 280.00元、资本公积11 368 840.62元、未分配利润146 000 023.14元）。因此，甲公司确定的股权转让价格为325 333 071.88(=650 666 143.76÷2)元。

请分析该项股权转让对甲公司和丁公司的税收影响及可能存在的税务风险。

【案例8-2】 2019年某A国跨国总公司（以下简称“A国总公司”）欲在我国投资兴建一家芦笋种植加工企业B企业，A国总公司2019年所得为1 000万美元，所在国的企业所得税税率为34%。A国总公司在第三国C国设有一子公司，C国的企业所得税税率为40%，子公司的所得为500万美元。假设被投资的芦笋种植加工企业B企业2019年亏损200万美元。从税收角度分析，A国总公司应选择中外合作还是中外合资投资形式？从跨国税收筹划的角度分析，由谁来投资更好？

【案例8-3】 利用中介国际控股公司避税：假定有一跨国公司的母公司设在南非，在美国设有子公司，该子公司要向南非母公司支付100万美元的股息。假定南非与美国之间没有国际税收协定，故南非母公司直接从美国子公司取得股息需缴纳30%的预提税，税后净股息只有70万美元。若已知美国和荷兰间有税收协定，应如何设立中介国际控股公司来进行跨国税收筹划？

五、补充练习题答案

(一) 名词解释

1. 居民纳税人：是指按照某国法律，由于住所、居所、管理场所或其他类似性质的标准，负有纳税义务的自然人和法人。

2. 经济性重叠征税：是指在国际通行税制下，公司取得的经营利润，在公司层次要缴纳一次企业所得税，其税后利润作为股息分配给投资者，在股东层次还要缴纳一次企业或个人所得税。

3. 国际税收协定：是指两个或两个以上主权国家为了协调相互间在处理跨国纳税人征税事务和其他有关方面的税收关系，本着对等原则，经由政府谈判所签订的一种书面协议或条约。

4. 国际控股公司：是指一个企业集团的母公司直接或间接拥有其他公司的股权。它是为了控制而不是为了投资目的，而持有一个或几个大公司的大部分股票或通过非股权安排以控制其股份为业务的一种机构。其全部活动就是把外国子公司的所得汇总，集中在它所在国的账户上，然后将筹集的资金再投资，或者转回集团的母公司。

5. 递延税收：是指实行居民管辖权的国家，对本国居民建立在国外的子公司所取得的利润等收入，在没有以股息形式汇回母公司（或股东）之前，对本国母公司（或股东）不就其外国子公司的利润等收入征税。

6. 常设机构：即固定场所或固定基地，是指一个企业进行全部或部分经营活动的固定营业场所。

7. 转让定价：也称划拨定价，是指关联企业之间在相互举借贷款、销售商品、提供劳务和转让无形资产等经济往来中所确定的内部交易价格。

8. 国际避税地：是指一些国家或地区为发展经济，在本国或本地区划出部分甚至全部区域和范围，允许并鼓励外国政府和民间在此投资从事各种经济、贸易等活动，投资者和从事经营活动的企业可以享受不纳税或少纳税的优惠待遇。这种区域和范围，在国际上一般被称为避税地。

9. 虚构避税地营业：是指通过总公司或母公司将销售和提供给其他国家和地区的商品、技术与各项劳务服务，虚构为设在避税地受控公司的转手交易，从而将所得的全部或一部分滞留在避税地，或者通过贷款和投资方式再重新回流，以躲避原应承担的高税率国家的税收负担。

10. 外国基地公司：是指以避税地为基地而建立的，从事转移和积累在第三国营业或投资所产生利润的公司。

11. 信箱公司：即招牌公司，指仅在所在国完成必要的注册登记手续，拥有法律所要求的组织形式的“文件”公司。信箱公司是典型的避税地公司，它往往只有一个常务董事，公司营业范围内的商业、创造、管理等活动都是在别处进行的。

12. 虚构避税地信托财产：是指跨国纳税人通过在避税地设立一个受控信托公司，把高税国的财产通过信托的方式转移到避税地，借以躲避有关的税收。

13. 个人持股信托公司：是指消极投资收入占总收入60%以上，股份的50%以上被五个或五个以下的个人所持有的公司。

14. 税收协定的滥用：又称选择条约，指的是非条约受益人利用条约从事经济活动，从而享受税收条约优惠待遇的行为。这种滥用税收协定的行为，使非税收协定的受益人得以逃避原应承担的税负。

15. 虚假迁移：是指纳税人为获得某些收入和某些税收好处而进行的短期迁移，如迁移时间仅有半年、一年、两年。

16. 税收流亡：是指一些跨国纳税人不购置住所或通过旅游的方式，如在旅馆、船舶、游艇等场所，自由地游离于各国之间，确保自己不成为任何一个国家的居民，以躲避居民管辖权；而且通过不断地变换其居住地点，不停地从这个国家流动到那个国家，在一国的停留时间均不超过该国规定的对非居民征税的起点时间，以躲避收入来源地管辖权。这些避税行为，在国际税收领域里通常被称为“税收流亡”。

17. 国际投资公司：是指全部或主要的活动是进行有价证券投资的公司，即通过持有资产从而获得所得的公司。这种公司从事特别的离岸投资业务，即在外国管辖区汇集资金并将这些资金投向第三国。目的是消除或减轻在股息、利息、租金、运输、特许权使用费等所得项目上的所得税负，以及对处理财产取得的资本利得的税收负担。

18. 国际金融公司：是指在一个企业或公司集团里充当借贷中介人或向第三方提供资金的机构。跨国纳税人为了不缴纳或少缴纳利息所得税，或取得高税国对公司集团支付利息进行税收扣除的许可，或利用有利的税收协定，不缴纳或少缴纳利息支付国对利息的预提税，通常可以在避税地设立金融公司，该金融公司既充当公司集团内部借款与贷款的中介人，为其不同成员从一国向另一国转送资金，又可为第三方筹措款项。

19. 内部保险公司：是指由一个公司集团或从事相同业务的公司协会投资建立的、专门用于向其母公司或姊妹公司提供保险服务以代替外部保险市场的一种保险公司。

20. 资本弱化：是指在公司资本结构中债务融资的比重大大超过了股权融资的比重。

（二）填空题

1. 税收管辖
2. 比例税率　累进税率
3. 抵免法　免税法　税收饶让
4. 国籍
5. 意愿标准　住所标准　时间标准
6. 财政住所
7. 传统制　综合制

8. 双重征税的免除
9. 建立灵活的公司内部结构　利润的再分配　减少利润
10. 纯控股公司　混合控股公司
11. 境外所得依照本国税法规定计算的应纳税额
12. 独特的“低税”结构　以所得税为主体的税制结构　明确的避税区域范围
13. 美国
14. 设立个人持股信托公司　设立受控信托公司　订立信托合同
15. 辗转租赁获得税收利益　直接投资转为租赁
16. 信托关系
17. 意愿标准　住所标准　时间标准
18. 改变居民身份　转移住所　税收流亡

（三）选择题（不定项）

1. C。在构建跨国公司内部结构的策划过程中，经营活动的税收问题已成为一个不可忽视的问题。公司进行跨国税收筹划的目标恰恰是实现跨国公司内部结构的最优化，从而使公司的总利润达到最大化。

2. ABD。当今世界各国行使的税收管辖权通常有：收入来源地管辖权、居民管辖权以及公民管辖权。

3. ABC。当今世界各国存在的税制结构模式主要有三大类：一是以直接税为主体的税制结构，二是以间接税为主体的税制结构，三是实行低税模式，其中一些国家和地区被人们称为避税地。

4. D。通常，从宏观上看，国际公认的衡量一国税负高低的标准是税收总额占国内生产总值（GDP）的比重。

5. CBAD（顺序不得颠倒）。通过计算税收总额占国内生产总值（GDP）的比重，中国、澳大利亚、瑞典、百慕大四国（地）中，瑞典税负最重，在50%左右；澳大利亚税负相对较轻，在30%左右；中国属于中等税负国；百慕大属于典型避税地，税负最轻。

6. BD。所谓居所，即习惯性住所，一般是指一个人在某国境内持续停留一段时期而临时居住的处所。它是纳税人不定期居住的场所，即为某种目的，如经商、求学、谋生等而非长期居住的处所。

7. C。日本规定，在日本境内连续或累计居住1年以上不满5年的居民，被视为非永久居民，应就其来源于日本的所得和汇入日本的境外所得课税。

8. AD。投资所得是指投资者将其资金、财产或权利提供给他人使用所获取的报酬所得，它包括股息、利息、特许权使用费等。

投资所得具有支付人相对稳定而受益人比较零散的特点，尤其是在跨国进行间接投资的情况下，投资者并不一定在投资项目所在国活动或居住。各国通常都是依据投资所得的支付人而定。若是由本国境内债务人或权利使用人支付，本国即为收入来源地。

9. BC。不动产所得是指出租和使用不动产所取得的所得。不动产所得的取得，通常是和不动产的位置相联系的。因此，对于不动产所得的来源地的确定，各国一般都是以不动产的所在地或坐落地为依据，即不动产所得的来源地是不动产的所在地或坐落地，应由不动产的所在地或坐落地国家行使收入来源地管辖权进行征税。

10. ACD。建立国际控股公司通常可以获得许多好处，在税收上的主要利益有：(1) 少缴预提税；(2) 递延缴纳股息收入的所得税；(3) 增加税收抵免限额；(4) 递延缴纳资本利得的所得税。

11. C。跨国公司税收筹划的客体是跨国公司的利润。为了使公司集团的全球利润最大化，必须使跨国公司经营活动所面临的主要税收最小化。

12. AD。根据《OECD 范本》的定义，判定跨国纳税人有无常设机构并确定其纳税义务，可以采用有形联系因素，如一处生产管理场所、一所办公室、一座工厂，等等。即使找不到这些有形物质联系因素，也可以采用法律等因素加以综合判定。只要一个人代表非居民纳税人在一国中行使签订合同、接受订单的权利，就可以认定该非居民纳税人在该国有常设机构。

13. ABCD。转让定价，往往通过从高税国向低税国或避税地以较低的内部转让价格销售商品和分配费用，或者从低税国或避税地向高税国以较高的内部转让价格销售商品和分配费用，使国际关联企业的整体税收负担减轻。一方面，转让定价可以使关联企业避免或延迟缴纳企业所得税，实现整体税负最小化。另一方面，转让定价可使关联企业减轻预提税税收负担。此外，转让定价也可使关联企业减少从价计征的关税。通过转让定价在减轻关税（主要是进口税）负担的同时，也可以减少企业总体的税额。

14. ABCD。避税地的作用有：(1) 避税地为公司财产、经营活动提供避税条件。跨国公司在避税地的财产和投资经营活动都可享受优惠待遇，获得减轻税负的好处。(2) 避税地为跨国投资者提供跨国投资收益减免预提所得税条件。(3) 避税地为金融组织和机构从事金融活动提供特别的便利条件。此外，避税地在保险、信托投资、商业贸易等方面，也可为跨国投资者的全球经营管理活动提供良好的便利条件。

15. C。虚设避税地信托财产的基本途径，就是跨国纳税人通过在避税地设立一个受控信托公司，把高税国财产转移到避税地，借以躲避有关税收。

16. ABD。电子商务的出现使现行国际税收原则中有关居民、常设机构、地域管辖权等概念已难以对其进行有效约束，也很难准确区分销售货物、提供劳务或转让特许权。这些都为跨国公司利用电子商务进行税收筹划创造了机会。利用电子商务进行跨国税收筹划可以采取的形式主要有：国际投资、网址上的“电话回复中心”、跨国公司的转让定价、组建避税地虚拟公司。

17. BCD。在国际税收领域里，纳税人不仅可以通过人员的流动来实现跨国税收筹划，而且可以不用真正迁出高税国，通过建立信托财产或者其他信托关系、订立各种其他形式的信托合同等“人的非流动”来达到节税的目的。人的非流动是指从法律上看，跨国个人并没有迁出高税国，也能够减轻税收负担。方法之一就是建立信托财产或者其他信托关系。方法之二就是订立各种其他形式的信托合同。

18. B。在国家间所签订的税收协定或条约中，通常都有对缔约国双方居民所享有的优惠条款规定。然而，在当今的国际经济活动中，非居民跨国纳税人往往可以通过种种巧妙的手段，设法改变其居民身份，作为协定中规定的适用人之一享受有关条款的优惠待遇，从而达到减轻国际税负的目的。国际上人们一般把这种税收协定缔约国的非居民享受税收协定中优惠待遇的现象称为税收协定的滥用。

19. BCD。跨国个人的税收筹划方法主要有：人的流动筹划法（改变居民身份、转移住所、税收流亡）、人的非流动筹划法（建立信托财产或者其他信托关系、订立各种其他形式的信托合同），以及税收最小化等。

20. ABCD。国际避税的主要手段有：利用转让定价转移利润、滥用国际税收协定、利用信托方式转移财产、组建内部保险公司、资本弱化、选择有利的公司组织形式、通过移居避免成为高税国税收居民等。

21. BC。中介国际控股公司所在国与子公司所在国需有税收协定，以减轻子公司向中介国际控股公司支付股息时的预提税；中介国际控股公司所在国对分回利润不课征很重税收；中介国际控股公司所在国与母公司所在国应有税收协定，以减轻中介国际控股公司向母公司支付股息时缴纳的预提税。

22. ABD。与跨国公司所在国有税收协定，而且金融公司能利用协定规定的互惠条件，使跨国公司所在国对向其支付的利息免征或征收很少的预提税；金融公司支付利息免征或少征预提税；境外贷款者支付利息允许扣除，以使金融公司不会因为这笔转贷业务而缴纳过多的所得税。

23. ABCD。BEPS 是二十国集团（G20）领导人在 2013 年圣彼得堡峰会委托经济合作与发展组织（OECD）启动实施的国际税收改革项目，旨在修改国际税收规则、遏制跨国公司规避全球纳税义务、侵蚀各国税基的行为。BEPS 项目成果包括 15 项行动计划报告和一份解释性声明。

24. D。转让定价税制的管辖对象是公司集团内部的关联交易。采用哪些方法对跨国关联企业利用转让定价形成的不合理的国际收入和费用分配进行重新调整，是整个转让定价税制的核心内容。也即转让定价的调整方法，是整个转让定价税制的核心内容。

25. ABCD。国际避税的基本方式包括：通过纳税主体的国际转移进行的国际避税；不转移纳税主体的避税；通过纳税客体的国际转移进行的国际避税；不转移纳税客体的避税。

26. ABCD。四个选项均为客体转移本身的方式划分。

（四）判断题

1. ×。跨国税收筹划与跨国纳税人采取隐蔽的非法手段进行的国际逃税（偷、漏税）活动性质是不同的。

2. ×。当今世界上几乎所有国家都实行了收入来源地管辖权，即对来自本国境内的收入或发生在本国的经营活动行使征税权。

3. ×。一般来说，税收优惠越多，税基越小、越窄；反之，税收优惠越少，则税基越大、越宽。

4. ×。当 A 国采用比例税率、B 国采用累进税率时，在相同收入的条件下，B 国的实际税负要低于 A 国。

5. √

6. ×。一个国家的税种越多，并不表示其税负越重，税负应当以税收总额占国内生

产总值的比重来衡量。

7. √

8. √

9. ×。劳务报酬收入来源地的确定，是以劳务提供地点或受雇地点为其收入来源地。

10. √

11. ×。跨国税收筹划是跨国纳税人事前制订的、用以减少跨国纳税义务的跨国投资经营计划，是一种合法行为。

12. √

13. ×。在各个子公司不出现亏损的情况下，综合法要比分国法得到更多的抵免限额的好处。

14. √

15. ×。在收购公司时，通常建议利用被收购公司所在国的当地货币借款。此举首先是为了减轻因汇率变化所可能带来的损失，避免汇率风险；与此同时，还可以避免有些国家的汇率差额税。

16. ×。虚构避税地营业必须发生在关联企业之间。

17. ×。跨国个人的税收筹划不仅指自然人的税收筹划，它的主体还包括非公司法人（如个人独资企业、合伙企业等）。

18. √

19. × 。转移住所的方法除了居住在高税国（区）的人设法移居到低税国（区）外，还有虚假迁移和部分迁移。

20. √

（五）简答题

1. 答：(1) 不动产所得是指出租和使用不动产所取得的所得。财产收益也称财产转让销售所得，是指转让、销售动产和不动产的所得。

(2) 二者的区别在于：不动产所得是因让渡不动产的收益权而取得的固定或不固定的收益，即出租、使用不动产的所得，不动产所有权并没有发生转移；而财产收益则是因财产所有权转移而取得的所得，即转让、销售不动产和动产取得的收益或利得。

2. 答：税收协定对缔约国的居民纳税人提供的优惠待遇主要有：

(1) 对营业利润的征税以是否设有常设机构为限；

(2) 对投资所得的征税实行限制税率；

(3) 对个人劳务报酬和薪金所得限定条件征税；

(4) 对科学、文化、艺术等方面的所得实行免税；

(5) 对财产及其所得和收益通常由财产所在国征税；

(6) 消除双重征税乃至税收饶让。

3. 答：(1) 由于大多数国家规定对在本国拥有住所和居住达一定天数的人的一切收入拥有征税权，所以跨国纳税人可以采取将其居住地由高税国向低税国流动的方式，来躲避高税国政府对其行使居民管辖权。具体方法是：将个人住所真正迁出高税国；或者利用有关国家国内法关于个人居民身份界限的不同规定或模糊不清实现虚假迁出，即仅仅在法律上不再成为高税国的居民；或者通过短暂迁出和成为别国临时居民的办法，求得对方国家的特殊税收优惠。许多国家把在本国拥有永久性住所或习惯性住所的人确定为本国居民，对其国内外的全部所得行使征税权。因此，纳税人可以通过迁移住所的方法避免成为某一国居民，从而可以躲避或减轻纳税义务。例如，居住在高税国（区）的人可以设法移居到低税国（区）或无税国（区），使其在住所的判定上成为事实上的低税或无税国（区）居民，从而仅就其世界范围所得承担低税国（区）或无税国（区）的纳税义务，可以减轻所得税、遗产税和财产税的负担。所谓虚假迁移是指纳税人为获得某些收入和某些税收好处而进行的短期迁移，如迁移时间仅有半年、1 年或 2 年。对这种旨在回避纳税义务的短期迁移，许多国家都有一些相应的限制措施。部分迁移是指纳税人并未实现完全迁移，而仍与原居住国保留某种社会和经济联系。譬如在原居住国仍留有住所、银行账户，并参与某些社会经济活动等。这些不彻底的迁移往往为政府留下课税的依据，使跨国税收筹划流产，甚至冒双重课税的风险。因此，跨国个人税收筹划必须防止短期迁移或部分迁移。

（2）就避免成为税收居民而言，公司避税与个人避税有相似之处。在实行居民管辖权的国家里，判定公司的企业居民身份的居所标准主要有注册登记所在地、总机构所在地、实际管理机构所在地等标准。这些标准的不同，以及这些标准的各国具体规定的不同，就为公司进行国际避税提供了前提条件。如位于采用总机构或实际管理机构所在地标准国家的公司，可以将其董事会的开会地点移至低税或无税国，使之合法地不成为该国的居民企业。公司利用居所转移躲避纳税义务的一个重要核心，就是消除使其母国或行为发生国成为控制和管理地点的所有实际特征，实现公司居所“虚无化”。对于跨国公司来说，因为多数国家采用总机构或实际管理机构所在地标准判定公司的企业居民身份，更由于其收入来源于世界各地，因而若将总机构设在高税国，就得付出承担高税负的代价；而若将总机构设在仅实行收入来源地管辖权的国家或避税地，那么整个公司的税收负担就会大大减轻。

4. 答：（1）常设机构，也称固定场所或固定基地，是指一个企业进行全部或部分经营活动的固定营业场所。一般来说，一个事实上的常设机构想要躲避其纳税义务是比较困难的。根据《OECD 范本》的定义，判定跨国纳税人有无常设机构并确定其纳税义务，既可以采用有形联系因素，也可以采用法律等无形因素。只要一个人代表非居民纳税人在一国中行使签订合同、接受订单的权利，就可以认定非居民纳税人在该国有常设机构。尽管如此，许多国家的税法中，特别是国家间的税收协定中，却规定了大量免税的常设机构经营活动。这些特殊的税收优惠规定，就为跨国纳税人通过建立常设机构来转移资金、货物或劳务，进行跨国税收筹划活动提供了各种渠道，他们可以根据所从事的一项或多项免税活动进行税收筹划。

（2）此外，跨国纳税人可以利用服务公司或子公司转移货物、劳务、利息、特许权使用费、管理费等；可以利用常设机构转让营业财产和虚构财产租赁；可以利用常设机构亏损以及常设机构间的汇率变化有效地减轻税收负担。

5. 答：国际避税地是指国际上轻税甚至无税的场所。从实质上说，就是指外国人可以在那里取得收入或拥有资产而不必支付高税率税款的地方。这个场所可以是一个国家，也可以是一个国家的某个地区，如港口、岛屿、沿海地区、交通方便的城市等。有时避税地还包括自由港、自由贸易区、自由关税区，等等。美国是世界上这类地区最多的国家。按照避税地的广义解释，世界上大体有三种类型的避税地：第一种类型的避税地，是指没有所得税和一般财产税的国家和地区，人们常称之为“纯粹的”、“标准的”或“准”避税地。在这些国家和地区中，既没有个人所得税、企业所得税和资本利得税，也没有财产净值税、继承税、遗产税和赠与税。第二种类型的避税地，是指那些虽开征某些所得税和一般财产税，但税负远低于国际一般负担水平的国家和地区。在这类避税地中，大多数国家和地区对境外来源的所得和营业活动提供某些特殊优惠的税收待遇；还有些国家和地区对境外来源所得免税，只对来源于境内的收入按较低税率征税。第三种类型的避税地，是指在制定和执行正常税制的同时，提供某些特殊税收优惠待遇的国家和地区。其特点是总的来说实行正常税制，征收正常的税收，只是在正常征税的同时，有较为灵活的税收优惠办法，对于某些投资经营给予特殊的税收优惠待遇。

6. 答：(1) 利用避税地进行税收筹划活动的基本方法可以归纳为三种：虚构避税地营业、虚构避税地信托财产、转让定价。

(2) 虚构避税地营业的基本途径有：通过总公司或母公司将销售与提供给其他国家和地区的商品、技术及各项劳务服务虚构为设在避税地受控公司的转手交易，从而将所得的全部或一部分滞留在避税地，或者通过贷款和投资方式再重新回流，以躲避原应承担的高税率国家的税收负担。在虚构避税地营业中起中介作用的，是以避税地为基地的各种性质的受控公司。跨国纳税人常通过建立各种公司以及转让定价转移资金、货物或劳务，借以逃避税收。

(3) 虚构避税地信托财产是通过建立信托财产或各种信托关系进行避税。其基本途径就是跨国纳税人在避税地设立一个受控信托公司，然后把高税国财产转移到避税地，借以躲避有关税收。虚构避税地信托财产的方法也较多，主要有：

a. 设立个人持股信托公司。所谓个人持股信托公司，是指消极投资收入占总收入60%以上，股份的50%以上被五个或五个以下个人所持有的公司。由于这种公司被五个或五个以下个人所控制，所以很容易被跨国自然人利用其亲属的化名来顶替，因而实际上就是他一个人所控制的公司。因此，跨国纳税人就可以利用避税地不征所得税和遗产税的特殊条件进行避税活动。

b. 设立受控信托公司。跨国纳税人不仅可以在避税地建立信托财产从事消极投资的避税活动，而且可以通过建立信托财产来掩盖股东在公司中的股权，从事积极投资的避税活动。

c. 订立信托合同。跨国纳税人除了通过建立信托财产从事避税活动以外，还可以通过订立各种形式的信托合同从事避税活动。

(4) 转让定价旨在人为地扭曲跨国收入和费用在国家之间的分配，以实现跨国所得的转移，是国际避税的常用方式之一。而跨国关联企业内部转让定价则是这一避税方式借以实现的基本途径。通过从高税国向避税地以较低的内部转让价格销售商品和分摊费用，或者从避税地向高税国以较高的内部转让价格销售商品和分摊费用，都将导致跨国关联企业的整体税负减轻。

总之，跨国纳税人通过利用避税地采取上述三种避税方法，可以实现其减轻税负的目的。应当指出的是，跨国纳税人在国际经济活动中常常结合使用上述三种方法，以最大限度地减轻其总体税负。

7. 答：转让定价是指在经济活动中，有关联关系的企业各方为均摊利润或转移利润而在产品交换或买卖过程中，不依照市场买卖规则和市场价格进行交易，而是根据它们之间的共同利益或为了最大限度地维护它们之间的利益而进行产品或非产品转让。通常情况下，转让定价是跨国公司价格战略的一个重要组成部分，同时也是跨国税收筹划的主要手段。

（1）由于世界各国的税收制度中有关税种、税率和征免以及固定资产折旧摊提、交际费列支等规定都有很大的差异，母公司与子公司之间、总公司与分公司或总机构与常设机构之间业务和财务联系的广泛性使它们有较大的余地实现货物或劳务等价格的转让。它们往往从高税国向低税国或避税地以较低的内部转让价格销售商品和分摊费用，或者从低税国或避税地向高税国以较高的内部转让价格销售商品和分摊费用，使国际关联企业的整体税收负担减轻。

（2）转让定价可以使关联企业避免或延迟缴纳企业所得税，实现整体税负最小化。关联企业集团通过利用高税国（区）与低税国（区）的税收差别，把应税所得尽量从高税国（区）往低税国（区）或避税地转移，躲避高税国（区）的税收压力，在税收上避重就轻，以使企业集团避免或延迟缴纳企业所得税，总利润不变而其税后所得可以大量增加。

（3）转让定价也可使关联企业减轻预提税税收负担。由于各国对外国公司在本国境内取得的消极投资所得（如股息、利息、租金、特许权使用费等）往往征收预提税，在没有税收协定的情况下，税率多半在20%以上，而且预提税是就毛利所得征收，不做任何扣除，所以在两国间没有税收条约或协定来相互降低税率的情况下，税负是不容忽视的。通过以低价供货代替支付股息等方式来实行转让定价，在一定程度上可以减轻预提税的影响。

（4）转让定价还可使关联企业减少从价计征的关税。当两个或多个有经济联系的实体有一方或多方发生进出口行为时，可以利用相互间特有的连属关系，通过转让定价方法减少实缴关税。首先，可降低作为关税计税基础的转让定价即课税对象，从而使间接税最小化。由于关税多为从价计征的比例税率，如果卖方公司低价向买方公司出口货物，则可以减轻关税的影响；其次，可通过贸易公司来达到目的，即把贸易公司设置在享有对外贸易特惠关税的国家（一国对来自另一国的进口商品按特别优惠税率征收关税）。

（5）通过转让定价在减轻关税（主要是进口税）负担的同时，也可以减少公司总体税额。企业所得税最小化和进口税最小化这两个目标可能是相互矛盾的，因为在大部分国家中，关税与所得税的关系是，关税税额越大，所得税税率越低，反之亦然。因此，在选择正确的转让定价战略时，应该考虑到，要同时实现直接税和间接税的最小化，可采用不同的方法：要么提高内部企业价格；要么降低内部企业价格。但应该指出的是，在很多情况下，在计算子公司的应税所得时，关税可作为成本扣除，也就是说，在提高转让价格和相应的高关税情况下，关税的缴纳实际上将降低联合集团所得税的有效税率。

(6) 跨国公司在经营过程中是否实行转让定价，以及如何进行转让定价，绝非简单由人们的主观愿望决定，而与跨国公司采取的发展战略和管理过程有紧密联系。发展战略与转让定价之间的关系取决于两个关键因素：一是控制利润中心与非控制利润中心的关系是否存在纵向一体化；二是在实行内部和对外销售时，销售利润中心是否被视为一个独立的经济实体。企业发展战略不同，采取的转让定价方法也不同。所谓管理过程，是指在发展战略确定以后，企业等经济实体以什么样的方法、手段实施战略。管理过程的主要内容包括转让定价如何确定、何时确定、涉及的人员、需要哪些资料，以及如何控制因转让定价带来的矛盾，等等。

8. 在多数情况下，特别是当两个国家税制大体相似时，运用独立交易原则能够有效地将跨国企业的收入在不同税收管辖权间进行划分。但当存在零税率或者低税率的第三国，特别是在涉及高风险交易时，独立交易原则就难以解决问题。为完成转让定价相关工作，OECD 正在考虑采用独立交易原则和其他特别措施，对 BEPS 项目行动计划中的上述问题做出有效回应。其他特别措施的研究正在进行，并将与诸如利息扣除、常设机构定义、受控外国公司规则、数字经济以及争端解决等其他 BEPS 工作协调推进。如果采用公式分配法等替代转让定价方法，则需要在许多关键问题上达成国际共识（在中短期内，这种共识难以达成），并可能产生对国家税收收入造成更多不利影响的系统性问题。因此，在独立交易原则的基础上，重点解决转让定价中出现的具体问题将更为有效。

（六）材料分析题

1. 本案例可以通过建立“中介金融公司”规避预提税，具体操作如下：首先，母公司有必要在一个与境外子公司所在国有税收协定的国家建立中介金融公司，然后通过该中介金融公司向外国子公司放款。这样就可以利用中介金融公司所在国与子公司所在国之间的税收协定，减轻子公司所在国的利息预提税税负。

然而，由于与别国有税收协定的国家的公司所得税税率一般较高，所以，母公司通过中介金融公司取得利息虽然可以减轻子公司所在国预提税的负担，但很可能要在中介金融公司所在国负担较重的企业所得税，从而达不到避税的目的。为此，有必要让中介金融公司安排较小的借贷利差，使子公司的利息支付较少，这又势必导致子公司将大量利润支付给母公司。由于母公司所在国为高税国，因此其子公司的利润所得在汇往母公司时同样达不到避税的目的。

为了解决这种矛盾，跨国公司为向海外子公司发放贷款而建立的中介金融公司一般要采取“复合金融公司”结构——在有广泛税收协定的国家设立一个“管道金融公司”，再在无所得税的避税地设立一个“内部金融公司”。由内部金融公司把这笔资金贷给管道金融公司，最后再由管道金融公司向国外子公司提供贷款。

上述安排见图 8-1。

2. 按正常价格计算：

$$A公司应缴纳的税额=(80-40)\times35\%=14(万元)$$

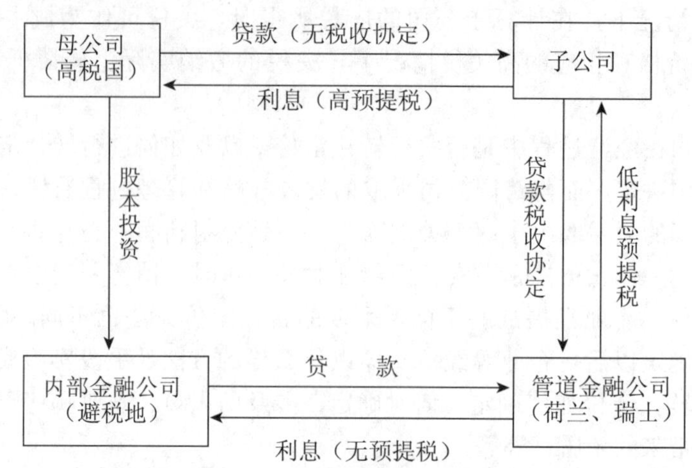

图 8-1 减轻预提税的具体安排

B 公司应缴纳的税额=[180-(80+20)]×30%=24(万元)

A、B 两公司应缴纳的税额总计=14+24=38(万元)

实行转让定价后:

A 公司应缴纳的税额=(55-40)×35%=5.25(万元)

B 公司应缴纳的税额=[180-(55+20)]×30%=31.5(万元)

A、B 两公司应缴纳的税额总计=5.25+31.5=36.75(万元)

38-36.75=1.25(万元)

从案例中可以看出,经过这样一个简单的价格变化,A、B 两公司总共少纳了 1.25 万元的税。世界上绝大多数国家都对公司的营业利润征收企业所得税,因而,减轻公司税负在转让定价的税务动机中居于首位。其实,无论同类企业还是不同类企业,无论生产企业还是商业企业,以转让定价方法从事避税都是以利润率或盈利水平的调整为基础。通过从高税国向低税国以较低的内部转让价格销售商品和分配费用,或者从低税国向高税国以较高的内部转让价格销售商品和分摊费用,都将导致跨国关联企业的整体税负减轻。转让定价可以高于或低于产品成本,也可以等于产品成本。采用何种形式,取决于母、子公司所在国的税率高低和母公司对子公司的控股比例。跨国公司采用不同的转让定价形式,其目的是通过对转让价格的控制,使它设在国外的各子公司或分支机构服从全球战略目标,获取最大利润。

3. 甲公司决定在 B 国和 C 国进行经营,采用分公司形式和子公司形式的税收影响不同。从税收筹划的角度来看,如果在 B 国设立子公司,则子公司作为独立的法人可以享受税收优惠和税收饶让待遇。由于 B 国对外资法人企业给予开业后 3 年免税期,所以该子公司前三年的盈利不需纳税。而且 A 国在与 B 国签订的税收协定中承诺承担税收饶让义务,因此,B 国子公司享有的税收优惠都可以视同已纳税款,可以冲减母公司的税额,减轻母公司的税收负担。如果在 B 国设立分公司,则该分公司因不具有独立法人资格,不享有税收优惠和税收饶让,其所得并入母公司利润,合并纳税,从而会加重母公司的税收负担。综上所述,甲公司应该在 B 国采用子公司的形式。如果在 C 国设立分公司,因其与总公司合并纳税，其亏损可以冲减总公司的应纳税所得额，从而减轻总公司的税收负担并获得递延纳税的好处。如果在C国设立子公司，则子公司的亏损只能由该子公司以后年度的盈利弥补，而母公司的利润不能予以弥补。通过以上分析可知，在C国应该采用分公司的形式。

4. 在正常交易情况下，A公司向乙国销售货物获得的销售所得应缴纳甲国企业所得税。计算如下：(2 000－800)×30％＝360(万美元)。这就是说，A公司发生的这笔交易应承担360万美元的税款。在此案例中，A公司可以不直接把这笔交易行为表现在账面上，而通过“虚设避税地营业”在避税地巴哈马设立一子公司B，并把这笔收入记在B公司的账上，将这笔交易反映为发生在乙国和巴哈马的B公司之间的交易，而A公司没有任何销售收入，则A公司可以避免对甲国政府缴纳所得税。而位于巴哈马的子公司B，尽管其账面表现有销售收入，但根据巴哈马的税法，该项收入不需缴纳任何税收。由此可见，跨国公司纳税人通过“虚设避税地营业”的方式逃避了全部税款。

（七）案例分析题

【案例8-1】 分析思路：

1. 预提所得税

甲公司来源于中国的所得。甲公司从丙公司取得的利润，即从丙公司依照税法规定缴纳或者减免所得税后的利润中取得的所得（股息、红利）。

中国政府对甲公司该项所得的征税规定。《企业所得税法》规定非居民企业在中国境内未设立机构、场所的，或者虽设立机构、场所但取得的所得与其所设机构、场所没有实际联系的，应当就其来源于中国境内的所得缴纳企业所得税，适用税率为20％。《企业所得税法实施条例》第91条规定：非居民企业取得《企业所得税法》第27条第（五）项规定的所得，减按10％的税率征收企业所得税。

原税法规定外国投资者从外商投资企业取得的利润或股息免征所得税，但是，根据《企业所得税法》的规定，自2008年1月1日起，我国将对该项所得征收10％的预提税。

《企业所得税法》第58条规定：中华人民共和国政府同外国政府订立的有关税收协定与《企业所得税法》有不同规定的，依照协定的规定办理。

《内地和香港特别行政区关于对所得避免双重征税和防止偷漏税的安排》第10条规定：一方居民企业支付给另一方居民的股息，可以在该另一方征税；然而，这些股息也可以在支付股息的公司是其居民的一方，按照该一方法律征税。但是，如果股息受益所有人是另一方的居民，则所征税款不应超过：如果受益所有人是直接拥有支付股息公司至少25％资本的公司，为股息总额的5％；在其他情况下，为股息总额的10％。

甲公司通过股权转让将使得该项所得的适用税率从10％降为5％。

2. 企业所得税

香港的丁公司收到丙公司的股息、红利在香港是否缴纳企业所得税？

从各国现行课征的各税种来看，凡属对流转额征税和对财产征税的税种，它们所特有的地域性质，决定了各国政府只能按照属地原则，实行地域管辖权来进行课征。然而，就对所得征税的各税种而言，情况则不尽相同。如上所述，有居民（公民）税收管辖权与所得来源地税收管辖权之分。

从国际税收实践来看,绝大多数国家同时行使居民(公民)税收管辖权和所得来源地税收管辖权。一方面,作为居住国要求本国居民(公民)对存在或来源于世界各地的所得或财产承担无限纳税义务;另一方面,作为所得来源国要求具有来源或存在于本国境内的各种所得或财产的非居民纳税人承担有限纳税责任。之所以出现这种状况,是各国行使其主权来维护本国利益的结果。

各国实行的税收管辖权虽有交叉,但不同国家因政治、经济和财政政策以及财权利益不同因而往往各有侧重。发展中国家对外投资少,而国内却有不少外商投资企业,为维护本国的主权和经济利益,更多地强调所得来源地税收管辖权,要求外国投资者承担纳税义务,缴出一部分赚得的利益。经济发达国家的资本输出多,对本国居民(公民)到外国投资经营的所得课税,可以增加财政收入,因而更多地强调居民(公民)税收管辖权。由于在发达国家之间相互都有资本输出或输入,它们也同意所得来源地税收管辖权。

因为香港只行使地域税收管辖权,即香港特别行政区政府对其居民企业来源于境外的所得不征税,所以,香港的丁公司取得丙公司的股息所得在香港将免缴企业所得税。

3. 税收筹划的风险

《国家税务总局印发〈关于外商投资企业合并、分立、股权重组、资产转让等重组业务所得税处理的暂行规定〉的通知》规定:外商投资企业和外国企业,转让其拥有的企业的股权或股份所取得的收益,应依照税法及其实施细则的有关规定,计算缴纳或扣缴所得税。中国境内企业转让股权或股份的损失,可在其当期应纳税所得额中扣除。

该案例的股权转让价=650 666 143.76-146 000 023.14=504 666 120.62(元)

股权成本=493 297 280.00(元)

股权转让收益=504 666 120.62-493 297 280.00=11 368 840.62(元)

因此,如果甲公司按该价格进行股权转让将产生转让收益,丙公司应依法代扣代缴预提税。

税收筹划可以作为纳税人的一种理财手段。充分运用这一手段,虽然可以有效降低企业的税收负担,但也存在筹划不当导致违法偷税的风险。因此,纳税人只有正确掌握税收及相关法律法规,熟练运用税收筹划的方法,遵循税收筹划的基本原则,才能真正取得税收筹划的成功,为企业创造出更大的经济效益。

【案例8-2】 分析思路:

从税收筹划的角度来看,A国总公司应该选择中外合作的投资形式,并且由A国总公司设在第三国的子公司投资更好,因为企业在开办初期面临着大的亏损。本题的关键是要区分在中外合作和中外合资两种组织形式中亏损的税务处理。如果采用中外合资的投资形式,在A国和C国均被视为股份有限公司,其亏损只能在中外合资企业内部弥补。但如果采用中外合作的投资形式,在A国和C国则被视为负有无限责任的合伙企业,其亏损可以在A国总公司内部弥补。通过A国总公司弥补的办法,可以减轻企业开办初期的压力。

如果采用中外合资形式投资:

2019年A国总公司应纳所得税税额=1 000×34%=340(万美元)

B企业在我国因为亏损，所以应纳税额为0元。

C国子公司应纳所得税税额=500×40%=200(万美元)

集团公司总的应纳所得税税额=340+0+200=540(万美元)

如果采用中外合作形式投资：

2019年A国总公司应纳所得税税额=(1 000-200)×34%
=272(万美元)

B企业在我国因为亏损，所以应纳税额为0元。

C国子公司应纳所得税税额=500×40%=200(万美元)

集团公司总的应纳所得税税额=272+0+200=472(万美元)

通过以上计算可知，如果采用中外合作形式投资，从A国总公司的角度和集团公司的角度来看2019年将少缴税68（=540-472）万美元，所以采用中外合作形式投资较好。

在中外合作形式下，如果该项目由A国总公司来投资：

2019年A国总公司应纳所得税税额=(1 000-200)×34%=272(万美元)

B企业在我国因为亏损，所以应纳税额为0元。

C国子公司应纳所得税税额=500×40%=200(万美元)

集团公司总的应纳所得税税额=272+0+200=472(万美元)

如果该项目由C国子公司来投资：

2019年A国总公司应纳所得税税额=1 000×34%=340(万美元)

B企业在我国因为亏损，所以应纳税额为0元。

C国子公司应纳所得税税额=(500-200)×40%=120(万美元)

集团公司总的应纳所得税税额=340+0+120=460(万美元)

通过以上计算可知，采用子公司来投资可以节税12（=472-460)万美元。

【案例8-3】 分析思路：

南非母公司可以在荷兰设立中介控股公司，美国子公司改由荷兰中介控股公司100%控股，这样，美国子公司就不再向南非母公司支付股息，而是向荷兰中介控股公司支付。由于美国与荷兰之间有税收协定，美国只需向荷兰中介控股公司支付的股息征收5%的预提税，因此荷兰中介控股公司取得的股息只需缴纳美国的预提税5万美元，税后获得净股息95万美元。如果荷兰中介控股公司把95万美元的股息支付给南非母公司（荷兰中介控股公司的股份100%由南非母公司拥有），根据荷兰与南非之间的税收协定，荷兰对这笔股息也只征收5%的预提税，税额为4.75(=95×5%)万美元。所以，美国子公司通过荷兰中介控股公司向南非母公司转汇股息，预提税的总税负为9.75(=100×5%+95×5%)万美元，这比美国子公司直接向南非母公司支付股息可少缴预提税税款20.25(=30-9.75)万美元。

教科书章后思考题答案

第 1 章

1. 什么是税收筹划?

税收筹划是指在纳税行为发生之前，在不违反法律、法规（税法及其他相关法律、法规）的前提下，通过对纳税主体（法人或自然人）经营活动或投资行为等涉税事项做出事先安排，以实现优化纳税、减轻税负或延期纳税为目标的一系列谋划活动。

2. 税收筹划的特点有哪些?

税收筹划的特点包括以下几个方面：

（1）合法性。合法性是税收筹划最本质的特点，也是税收筹划区别于逃避税收行为的基本标志。税收筹划的合法性体现在其行为是在尊重法律、不违反国家税收法规的前提下进行的。

（2）筹划性。筹划性是指在纳税行为发生之前，运用税法的指导对生产经营活动进行事先规划与控制，以安排纳税义务的发生并达到降低税负的目的。

（3）风险性。所谓税收筹划风险，是纳税人在进行税收筹划时因各种因素的存在，无法取得预期的筹划结果，并且付出远大于收益的各种可能性。

税收筹划的风险主要包括筹划条件风险、筹划时效性风险、征纳双方认定差异的风险等。

（4）多样性。各税种在规定的纳税人、征税对象、纳税地点、税目、税率及纳税期等方面都存在差异，尤其是各国税法、会计核算制度、投资优惠政策等方面的差异，这就给纳税提供了寻求低税负的众多机会，也就决定了税收筹划在全球范围内的普遍存在和形式的多样性。

（5）综合性。综合性是指税收筹划应着眼于纳税人资本总收益的长期稳定的增长，而不是着眼于个别税种税负的高低。

（6）专业性。专业性是指税收筹划已经形成一项专门的服务，需要由专业人员来进行。面临社会化大生产，全球经济日趋一体化，国际经贸业务日益频繁，规模也越来越大，而各国税制也越来越复杂，仅靠纳税人自身进行税收筹划已经显得力不从心，作为第三产业的税务代理、税务咨询便应运而生。

3. 税收筹划与偷税有何区别？税收筹划与避税有什么关系？

（1）税收筹划与偷税的区别。

偷税是在纳税人的纳税义务已经发生且能够确定的情况下，采取不正当或不合法的手段以逃脱其纳税义务的行为。偷税具有故意性、欺诈性，是一种违法行为，应该受到处罚。

而税收筹划是指在纳税行为发生之前，在不违反法律、法规（税法及其他相关法律、法规）的前提下，通过对纳税主体（法人或自然人）经营活动或投资行为等涉税事项做出事先安排，以实现优化纳税、减轻税负或延期纳税为目标的一系列谋划活动。

两者的本质区别就在于其正当性。税收筹划是在不违反法律、法规的前提下进行的，而偷税采取的是伪造、变造、隐匿、擅自销毁账簿、记账凭证，或者在账簿上多列支出或者不列、少列收入，或者经税务机关通知申报而拒不申报或者进行虚假的纳税申报，不缴或者少缴应纳税款等不正当或不合法的手段，违反了法律和法规，应当受到处罚。

（2）税收筹划与避税的关系。

税收筹划是指在经济活动中做出合乎政府政策意图的、合法的安排，以达到少缴税款的目的。由于其行为是合法的，因而受到法律的保护。

避税是指纳税人利用税法上的漏洞或税法允许的办法，做适当的财务安排或税收策划，在不违反税法规定的前提下，达到减轻或解除税负的目的。

避税是在经济活动中做出的违背政府政策意图但不违法的安排，以达到少缴税款的目的。由于其行为是不违法的，因而难以受到法律的惩罚。可见，税收筹划和避税的结果是相同的，都是少缴了税款，但筹划是受到鼓励的、受法律保护的行为，而避税则是不受鼓励的行为。如果政府调整了税收政策，堵塞了税收漏洞，纳税人的避税行为或许就变成了违法行为。有时，纳税人避税的力度过大，也会成为不正当避税，而不正当避税在法律上就可认定为偷税。

4. 怎样理解税收筹划的合法性原则？

税收筹划的一个重要原则是合法性原则，因为税收筹划的一个显著特点在于其合法性，不守法就没有税收筹划。税收筹划的合法性原则包括三个方面内容：

（1）以依法纳税为前提。税法是国家制定并强制执行的一种社会规范，可以调整纳税人的经济利益，它明确规定了纳税人向国家缴税的义务和保护自己利益的权利。义务和权利既相互依存又相互矛盾，正是两者之间的这种关系，使纳税人在按照税法规定履行纳税义务的前提下，运用税收筹划，享有选择最优纳税方案的权利。

（2）以合法节税方式对企业生产经营活动进行安排，是税收筹划的基本实现形式。

（3）以贯彻立法精神为宗旨。税收筹划的基础是税制要素中税负弹性的存在，税制中的各种优惠政策和选择机会都体现着国家的立法精神，体现了国家政策对社会经济活动的引导和调整。因而切实有效的税收筹划，应该以税法为依据，深刻理解税法所体现的国家政策，从而有效贯彻国家税法的立法精神，使之成为实现政府利用税收杠杆进行宏观经济调控的必要环节。

5. “税收筹划可以促进纳税人依法纳税”，你同意这种说法吗？

同意。首先，从税收筹划产生的主观原因来看，主要是经济利益的驱使，纳税人对经济利益的追求可以说是一种本能，是最大限度地维护自己的利益的行为。但是在经济利益的驱使下，企业可能采用正当、合法的手段，也可能采用一些不正当、违法的手段，如偷税、骗税、抗税等。税收筹划是企业对其资产、收益的正当维护，属于企业应有的经济权利。

其次，从应遵循的原则来看，税收筹划的一个显著特点在于其合法性，不守法就没有税收筹划。税收筹划的合法性原则包括三个方面内容：以依法纳税为前提；以合法节税方式对企业生产经营活动进行安排，是税收筹划的基本实现形式；以贯彻立法精神为宗旨。所以，税收筹划本身就是一个依法纳税的过程。

最后，从税收筹划的实施条件来看，纳税人要成功实施税收筹划，必须具备必要的法律知识，既要了解、掌握税法，又要研究税法。只有这样，才能懂得什么是合法的，什么是非法的，以及合法与非法的临界点，在总体上确保自己的税收筹划行为的合法性。

此外，税收筹划是对税收优惠政策进行研究和运用，但是现行税收政策也有某些缺陷、不足和漏洞。因而进行税收筹划可以及时了解税收法规和税收征管中的不尽合理和不完善之处，为国家进一步完善税收政策、法律法规提供依据，起到对税收法规的验证作用，能够有效地推动依法治税的进程。

所以，科学合理的税收筹划既能提高纳税人的纳税意识，抑制偷税、逃税等违法行为，又有利于完善税收法律法规体系，因此能够起到促进纳税人依法纳税的作用。

6. 为什么说税收筹划是纳税人应有的权利?

答：由于超过90%的我国政府税收收入来自企业，且以往个人纳税主要通过代扣代缴的源泉扣除，因此在这里我们所说的纳税人主要是企业纳税人。现代企业一般有四大权利，即生存权、发展权、自主权和自保权。自保权中包括了企业对自身经济利益的保护，而纳税涉及企业重要的经济利益，享受法律的保护并进行合理合法的纳税是企业最正常的权利之一。当然，随着我国税制改革日渐深入，十八届三中全会税改路线图逐步得到落实，个人纳税人税收筹划的空间将会越来越大。

税收筹划是纳税人对其资产、收益的正当维护，属于纳税人应有的经济权利。

税收筹划是纳税人对社会赋予其权利的具体运用，属于纳税人应有的社会权利。

当然，纳税人行使税收筹划的权利有特定的界限。

7. 税收筹划产生的原因是什么?

（1）税收筹划产生的基本前提有：

①市场经济体制。

②税收制度的非中性和真空地带的存在。

③完善的税收监管体系。

（2）国内税收筹划产生的客观条件包括：

①税种的税负弹性。所谓税负弹性是指某一具体税种的税负伸缩性大小。

②纳税人定义上的可变通性。

③课税对象金额上的可调整性。

④税率的差异性。

⑤税收优惠。

（3）国际税收筹划产生的客观原因包括以下几个方面：

①国家间税收管辖权的差异。

②税收执法效果的差异。

③税制因素的差异。

④其他因素，如各国对避税的认可程度和反避税方法的差异、关境与国境的差异、技术进步、资本流动、外汇管制与住所的影响、通货膨胀等。

（4）税收筹划产生的主观原因：

任何税收筹划行为的主观原因都可以归结为一条，那就是利益的驱使。税收筹划是企业对其资产、收益的正当维护，属于企业应有的经济权利。纳税人对经济利益的追求可以说是一种本能，是最大限度地维护自己的利益的行为，具有明显的排他性和利己性特征。

8. 实施税收筹划的前提条件是什么?

税收筹划作为纳税人所制订的法律允许的能使其税收负担最小化的计划，确实能给纳税人带来额外的税收利益。纳税人具有税收筹划愿望，并不意味着就能成功地实施税收筹划。纳税人成功地实施税收筹划，需要具备以下特定的条件：

（1）具备必要的法律知识。纳税人进行的税收筹划是以合法为前提的、选择少缴或免缴税款的行为，因而必须了解并熟练掌握税法规定。况且，税法规定的内容相当复杂又经常修正，而纳税人自身条件不断发生变化，纳税人要有效地运用税收筹划策略，既要了解、掌握税法，又要研究税法。纳税人除对税法熟练掌握，能灵活自如地运用外，还要具备投资、生产、销售、财务、会计等方面的法律知识。只有这样，才能懂得什么是合法的，什么是非法的，以及合法与非法的临界点，在总体上确保自己的税收筹划行为的合法性。

（2）具备相当的收入规模。从理论上讲，任何企业都有税收筹划的权利和机会。但是，税收筹划作为一种理财活动，与其他财务管理活动一样，风险与收益并存，成本与收益并存。如果企业规模过小，缴纳税种可能有限，经营业务比较简单，可以选择的处理方法不多，那么筹划的空间会比较狭窄。即使通过筹划获取了一定的收益，也可能因为筹划成本较高而得不偿失。相反，大企业缴纳税种繁多，经营业务和会计处理都比较复杂，并且有可能形成集团公司或者产生国际业务，因此筹划空间相对较大。

（3）具备税收筹划意识。税收筹划的直接动力就是纳税人税收筹划意识的增强。纳税人只有具备了一定的法律常识，意识到税收筹划的重要作用，才能产生直接的税收筹划行为。如果纳税人的税收筹划意识淡薄，即使有再好的外部条件，也不可能付诸行动。

9. 税负弹性对税收筹划有什么影响?

从税制角度来看，税负弹性的大小决定了税收筹划的空间。税收制度刚性越大，弹性越小或者税收优惠越少，纳税人进行税收筹划的可能性和空间就越小。因此，一个国家税制的弹性大小和优惠政策的多少，决定了纳税人税收筹划的可能性和可操作空间。

从税种角度来看，税种的税负弹性决定了税收筹划的重点。从原则上说，税收筹划可以针对一切税种，但由于不同税种的性质不同，税收筹划的途径、方法及其收益也不同。在实际操作中，要选择对决策有重大影响的税种作为税收筹划的重点；选择税负弹性大的税种作为税收筹划的重点，税负弹性越大，税收筹划的潜力也越大。一般来说，税源大的税种，税负弹性也大。因此，税收筹划自然要瞄准主要税种。另外，税负弹性还取决于税种的要素构成。这主要包括税基、扣除项目、税率和税收优惠。税基越宽，税率越高，税负就越重；或者说税收扣除越大，税收优惠越多，税负就越轻。

10. 在进行税收筹划时应注意哪些问题？

进行税收筹划应注意的问题包括：

(1) 遵循税收筹划的基本原则，即系统性原则、预见性（事先筹划）原则、合法性原则、时效性原则和保护性原则等。

(2) 结合企业和个人自身特点，认清在税法和税制基础之上进行税收筹划的客观条件，制定合理的税收筹划目标，选择恰当的切入点和税收筹划方法，充分利用税收优惠政策、企业组织形式、投资结构等方法，达到降低企业税负的目标。

11. 影响税收筹划的因素有哪些？

影响税收筹划的因素包括：

(1) 纳税人的风险类型。纳税人对风险的态度和心理准备，会影响纳税人可能做什么以及以什么样的方式来做。

(2) 纳税人的自身状况。纳税人自身状况主要包括纳税人的经营规模、业务范围、组织机构、经营方式等。

(3) 企业行为决策程序。企业行为决策程序的简化有利于企业进行税收筹划。企业行为决策程序越复杂，税收筹划方案的落实就越困难。

(4) 税制因素。税制因素对税收筹划的影响比较大，也是纳税人无法控制的客观因素。

(5) 企业税收筹划需要多方合力。企业税收筹划需要会计部门、企业领导和中介机构三者的全力配合。

12. 税收筹划的积极作用有哪些？

税收筹划的积极作用包括：

(1) 有利于提高纳税人的纳税意识，抑制偷、逃税等违法行为；

(2) 有助于税收法律法规的完善；

(3) 有助于实现纳税人利益最大化；

(4) 有助于企业经营管理水平和会计管理水平的提高；

(5) 有助于优化产业结构和资源的合理配置；

(6) 有助于税务服务行业的健康发展；

(7) 从长远和整体来看，税收筹划有助于国家宏观调控政策的顺利实施，实现国民经济健康有序发展，不仅不会减少国家的税收收入总量，甚至可能增加国家的税收收入。

第 2 章

1. 如何选择税收筹划的切入点？

税收筹划是利用税法客观存在的政策空间来进行的，这些空间体现在不同的税种、

不同的税收优惠政策、不同的纳税人身份及影响纳税数额的其他基本要素上，因此应该以这些税法客观存在的空间为切入点，研究实施税收筹划的方法。

税收筹划切入点的选择主要可从以下几个方面着手：

（1）以税收弹性大、对企业决策影响大等税收筹划空间大的税种为切入点。

（2）以利用税收优惠政策为切入点。

（3）以纳税人构成为切入点，选择成为某个税种的纳税人或选择适用不同的征收率。

（4）以影响应纳税额的几个基本因素，如计税依据、税率等为切入点。

（5）以不同的财务管理过程为切入点。

2. 税收优惠在税收筹划中起到什么作用？

税收优惠是国家税制的一个组成部分，是政府为达到一定的政治、社会和经济目的，而对纳税人实行的税收鼓励。各国税制中都有较多的减免税优惠，这对人们进行税收筹划既是条件，又是激励。它的形式包括税收扣除、税收抵免、税率降低、起征点、免征额、优惠退税、加速折旧、亏损弥补等，这些都对税收筹划具有诱导作用。税收优惠内容与形式上的差异，使通过税收进行筹划和运作的可能性得以产生，而税收筹划的一个重要方面就是对税收优惠政策进行研究和运用。

税收优惠的范围越广、差别越大、方式越多、内容越丰富，则纳税人税收筹划的活动空间越广阔，节税的潜力也就越大。因此，纳税人进行税收筹划时必须考虑：有没有地区性的税收优惠；是否有行业性税收倾斜政策；减免税期如何规定；对纳税人在境外缴纳的税款是否采取避免双重征税的措施，采取什么样的方式给予抵扣等。

当税法或条例中的某项（些）特定内容取消后，税收筹划的条件随之消失，企业的税收筹划权利就转换为纳税义务。如某项税收优惠政策（对某一地区或某一行业）取消后，纳税人就不能再利用这项优惠政策实施税收筹划，而只能履行正常的纳税义务了。

3. 什么是税收递延？通过税收递延实现税收筹划有哪些途径？

（1）纳税期的递延也称为延期纳税或税收递延，即允许企业在规定的期限内分期或延迟缴纳税款。

（2）通过税收递延实现税收筹划的途径：

采取有利的时间性差异会计处理方法，是企业实现递延纳税的重要途径。推迟税款缴纳的方法尽管有很多，但基本思路可以归结为：一是推迟收入的确认，二是费用应当尽早确认。

①推迟收入的确认。推迟收入的确认有两种基本方法：对生产经营活动的合理安排，如推迟交货时间、推迟结算时间、以延迟收入实现的方式对外销售等；合理的财务安排，即通过合理安排营业收入的实现时间来推迟税款的缴纳，或者说通过合理安排营业收入的入账时间来推迟税款的缴纳。

②尽早确认费用。具体包括尽量不进成本；能进成本的尽量计入营业成本、期间费用、损失等科目，而不进资产；能预提的不摊销，能多提的就多提，能快摊的就快摊。

4. 税负转嫁的决定因素有哪些？

税负转嫁是指纳税人将其所缴纳的税款转移给他人负担的过程，是税收筹划的特殊形式，其决定因素主要有：

（1）商品的供求弹性。一般而言，当供给弹性大于需求弹性，即供求弹性系数大于1时，企业应优先考虑税负前转的可能性；反之，如果供求弹性系数小于1，则进行税负后转或无法转嫁的可能性比较大。如果供给弹性系数等于需求弹性系数，则税款趋于由买卖双方均分负担。

（2）市场结构。市场结构的垄断程度越高，则生产厂商越容易将税负转嫁给消费者；反之，市场中竞争越激烈，税负越难以转嫁。

（3）课税制度。课税制度中税种的设置及各个要素的设计差异，如课税范围的宽窄、课税对象的选择、税率的形式和高低、课税方法以及商品的税负轻重等都对税负转嫁有一定的影响。

5. 企业组织形式与税收筹划有何关系？

在现代高度发达的市场经济条件下，企业组织形式日益多样化。依据财产组织形式和法律责任权限，国际上通常把企业组织形式分为三类，即公司制企业、合伙企业和个人独资企业。这是企业组织形式分类的第一个层次。除此之外，第一个层次的分类还可以从其他角度进行，比如分为内资企业和外资企业，外资企业中的中外合资企业和中外合作企业。

企业组织形式的第二个层次是在公司制企业内进行划分，这个层次分为两对关系，即总分公司和母子公司。

由于不同组织形式的企业按照各个国家税法相关法律的规定，税收待遇有所不同，具体来说就是适用的税种、税目、税率、税收优惠和税前扣除标准等可能有差异，这就为企业进行税收筹划提供了条件。纳税人在企业设立之前可以根据自身的生产经营活动的特点，在法律允许的情况下，选择合理的企业组织形式；在后期的运营过程中，还可以就子公司与分公司的具体问题进行税收筹划，如购入外国子公司股票问题、分公司转移给子公司的问题、跨国公司扩张时分公司或子公司的选择问题等。

合伙企业在进行税收筹划时，要认真分析各国对合伙企业的法律界定和税收规定，并从其法律地位、经营和筹资便利、税基、税率、税收待遇（例如是否可以享受协定的条款规定）等综合因素进行分析和比较；且在比较税收利益时，不能仅看名义上的差别，更要看实际税负的差别。

纳税人在选择私营企业还是个体工商户的组织形式时，同样需要综合衡量不同的实际税负及税收之外的各种优劣。

6. 对合伙企业的税收筹划要注意哪些要点？

世界上大多数国家都认为合伙企业不具有独立的法人地位，只有少数国家将合伙企业区别对待，比如把从事生产经营的合伙企业看作法人，其他的不看作法人。各国政府对合伙企业性质认定的差异，导致了合伙企业在税收待遇上的差异。有的国家把合伙企业当作一个纳税实体，甚至当作法人进行征税；比较多的国家对合伙企业的营业利润不征企业所得税，而只就各个合伙人从合伙企业分得的所得征税。

因此，涉及合伙企业的税收筹划应注意如下各点：

（1）要认真分析各国对合伙企业的法律界定和税收规定，并从其法律地位、经营和筹资便利、税基、税率、税收待遇（例如，是否可以享受协定的条款规定）等综合因素进行分析和比较，因为综合税负是各种因素作用的结果，不能只考虑一种因素，以偏概全。

(2) 从多数国家来看，合伙企业的税负一般要低于公司制企业，这是合伙企业的税收利益所在，但如果合伙企业也按照公司制企业对待，将失去这个优势。

(3) 在比较税收利益时，不能仅看名义上的差别，更要看实际税负的差别。比如对重叠征税是否采取整体化措施？整体化制度下重叠征税消除的程度如何？因为完全的整体化意味着重叠征税彻底消除，公司制企业的税负与合伙企业的税负便相互接近。

第3章

1. 如何进行纳税人的税收筹划？

纳税人可以根据自己的具体情况，在一般纳税人或小规模纳税人之间做出选择。当一般纳税人销售商品或提供劳务的增值率低于无差别平衡点增值率时，一般纳税人的税负低于小规模纳税人，即成为一般纳税人可以节税。当增值率高于无差别平衡点增值率时，一般纳税人的税负高于小规模纳税人，即成为小规模纳税人可以节税。相关无差别平衡点增值率可参见教材中的表3-1和表3-2。

2. 简述一般纳税人选择购货方的筹划原理。

增值税一般纳税人从小规模纳税人处采购的货物不能进行抵扣，或只能抵扣3%。为了弥补因不能取得专用发票而产生的损失，必然要求小规模纳税人在价格上给予一定程度的优惠。这里就存在一个价格优惠临界点，使得折让幅度可以弥补减少进项税额的损失。

假设从一般纳税人处购进货物价格（含税）为A，从小规模纳税人处购进货物价格（含税）为B。为使两者扣除货物和劳务税后的销售利润相等，可设下列等式：

$$
\begin{aligned}
&\text{销售额(不含税)}-\frac{A}{1+\text{增值税税率}}-\left[\text{销售额(不含税)}-\frac{A}{1+\text{增值税税率}}\right]\\
&\quad\times\text{增值税税率}\times(\text{城市维护建设税税率}+\text{教育费附加征收率})\\
&=\text{销售额(不含税)}-\frac{B}{1+\text{征收率}}-\left[\text{销售额(不含税)}\times\text{增值税税率}-\frac{B}{1+\text{征收率}}\times\text{征收率}\right]\\
&\quad\times(\text{城市维护建设税税率}+\text{教育费附加征收率})
\end{aligned}
$$

则化简可得：

$$
\begin{aligned}
&\frac{A}{1+\text{增值税税率}}-\frac{A}{1+\text{增值税税率}}\times\text{增值税税率}\\
&\quad\times(\text{城市维护建设税税率}+\text{教育费附加征收率})\\
&=\frac{B}{1+\text{征收率}}-\frac{B}{1+\text{征收率}}\times\text{征收率}\times(\text{城市维护建设税税率}+\text{教育费附加征收率})
\end{aligned}
$$

当城市维护建设税税率为7%、教育费附加征收率为3%时，有：

$$
\begin{aligned}
&\frac{A}{1+\text{增值税税率}}-\frac{A}{1+\text{增值税税率}}\times\text{增值税税率}\times(7\%+3\%)\\
&=\frac{B}{1+\text{征收率}}-\frac{B}{1+\text{征收率}}\times\text{征收率}\times(7\%+3\%)
\end{aligned}
$$

或者，

$$\frac{A}{1+\text{增值税税率}}\times(1-\text{增值税税率}\times10\%)$$

$$=\frac{B}{1+\text{征收率}}\times(1-\text{征收率}\times10\%)$$

$$B=\frac{(1+\text{征收率})\times(1-\text{增值税税率}\times10\%)}{(1+\text{增值税税率})\times(1-\text{征收率}\times10\%)}\times A$$

当增值税税率为 13%、征收率为 3%时，则有：

$$B=\frac{(1+3\%)\times(1-13\%\times10\%)}{(1+13\%)\times(1-3\%\times10\%)}\times A=A\times90.24\%$$

即当小规模纳税人的购进价格为一般纳税人的购进价格的 90.24%时，或者说，当价格优惠幅度为 90.24%时，无论是从小规模纳税人处购买还是从一般纳税人处购买，取得的收益都相等。当小规模纳税人的报价折扣率低于该比率时，向一般纳税人采购获得增值税专用发票可抵扣的税额将大于小规模纳税人的价格折扣；只有当小规模纳税人报价的折扣率高于该比率时，向小规模纳税人采购才可获得比向一般纳税人采购更大的税后利益。

3. 如何进行出口退税业务的税收筹划？

（1）选择经营方式。

现行的出口退税政策对不同的经营方式规定了不同的出口退税政策，纳税人可以利用政策之间的税收差异，选择合理的经营方式，降低自己的税负。

a. 退税率小于征税率时的税收筹划。

对于利润率较低、出口退税率较高及耗用的国产辅助材料较多（进项税额较大）的货物出口宜采用进料加工方式，对于利润率较高的货物出口宜采用来料加工方式。

目前在大幅提高出口退税率的情况下，选用免抵退办法还是免税办法的基本思路就是：如果出口产品不得抵扣的进项税额小于为生产该出口产品而取得的全部进项税额，则应采用免抵退办法，否则应采用不征不退的免税办法。

b. 退税率等于征税率。

对于退税率等于征税率的产品，无论其利润率高低，采用免抵退的自营出口方式均比采用来料加工等不征不退的免税方式更优惠，因为两种方式出口货物均不征税，但采用免抵退方式可以退还全部的进项税额，而采用免税方式则要把该进项税额计入成本。

（2）选择出口方式。

对于有出口经营权的企业来说，出口方式有两种：一种是自营出口；一种是通过外贸企业代理出口自产货物。以这两种方式出口货物都可以获得免税并退税，但获得的退税数额不尽相同。

在退税率与征税率相等的情况下，企业选择自营出口还是委托外贸企业代理出口，两者税负相等。在退税率与征税率不等的情况下，企业选择自营出口还是委托外贸企业代理出口，两者税负不同，即选择自营出口收到的出口退税数额小于委托外贸企业代理出口应获得的出口退税数额，选择委托外贸企业代理出口有利于减轻增值税税负。

(3) 选择生产经营地。

2000 年 5 月，国务院正式下发《中华人民共和国海关对出口加工区监管的暂行办法》，国家决定在北京、深圳、天津等地设立 15 个出口加工区的试点。凡是进入出口加工区的加工企业在购买国内生产设备和原材料时，这些设备和原材料均可以视同出口，享受有关出口退税政策。

因此，对于出口企业，要么在出口加工区建立关联企业，要么将出口加工业务从企业分离出去，要么将出口加工业务迁到出口加工区去。企业用来生产出口加工业务的机器、设备、办公用品都能够视同出口，享受退税的好处。

另外，充分利用出口加工区和保税区的税收优惠政策，获得递延纳税或提前退税的好处。在出口加工区或保税区设立关联企业，在进口料件时先由保税区企业进口，获得免税优惠，等“区外”企业实际使用时，即由“区内”转“区外”时纳税。根据有关规定，保税区内所有进口料件免税，保税区内所有进口设备、原材料和办公用品也可免税，因此可获得递延纳税的好处。另外，“区外”企业可先将“产品”销售给“区内”企业，再由“区内”企业出口，根据有关税法的规定，进入出口加工区即视同出口，因此可获得提前退税的好处。

第 4 章

1. 如何利用消费税纳税环节的特点进行税收筹划?

由于消费税是针对特定的纳税人的，因此可以通过企业的合并，递延纳税时间。

(1) 合并会使原来企业间的购销环节转变为企业内部的原材料转让环节，从而递延部分消费税税款。如果两个合并企业之间存在着原材料供应的关系，则在合并前，这笔原材料的转让关系为购销关系，应该按照正常的购销价格缴纳消费税税款。而在合并后，企业之间的原材料供应关系转变为企业内部的原材料转让关系，因此这一环节不用缴纳消费税，而是递延到销售环节再征收。

(2) 如果后一环节的消费税税率较前一环节的低，则可直接减轻企业的消费税税负，因为前一环节应该征收的税款延迟到后面环节再征收。如果后面环节税率较低，则合并前企业间的销售额，因为在合并后适用了较低的税率而减轻了税负。

2. 如何利用包装物的计税规定进行税收筹划?

根据《消费税暂行条例实施细则》的规定，实行从价定率办法计算应纳税额的应税消费品连同包装销售的，无论包装物是否单独计价，也不论在会计上如何核算，均应并入应税消费品的销售额中征收消费税。如果包装物不作价随同产品销售，而是收取押金，此项押金则不应并入应税消费品的销售额中征税。但对因逾期未收回的包装物不再退还的和已收取一年以上的押金，应并入应税消费品的销售额，按照应税消费品的适用税率征收消费税。

从 1995 年 6 月 1 日起，对酒类产品生产企业销售酒类产品而收取的包装物押金，无论押金是否返还及会计上如何核算，均应并入酒类产品销售额中征收消费税。

包装物的租金应视为价外费用。对增值税一般纳税人向购买方收取的价外费用和逾期末归还包装物的押金，应视为含税收入，在计征消费税时应首先换算成不含税收入，再并入销售额计税。

对包装物筹划的关键是企业可通过先销售、后包装的形式降低应税销售额，从而降低消费税税负。

第 5 章

1. 居民企业与非居民企业有何区别？请简述居民企业与非居民企业所适用的税收政策。

答：（1）居民企业与非居民企业的区别如下：

①居民企业，是指依法在中国境内成立，或者依照外国（地区）法律成立但实际管理机构在中国境内的企业。居民企业包括两大类：一类是依照中国法律、行政法规在中国境内成立的企业、事业单位、社会团体以及其他取得收入的组织；另一类是依照外国（地区）法律成立的企业和其他取得收入的组织。居民企业如果是依照外国法律成立的，必须具备其实际管理机构在中国境内这一条件。所谓的“实际管理机构”，是指对企业的生产经营、人员、账务、财产等实施实质性全面管理和控制的机构。

②非居民企业，是指依照外国（地区）法律成立且实际管理机构不在中国境内，但在中国境内设立机构、场所的，或者在中国境内未设立机构、场所，但有来源于中国境内所得的企业。这里所说的机构、场所，是指在中国境内从事生产经营活动的机构、场所。

居民企业和非居民企业都属于企业所得税的纳税人，我国之所以对居民企业与非居民企业进行合理划分，关键是为了区分纳税义务的不同。

（2）居民企业与非居民企业所适用的税收政策。

①居民企业的税收政策。居民企业负担全面的纳税义务。居民企业应当就其来源于中国境内、境外的所得缴纳企业所得税。居民企业承担全面纳税义务，对本国居民企业的一切所得纳税，即居民企业应当就其在中国境内、境外的所得缴纳企业所得税。

这里所指的所得，包括销售货物所得、提供劳务所得、转让财产所得、股息红利等权益性投资所得、利息所得、租金所得、特许权使用费所得、接受捐赠所得和其他所得。

②非居民纳税人的税收政策。第一，非居民企业在中国境内设立机构、场所的，应当就其所设机构、场所取得的来源于中国境内的所得，以及发生在中国境外但与其所设机构、场所有实际联系的所得，缴纳企业所得税。这里所说的实际联系，是指非居民企业在中国境内设立的机构、场所拥有据以取得所得的股权、债权，以及拥有、管理、控制据以取得所得的财产等。第二，非居民企业在中国境内未设立机构、场所的，或者虽设立机构、场所但取得的所得与其所设机构、场所没有实际联系的，应当就其来源于中国境内的所得缴纳企业所得税。

2. 子公司和分公司在税收筹划方面有何区别？

答：子公司和分公司在税收筹划方面的区别如下：

（1）子公司是企业所得税的独立纳税人。子公司是对应于母公司而言的，是指被另一个公司（母公司）有效控制的下属公司或者是母公司直接或间接控制的一系列公司中的一个公司。子公司是一个独立企业，具有独立的法人资格。

子公司因其具有独立的法人资格而被设立的所在国视为居民企业，通常要履行与该国其他居民企业一样的全面纳税义务，同时也能享受所在国为新设公司提供的免税期或其他税收优惠政策。但建立子公司一般需要复杂的手续，财务制度较为严格，必须独立开设账簿，并需要复杂的审计和证明，经营亏损不能冲抵母公司利润，与母公司的交易往往是税务机关反避税审查的重点内容。

(2) 分公司不是企业所得税的独立纳税人。分公司是指公司独立核算的、进行全部或部分经营业务的分支机构，如分厂、分店等。分公司是企业的组成部分，不具有独立的法人资格。

《企业所得税法》规定：居民企业在中国境内设立不具有法人资格的营业机构的，应当汇总计算并缴纳企业所得税。汇总纳税是指一个企业总机构和其分支机构的经营所得，通过汇总纳税申报的办法实现所得税的汇总计算和缴纳。因此，设立分支机构，使其不具有法人资格，就可由总公司汇总缴纳所得税。这样可以实现总、分公司之间盈亏互抵，合理减轻税收负担。

3. 简述企业所得税计税依据筹划的方法。

答：企业所得税计税依据筹划的方法主要包括：

(1) 收入的筹划。收入的筹划可从应税收入确认金额、应税收入确认时间两方面进行。比如，在保证企业收入总体不受大影响的前提下，在收入计量中合理运用各种收入抵免因素，减少应税收入确认金额；或者通过销售结算方式的选择，控制收入确认的时间，合理归属所得年度，以达到减税或延缓纳税，从而降低税负的目的。

(2) 扣除项目的筹划。扣除项目的筹划包括期间费用、成本项目、固定资产、无形资产摊销和公益性捐赠等的筹划。其基本原理是在税法允许和鼓励的范围内，尽量实现按标准充分抵扣或合理加大扣除项目。

(3) 亏损弥补的筹划。亏损弥补的筹划包括：重视亏损年度后的运营，确保亏损能在规定的弥补期限内得到全额弥补；利用企业合并、分立、汇总纳税等优惠条款消化亏损；合理选择亏损弥补期，考虑免税所得的分回时间等。

4. 企业所得税纳税人的筹划一般从哪些角度切入？

答：企业所得税纳税人的筹划一般可从以下角度切入：

(1) 纳税主体身份的选择。企业在投资设立时，要考虑纳税主体的身份与税收之间的关系，因为不同身份的纳税主体会面对不同的税收政策。

主要在这几类身份中进行选择：①个人独资企业、合伙企业与公司制企业的选择；②子公司与分公司的选择；③私营企业和个体工商户的选择。

(2) 纳税主体身份的转变。企业所得税的纳税义务人，是指在我国境内的企业和其他取得收入的组织。按照国际税收惯例，企业所得税强调法人税制，即企业所得税的纳税主体必须是独立的法人单位，只有具有法人资格的单位才能申报纳税。而不构成法人主体的分支营业机构，必须与总机构汇总纳税。

这样就可以通过一定的筹划方法，改变纳税主体的性质，使其不成为企业所得税的纳税人，于是企业所得税就可以降低乃至完全规避。

5. 如何进行收入的筹划？

答：可以从应税收入确认金额和确认时间两方面来进行收入的筹划。

（1）应税收入确认金额的筹划。收入总额是指企业以货币形式和非货币形式从各种来源取得的收入，包括纳税人来源于中国境内、境外的生产经营收入和其他收入。

收入确认金额即收入计量，是在收入确认的基础上解决金额多少的问题。商品销售收入的金额一般应根据企业与购货方签订的合同或协议金额确定，无合同或协议的，应按购销双方都同意或都能接受的价格确定；提供劳务的总收入，一般按照企业与接受劳务方签订的合同或协议的金额确定，根据实际情况需要增加或减少交易总金额的，企业应及时调整合同总收入；让渡资产使用权中的金融企业利息收入应根据合同或协议规定的存、贷款利息确定；使用费收入应按企业与其资产使用者签订的合同或协议确定。

但是在收入计量中还经常存在着各种收入抵免因素，这就给企业在保证收入总体不受大影响的前提下提供了税收筹划的空间。如各种商业折扣、销售折让、销售退回，以及出口商品销售中的外国运费、装卸费、保险费、佣金等，在实际发生时冲减了销售收入；销售中的现金折扣在实际发生时，财务费用也就等于抵减了销售收入。这都减少了应纳税所得额，也就相应地减少了所得税，前者还减少了流转税的计税依据。

（2）应税收入确认时间的筹划。推迟应税所得的实现可以延迟纳税，相当于使用国家的一笔无息贷款。通过销售结算方式的选择，控制收入确认的时间，可以合理归属所得年度，以达到减税或延缓纳税，从而降低税负的目的。

6. 如何进行企业所得税税前扣除项目的筹划？

答：企业所得税税前扣除项目的筹划可以从以下几个方面进行。

（1）期间费用的筹划。

《企业所得税法实施条例》对允许扣除项目做了规定，结合会计核算的费用项目划分需要，将费用项目分为三类：税法有扣除标准的费用项目、税法没有扣除标准的费用项目、税法给予优惠的费用项目。

①对于税法有扣除标准的费用项目一般采用以下筹划方法：

第一，原则上遵照税法的规定进行抵扣，避免因纳税调整而增加企业税负。

第二，区分不同费用项目的核算范围，使税法允许扣除的费用标准得以充分抵扣。

第三，费用的合理转化，将有扣除标准的费用通过会计处理转化为没有扣除标准的费用，加大扣除项目总额，降低应纳税所得额。

②对于税法没有扣除标准的费用项目一般采用以下筹划方法：

第一，正确设置费用项目，合理加大费用开支。

第二，选择合理的费用分摊方法。

③对于税法给予优惠的费用项目应充分享受税收优惠政策。

（2）成本项目的筹划。

第一，合理处理成本的归属对象和归属期间。

第二，成本结转处理方法的筹划。采用不同的成本结转处理方法对完工产品成本的结转影响很大，企业应根据实际情况选择适当的方法。

第三，成本核算方法的筹划。

第四，成本费用在存货、资本化对象或期间费用之间的选择。如果企业的某项成本费用能够在存货与资本化对象之间进行选择，对于纳税人而言，应该尽可能选择计入存货成本，因为这样做不仅可以获得增值税的抵扣，而且可以加快其税前扣除速度。

(3) 固定资产的筹划。

第一，能够费用化或计入存货的成本费用不要资本化计入固定资产。

第二，折旧是影响企业所得税的重要因素，提取固定资产折旧金额的大小主要取决于四大因素：应计提折旧额、折旧年限、折旧方法以及净残值。计提折旧时应充分考虑这四种因素的影响。

第三，对于既不能计提折旧又不需要使用的固定资产应加快处理，尽量实现财产损失的税前扣除。

第四，固定资产维修费用的筹划。

第五，租入固定资产租金的选择。

(4) 无形资产摊销的筹划。

对于正常经营的企业，应选择较短的摊销期限，这样不仅可以加速无形资产成本的收回，避免企业未来的不确定性风险，而且可以使企业后期成本、费用提前扣除，前期利润后移，从而获得延期纳税的好处。

(5) 公益性捐赠的筹划。

企业在符合税法规定的情况下可以充分利用捐赠政策，分析不同捐赠方式的税收负担，在不同捐赠方式中做出选择，达到既实现捐赠又降低税负的目的。

7. 合并分立业务如何进行税收筹划?

答：(1) 企业并购的税收筹划。

①选择并购目标。

第一，考察目标企业的财务状况。并购企业若有较高的盈利水平，为降低其整体税负，则可以选择一个有大量净经营亏损的企业作为并购目标，通过合并后盈亏抵补，实现企业所得税的免除。如果合并纳税中出现亏损，并购企业的亏损能够递延至以后期间，合理推迟纳税。

第二，考察目标企业所在地及税收环境状况。并购方若从税收战略角度出发，选择能享受到所在地优惠政策的目标企业作为并购对象，则并购后可以继续享受相关税收优惠政策。

②选择并购出资方式。

并购按出资方式可分为以下三种：现金购买资产式并购、现金购买股票式并购、股权置换式并购。前两种方式属于货币出资，在并购过程中需要缴纳企业所得税，属于应税重组交易。第三种并购以股票方式出资，对目标企业股东来说，不需要立即确认其因交换而获得并购企业股票所形成的资本利得，不需要缴纳企业所得税，属于免税重组交易。

在经济实践中股权置换式并购可分为吸收合并、新设合并、相互持股合并和股票换资产式合并。

③选择并购会计处理方法。

由于交易方式的差别，各种类型的股权置换式并购都属于免税并购，在会计处理时有购买法和权益结合法两种方法。在两种会计处理方法下，对重组资产确认、公允价值与账面价值的差额处理等有着不同的规定，影响到重组后企业的整体纳税状况。

（2）企业分立的税收筹划。

在我国企业分立实务中，税法规定了免税分立与应税分立两种模式。对于纳税人来说，在实施企业分立时，应尽量利用免税分立进行筹划，合理降低企业税负。

第6章

1. 综合所得是个人所得税的最主要征税项目，其税收筹划方法有哪些？

综合所得是税法最新引入的征收项目，该项目将过去征税范围内的工资薪金、劳务报酬、稿酬、特许权使用费进行按年综合征收，扣除一定费用标准后适用七级超额累进税率。对其进行税收筹划的方法主要有：

（1）工资、薪金福利化筹划。取得高薪是提高一个人消费水平的主要手段，但因为工资、薪金个人所得税的税率是累进的，当累进到一定程度时，新增薪金带给纳税人的可支配现金将会逐步减少，所以，把纳税人的现金性工资转为提供福利，照样可以增加其消费性满足，却可少缴个人所得税。比如，向企业员工提供住所、假期旅游津贴、福利设施等。

（2）纳税项目转化与选择的筹划。由于计入综合所得的各项收入的计税收入额不同，或者说各项收入在计入综合所得时扣除的费用额不同，因此利用计税收入额的差异进行纳税筹划是节税的一个重要思路。在某些情况下将工资、薪金所得转化为劳务报酬所得、稿酬所得就会节约税收。

（3）最新规定的专项附加扣除允许纳税人进行适当选择，也提供了一定的税收筹划空间。例如，纳税人可以选择租房还是买房，利用子女教育费用专项附加扣除进行筹划，利用继续教育专项附加扣除进行筹划，对年终奖进行筹划，等等。

（4）此外，还可以利用依法确定的其他扣除项目进行筹划，如利用企业年金、职业年金进行筹划，购买符合规定的商业健康保险，利用税收递延型商业养老保险实现纳税递延，等等。

2. 什么是综合所得项目税收筹划的“削山头”法？通过什么方式可以实现收入的平均化，从而减少纳税？

（1）对于适用累进税率的纳税项目，应纳税的计税依据在各期分布越平均，越有利于节省纳税支出。“削山头”法指的是将纳税人的工资、薪金所得在各期进行分摊，使其在各期平均分布，从而降低边际税率，节省税收支出。当然，综合所得目前适用跨年平均的方式。

（2）收入平均化的手段通常有：

①劳务报酬跨年分次支付筹划，即纳税人和劳务报酬的支付人商议，把本应该集中支付的劳务费在不同年度内支付，使每年该劳务报酬的支付比较平均，从而使得纳税人的年度综合所得适用较低的税率。同时，这种支付方式也使得支付人不必一次性支付较高费用，减轻了其经济负担，支付人也会比较乐意去做。

②稿酬的分期筹划。同劳务报酬类似，纳税人可以通过系列丛书、再版等方式，将一年内集中获得的稿酬收入跨年度平均，尽量规避高税率，适用较低档次税率。但同时也应该注意一些现实存在的限制条件，如市场的供需状况、是否会增加出版社的工作量等。

3. 居民个人取得劳务报酬预扣预缴税款如何计算？是否需要进行汇算清缴？

向居民纳税人支付劳务报酬所得时，按次或者按月预扣预缴税款，以每次收入减除费用后的余额为收入额，每次收入不超过 4 000 元的，减除费用按 800 元计算；每次收入 4 000 元以上的，减除费用按 20%计算。此外，劳务报酬按应税所得额的多少适用 20%～40%的三档累进预扣率，其计算公式为：

每次收入不超过 4 000 元的，

每次（每月）应预扣税额＝(收入额－800)×适用预扣率

每次收入超过 4 000 元的，

每次（每月）应预扣税额＝收入额×(1－费用扣除率)×适用预扣率

4. 对于稿酬收入可以采取何种方法进行税收筹划？

稿酬收入在预扣预缴税款时的筹划方法主要包括：

(1) 系列丛书筹划法。如果一本书可以分成几个部分，以系列丛书的形式出现，则该作品将被认定为几个单独的作品，单独计算纳税，这在某些情况下可以为纳税人节省不少税款。

(2) 著作组筹划法。如果一项稿酬所得预计数额较大，还可以考虑使用著作组筹划法，即改一本书由一个人写为多个人合作创作。

(3) 再版筹划法。这种筹划方法就是在作品市场看好时，与出版社商量采取再版的办法，以减少每次收入量，节省税款。

(4) 增加前期写作费用筹划法。一般的做法是和出版社商量，让其提供尽可能多的设备或服务，这样就将费用转移给了出版社，自己基本上不负担费用，使得自己的稿酬所得相当于享受到两次费用抵扣，从而减少应纳税额。

5. 经营所得中，个体工商户个人所得税的缴纳方法是视同企业的，如何通过增加成本、费用，进而减少应纳税所得额，减轻税收负担？

个体工商户缴纳个人所得税的应纳税所得额为收入减去发生的成本、费用，因此，合理扩大成本费用开支、降低应纳税所得额是个体工商户进行税收筹划的主要方法。个体工商户利用扩大费用列支节税的方法主要有：

(1) 尽可能把一些收入转换成费用开支。因为个人收入主要用于家庭的日常开支，而家庭的很多日常开支项目同时又是经营支出项目，如水电费、电话费等，所以应尽量分开经营用的费用，在税前列支。

(2) 如果使用自己的房产进行经营，可以采用收取租金的方法扩大经营费用支出。虽然收取租金会增加个人的应纳税所得额，但租金作为一项经营费用可以冲减个人的应纳税经营所得额，减少个人经营所得的纳税额；同时自己的房产维修保养费用也可列入经营费用支出，这样做既扩大了经营费用支出，又保证了自己房产的完整性，甚至可以增值。

(3) 通过给家庭成员支付工资的办法，扩大工资等费用支出。如果纳税人的家人在合伙企业工作，则可以向其支付合理的工资报酬，这既是对其劳动的承认，又增加了税前列支费用。按税法规定，企业工作人员的工资及规定的津贴可以计入产品成本，这样就使得个人有所得，企业少缴税。

6. 股权投资是当前投资的主要方式，居民个人取得股权和转让股权时应如何纳税?

因股权的取得和转让而产生所得的现象日益普遍。股权属于财产权的一种表现形式，个人所得税中强调的股权是指自然人股东（以下简称“个人”）投资于在中国境内成立的企业或组织的股权或股份。转让股权大多按照“财产转让所得”纳税；但个人取得股权带来的收入有时又因计入“工资、薪金所得”需要按照综合所得计税。

居民个人取得股权时，纳税方式一般包括：

(1) 符合条件的非上市公司股票期权、股权期权、限制性股票和股权奖励实行递延纳税。

(2) 居民个人取得的下列股权激励所得，在 2021 年 12 月 31 日前，按工资、薪金所得项目计税的，不并入当年综合所得，全额单独适用综合所得税率表，计算纳税。

①参与企业股票期权计划而取得的所得；

②个人取得股票增值权所得和限制性股票所得；

③相关技术人员取得高新技术企业转化科技成果获取的股权奖励；

④从任职受雇企业以低于公平市场价格取得股票（权）所得，不能享受税法规定的递延纳税待遇的，对实际出资额低于公平市场价格的差额，按照工资、薪金所得项目计缴个人所得税；

(3) 个人以非货币资产投资取得股权属于个人转让非货币性资产和投资同时发生，因此应对个人转让非货币性资产的所得，依照“财产转让所得”项目计缴个人所得税。

(4) 企业转赠股本，需要区分转赠股本的资金来源：

①股份制企业用资本公积金转增股本不属于股息、红利性质的分配，对个人取得的转增股本数额，不作为个人所得，不征收个人所得税。

②股份制企业用盈余公积金派发红股属于股息、红利性质的分配，对个人取得的红股数额，应作为个人所得征税。

③个人股东如取得中小高新技术企业以未分配利润、盈余公积、资本公积向其转赠的股本，依照“利息、股息、红利所得”适用 20%税率计税，可在 5 年内分期缴纳。

(5) 企业改组改制过程中个人取得量化资产的，取得的量化资产仅作为分红依据，而不拥有所有权的企业量化资产，不征收个人所得税。如果取得拥有所有权的企业量化资产，取得时暂缓征税；待个人将股份转让时，以其获得的收入额减去取得该股份时实际支付的费用支出和合理税费后的余额，按“财产转让所得”计缴个税。此外，取得的量化资产参与企业分配而获得的股息、红利，应按照“利息、股息、红利所得”纳税。

居民个人转让股权时，纳税方式一般包括：

(1) 转让股权的应纳税所得额根据股权转让收入减去股权原值和合理费用后的余额确定，并按照“财产转让所得”计税。

（2）雇员行使认股权证（或股票期权）后，将认购的股票转让的：

①已认购的股票不属于境内上市公司股票的，对转让所得按照“财产转让所得”纳税；

②已认购的股票属于境内上市公司股票的，对转让所得暂不征税；

③员工因拥有股权而参与企业税后利润分配取得的所得，应按照“利息、股息、红利所得”适用的规定计算缴纳个人所得税。

（3）个人转让限售股，对取得的所得（收入减去原值和合理税费后的余额），按照“财产转让所得”适用20%税率计缴个人所得税。

（4）个人转让全国中小企业股份转让系统（新三板）挂牌公司股票的，转让新三板挂牌公司非原始股取得的所得，可暂免缴纳个人所得税；转让新三板挂牌公司原始股取得的所得，按照“财产转让所得”适用20%的比例税率缴纳个人所得税。

（5）纳税人收回转让的股权，股权转让合同已履行完毕、股权已做变更登记，且所得已经实现的，转让人取得的股权转让收入应当依法缴纳个人所得税。若股权转让合同未履行完毕，因执行仲裁委员会做出的解除股权转让合同及补充协议的裁决、停止执行原股权转让合同，并以原价收回已转让股权的，纳税人则不应缴纳相关的个税税款。

（6）此外，还有一些特殊情形，税务部门可以核定股权转让收入，并按“财产转让所得”项目征税。

7. 独立交易原则对个人开展税收筹划有什么影响？

独立交易原则又称“公平独立原则”“公平交易原则”“正常交易原则”等，是指完全独立的无关联关系的企业或个人，依据市场条件下所采用的计价标准或价格来处理其相互之间的收入和费用分配的原则。独立交易原则目前已被世界大多数国家接受和采纳，成为税务当局处理关联企业间收入和费用分配的指导原则。

我国税法规定，若个人有不按独立交易原则转让财产、在境外避税地避税、实施不合理商业安排获取不当税收利益等避税行为，赋予税务机关按合理方法进行纳税调整的权力。税务部门可根据纳税调整决定，补征税款并依法加收利息。如此，则会加大纳税人利用关联方进行税收筹划的风险。因此需要纳税人积极应对税法的新变化，在进行税收筹划时提高合规意识，注意规避不当筹划的风险。

第7章

1. 关税的税收筹划方法有哪些？

（1）关税优惠政策的应用；（2）合理控制完税价格；（3）充分利用原产地标准；（4）利用保税制度进行税收筹划；（5）选择货物的进口方式进行税收筹划；（6）选择货物的运输方式进行税收筹划；（7）入境时携带适用行邮税低税率物品进行筹划；（8）应对反倾销税的税收筹划；（9）利用关税法律救济的税收筹划。

2. 根据我国现行《资源税暂行条例》的规定，哪些资源征税，哪些资源不征税？

资源税的征税范围只包括矿产品资源（原油、天然气、煤炭、金属矿、其他非金属矿）和盐资源，此外，目前还在河北省开展了包含地表水和地下水的水资源费征收试点。

在全面推进资源税改革，探索逐步将其他自然资源纳入征税范围的大背景下，目前资源税的减免优惠政策包括：

(1) 开采原油过程中用于加热、修井的原油免税。

(2) 自 2010 年 6 月 1 日起，纳税人在新疆开采的原油、天然气，自用于连续生产原油、天然气的，不缴纳资源税；自用于其他方面的，视同销售，依照相关规定计算缴纳资源税。有下列情形之一的，免征或者减征资源税：

①油田范围内运输稠油过程中用于加热的原油、天然气，免征资源税。

②稠油、高凝油和高含硫天然气资源税减征 40%。

③三次采油资源税减征 30%。三次采油是指二次采油后继续以聚合物驱、三元复合驱、泡沫驱、二氧化碳驱、微生物驱等方式进行采油。

(3) 纳税人开采或者生产应税产品过程中，因意外事故或者自然灾害等原因遭受重大损失的，由省、自治区、直辖市人民政府酌情决定减税或者免税。

(4) 为促进页岩气的开发利用，有效增加天然气的供给，经国务院同意，自 2018 年 4 月 1 日至 2021 年 3 月 31 日，对页岩气资源税（按 6%的规定税率）减征 30%。

3. 房产税的征税范围有哪些？

房产税的征税范围为：城市、县城、建制镇和工矿区。城市是指国务院批准设立的市。县城是指县人民政府所在地的地区。建制镇是指经省、自治区、直辖市人民政府批准设立的镇。工矿区是指工商业比较发达、人口比较集中、符合国务院规定的建制镇标准但尚未设计建制镇的大中型工矿企业所在地。开征房产税的工矿区须经省、自治区、直辖市人民政府批准。

房产税的征税范围不包括农村，这主要是为了减轻农民的负担，因为农村的房屋，除农副业生产用房外，大部分是农民居住用房。对农村房屋不纳入房产税征税范围，有利于农业发展、繁荣农村经济，有利于社会稳定。

4. 城镇土地使用税的税收筹划空间有哪些？

(1) 利用改造废弃土地进行筹划。

税法规定，经批准开山填海整治的土地和改造的废弃土地，从使用月份起免缴土地使用税 5～10 年，纳税人可以充分利用城市、县城、建制镇和工矿区的废弃土地或进行开山填海利用土地，以获得免税机会。

(2) 利用土地级别的不同进行筹划。

土地使用税实行幅度税额，大城市、中等城市、小城市、县城、建制镇、工矿区的税额各不相同；即使在同一地区，由于不同地段的市政建设情况和经济繁荣程度有较大差别，土地使用税税额规定也各不相同，最大的相差 20 倍。纳税人在投资设厂时就可以进行筹划，选择不同级别的土地。

(3) 准确核算用地进行筹划。

如果纳税人能准确核算用地，就可以充分享受土地使用税设定的优惠条款。如将农林牧渔的生产用地与农副产品加工场地和生活办公用地相分离，就可享受生产用地的免税条款。

5. 城市维护建设税的税收筹划空间有哪些？

(1) 利用委托加工进行筹划。

税法规定，由受托方代征代扣增值税和消费税的单位和个人，其代征代扣的城建税

按受托方所在地适用税率。因此，纳税人在进行委托时就可以选择城建税率低的非市区、县城或者镇的受托单位。

(2) 利用计税依据进行筹划。

由于城建税的计税依据是两大主要流转税种，即增值税和消费税，所以纳税人理应进行增值税和消费税筹划，相当于同时进行了城市维护建设税的筹划。

(3) 利用货物进口进行筹划。

由于海关对进口产品代征的增值税、消费税不征收城建税，所以纳税人在购买货物时，可以权衡各项成本，考虑通过进口方式取得货物。

6. 印花税的税收筹划空间有哪些?

(1) 充分利用印花税优惠规定筹划。

例如，税法规定应纳税额不足1角的，免纳印花税；1角以上的，其税额尾数不满5分的不计，满5分的按1角计算；已缴印花税的凭证的副本或者抄本，只要不视同正本使用，也就不需要缴纳印花税。

(2) 分项核算筹划。

一个合同如果涉及若干项经济业务，应当分别核算各项业务的金额，因为业务类型不同，适用的印花税税率也不同。税法明确规定同一凭证载有两个或两个以上经济事项而适用不同税目税率的，分别记载金额的，应分别计算应纳税额，相加后按合计税额贴花；未分别记载金额的，按税率较高的计税贴花。

(3) 利用不确定金额和保守金额进行筹划。

税法规定对于在签订时无法确定计税金额的合同，可在签订时先按定额5元贴花，以后结算时再按实际金额计税，补贴印花。该项规定提供了利用不确定金额筹划的可能性。

纳税人在签订金额较大的合同时，可有意识地使合同中所载金额不能明确，从而在签订时先按定额5元贴花，以达到少缴印花税税款的目的。

或者双方在订立合同时，充分考虑以后经济交往中可能会遇到的种种情况，确定比较合理、保守的金额，防止所载金额大于合同履行后的实际结算金额。

(4) 利用不同借款方式筹划。

根据规定，银行及其他金融机构与借款人所签订的合同，以及只填开借据并作为合同使用的，取得银行借款的借据应按照“借款合同”税目缴纳印花税，而企业之间的借款合同不需要贴花，因此，如果两者的借款利率相同，则向企业借款更能节税。

7. 车船税的税收筹划空间有哪些?

(1) 利用税率临界点进行筹划。

由于对载货汽车、三轮汽车、低速货车以自重吨位为单位、对船舶以净吨位为单位分级规定税率，从而就产生了应纳车船税税额相对吨位数变化的临界点。在临界点上下，吨位数虽然相差仅1吨，但临界点两边的税额却有很大变化，在这种情况下进行税收筹划十分有必要。

(2) 利用特殊规定筹划。

税法规定，拖船和非机动驳船分别按船舶税额的50%计算征收车船税等。

纳税人可以利用以上特殊规定进行筹划。比如，在购买运输工具时，对是购买机动车挂车加在原有机动车后面还是直接购买新机动车进行权衡。

8. 契税的征税范围有哪些？

契税的课税对象是发生权属转移并签订转移契约的土地和房屋。征税范围包括所有在我国境内的单位和个人转移土地、房屋权属的行为，包括：国有土地使用权出让；土地使用权转让；房屋买卖；房屋赠与；房屋交换。承受土地、房屋权属行为的单位和个人为契税的纳税人。

第 8 章

1. 什么是跨国税收筹划？它与一般国内税收筹划有什么区别和联系？

税收筹划作为一种普遍而有趣的经济现象，是由经济活动主体（纳税人）利用税法中对其经营活动有利的规定或某些漏洞而引起的。在跨国税收领域里，一方面，国际投资者在进行国际投资的可行性研究或选择最优投资方案时，总是要把有关国家政府税负的大小作为确定其资本投向何国的一个重要因素；另一方面，对于国际投资者的跨国投资经营活动，各国政府也多半会给予某些特殊税收优惠待遇，因而各国在征税范围、税率高低以及征管水平上的差异，就有可能为国际投资者进行国际性的税收筹划提供机会，使跨国纳税人拥有选择纳税的条件和机会，从而实现跨国税收筹划利益。所以，当国际投资者的税收筹划活动超越一国的税收管辖范围时，这种税收筹划活动也就具有了国际意义。

因此，跨国税收筹划是税收筹划活动在国际范围内的延伸和发展，是跨国纳税人利用各国税法规定的差别和漏洞，以种种公开、合法手段减轻国际税负的行为。很明显，它与跨国纳税人采取种种隐蔽的非法手段进行的国际逃税（偷、漏税）活动性质是不同的。

2. 跨国税收筹划产生的条件有哪些？

人们常说，内因是动力，外因是条件，只有内因和外因的结合，才能有结果。跨国税收筹划也不例外。从主观上说，利润最大化是所有从事生产、经营、投资活动的纳税人都追求的共同目标。跨国纳税人期望通过减轻纳税义务来尽可能地增加其税后利润，这已成为实现其经营战略目标的一个重要方面。但跨国税收筹划得以成功仅有纳税人的主观愿望还不够，还必须具有客观条件。从客观上说，造成跨国税收筹划的外部（客观）条件，或者说使得跨国税收筹划成功的客观原因，主要是各国税法及有关法律方面的差异、不完善、不健全及各种法律和规章制度中的缺陷和漏洞。也就是说，当各国税法的规定存在差别、纰漏过多或不够严密时，纳税人降低跨国税收负担的主观愿望就有可能通过对这些税法差异或不足之处的利用而得以实现。在国际税收领域，这些漏洞和缺陷主要包括国家与国家之间税收制度的差异以及由此而引起的税收负担轻重的差异。诸如纳税义务确定标准的差异、税率高低的差异、税基宽窄的差异、避免重复征税方法的差异、税收管理水平的差异等。这就正如《多国性企业通论》一书所指出的那样：“多国企业之经营，既涉及多国，各国政府之税法及税率，又参差不一，多国企业为整个公司权益计，自当尽量设法减轻税收负担。故‘政府的职责是拟订法令，我们的职责是找寻漏洞'，似为所有多国企业财务人员之共同课题。"

此外，跨国税收筹划活动的形成，在客观上还有一些非税原因。例如，外汇管制方面的宽严程度以及公司法、移民法、银行保密条例、通货膨胀等方面的差异，都会对跨国纳税人的跨国税收筹划行为具有重要影响，即可能引起纳税人或课税对象由一国向另一国转移。

3. 进行跨国税收筹划应注意哪些问题？

由于各国政治体制、经济发展水平与战略等不尽相同，各国税制之间存在较多差异，这就为跨国纳税人在纳税优化选择上提供了可能。跨国纳税人在进行投资和财务决策时，必须首先关注不同国家税制结构的差异、各国税收负担水平的差异、纳税义务的确定、经济性重叠征税对税负的影响、税收协定网络、各国优惠政策等问题。

（1）关注不同国家税制结构的差异。

由于各国政治体制和经济发展水平等存在较大差异，不同国家之间税制结构也存在明显差异。从总体来看，世界各国存在着三种不同的税制结构模式。

一种是以直接税（所得税等）为主体的税制结构，实行这种税制结构的大多是经济发达国家。

另一种是以间接税（流转税或货物劳务税）为主体的税制结构。由于受社会生产力发展水平的制约，发展中国家的间接税所占比重都比较高。

还有一种是实行低税模式，其中一些国家和地区被人们称为避税地。避税地由于其税负很轻，因而成为跨国纳税人进行税收筹划的理想场所。例如，一个住所在高税负国的纳税人，往往可以通过把住所迁往避税地，成为避税地居民或居民企业的方式来减轻税收负担。由于避税地对股息收入和资本利得不征或只征很少的税收，通过把持股公司设立在避税地，可以获得股息收入的节税好处，并且在集团公司兼并、合营和解散中处理有关股份时，持股公司还可以获得免征资本利得税的好处。

由此可见，不同的税制结构对税收筹划的影响是不同的，即使在税制结构比较复杂的同一国度内，税种之间筹划的余地也是不平衡的。

（2）必须关注各国税收负担水平的差异。

作为一个跨国投资者，衡量一个国家的税负轻重不能简单地看税种的多少，也不能以某一个税种的负担轻重来代表税负总水平的高低，而需要根据一些国际公认的衡量指标来判断不同类型国家的税收负担总水平情况。

（3）必须关注纳税义务的确定。

跨国投资者在进行跨国税收筹划时，必须特别关注有关国家对纳税义务的确定。

就所得税而言，目前各国税法大多采取区分居民与非居民纳税义务的规定。对本国居民纳税人采取属人主义，要求其承担无限的纳税义务，即对本国居民取得的来源于全世界范围的所得课征所得税；而对非居民纳税人则采取属地主义，只要求其承担有限的纳税义务，即只对其从本国境内取得的所得课征所得税。少数国家税法规定，不仅居民，而且公司也要负无限纳税义务。

（4）必须关注经济性重叠征税对税负的影响。

在国际通行税制下，公司取得的经营利润，在公司层次要缴纳一次企业所得税；其税后利润作为股息分配给投资者时，在股东层次还要缴纳一次企业或个人所得税。这就是人们通常所说的经济性重叠征税。

由于重叠征税不合理地加重了纳税人的负担，也有悖于税收公平、公正原则，因此越来越引起国际上许多国家的关注。目前国际上已有 20 多个国家采取了有效措施，以消除或缓解企业和个人所得课税制的重叠征税的弊病。这些国家主要为 OECD 成员，其采取的措施或方式主要有“传统制”和“综合制”两种。最大限度地消除企业和个人所得税的重叠课征，是税收筹划的理想目标之一。而在相当长的时间内，企业和个人所得税重叠课征的模式是无法根本改变的。因此，纳税人在进行税收筹划的现实中必须有更多的关注与考虑。由于各国缓解重叠征税的具体方法不尽相同，而不同的方法及税率对双重征税的消除或缓解程度又不同，因而自然会对企业与个人所得税综合税负的降低有不同程度的影响。投资者特别是跨国投资者，可以通过对不同国家的企业所得税进行认真比较和税负测算，对投资决策做出优化选择。另外，也可以通过降低利润的派息比例，增大未分配利润的保留比例的办法，获得递延纳税的好处。

（5）必须关注税收协定网络。

税收协定网络是适应当今国际经济技术合作与交流的需要的产物。国家之间签订税收协定是 20 世纪以来协调各国税收关系，避免各国因税收管辖权的重叠而对同一纳税人的跨国经济活动重复征税的重要措施。因此，跨国纳税人必须关注这一重要问题。

20 世纪 70 年代以来，在国际上影响最大的《OECD 范本》和《联合国范本》对协调国家间税收关系，保障跨国纳税人履行跨国纳税义务的安全，促进国际经济技术的合作与交流，起到了重要作用。目前世界上国家之间签订的双边税收协定大多以这两个范本为依据，其中发展中国家多以《联合国范本》为依据。到 21 世纪初期，各国签订的各种双边税收协定的数目已超过 4 400 个。

税收协定对缔约国的居民纳税人提供了许多优惠待遇，主要有：

①对营业利润的征税以是否设有常设机构为限。②对投资所得的征税实行限制税率。③对个人劳务报酬和薪金所得限定条件征税。④对科学、文化、艺术等方面的所得实行免税。⑤对财产及其所得和收益通常由财产所在国征税。⑥消除双重征税乃至税收饶让。

（6）充分利用各国优惠政策。当今世界，各国普遍利用税收优惠吸引外来投资，但各自实行的税收优惠政策又会因为各国不同的经济社会发展特点而有所不同。跨国企业应结合母国税收政策并充分考虑不同东道国的优惠待遇，综合统筹规划，合法合规实现利益最大化。